Verein für Psychoanalytische Sozialarbeit (Hg.)
Supervision in der psychoanalytischen Sozialarbeit

SUPERVISION

IN DER

PSYCHOANALYTISCHEN SOZIALARBEIT

Herausgegeben vom

Verein für Psychoanalytische Sozialarbeit

edition diskord

Die Deutsche Bibliothek - CIP-Einheitsaufnahme

Supervision in der psychoanalytischen Sozialarbeit / hrsg. vom
Verein für Psychoanalytische Sozialarbeit. – Tübingen : Ed.
diskord, 1994
ISBN 3-89295-585-9
NE: Verein für Psychoanalytische Sozialarbeit

© 1994 edition diskord, Tübingen
Satz: Focus Fotosatz, Gießen
Druck: Fuldaer Verlagsanstalt
ISBN 3-89295-585-9

Inhalt

Vorwort

Die vorliegenden Erfahrungsberichte und Reflexionen über Supervision in der psychoanalytischen Sozialarbeit wurden sämtlich von AutorInnen verfaßt, die als SupervisorInnen bzw. SupervisantInnen im Verein für psychoanalytische Sozialarbeit Rottenburg e. V. – im folgenden kurz »Verein« genannt – an Supervisionen teilhatten oder teilhaben.

Der Verein widmet sich seit seiner Gründung im Jahre 1978 der psychoanalytischen Arbeit mit psychisch schwer gestörten Kindern, Jugendlichen, jungen Erwachsenen, mit ihren Familien und ihrer übrigen sozialen Umgebung. Um diese Arbeit für die jungen Menschen wie für die MitarbeiterInnen fruchtbar erhalten zu können, haben wir ein dicht geknüpftes Netz von Supervisionen eingerichtet. Dieses Supervisionsnetz ist für unsere psychoanalytische Arbeit weder Luxus noch Zerstreuung, vielmehr absolute Notwendigkeit. Seine Dichte veranschaulicht die folgende Aufzählung: In allen Teilbereichen des Vereins finden wöchentlich sechs Gruppensupervisionen, ca. zehn Kleingruppensupervisionen und ca. 35 Einzelsupervisionen statt. Diese Supervisionsveranstaltungen verteilen sich so auf die stationären und ambulanten Teileinrichtungen des Vereins:

I. Therapeutisches Heim

Das Therapeutische Heim umfaßt zwei Wohngruppen für jeweils fünf autistische und psychotische Kinder, Jugendliche und junge Erwachsene. Die 1978 gegründete erste Wohngruppe, die Keimzelle des Vereins, arbeitet heute mit Kindern und Jugendlichen, die seit 1990 aufgebaute zweite Wohngruppe mit jungen Erwachsenen.

1. Wohngruppe für Kinder und Jugendliche

In der Wohngruppe für Kinder und Jugendliche finden zweimal wöchentlich, montags und freitags, am Einzelfall- und/oder am Rahmen orientierte Gruppensupervisionen statt, an denen das

gesamte Team teilnimmt. Den MitarbeiterInnen stehen kontinuierlich eine externe Supervisorin (jeweils montags) und ein externer Supervisor (jeweils montags und freitags) zur Verfügung. Bis
vor kurzem hat ein dritter externer Supervisor (14-tägig jeweils
freitags) mit uns zusammengearbeitet. Gelegentlich besuchen uns
GastsupervisorInnen.

An das Therapeutische Heim angegliedert ist eine Außenstelle
der Klinikumsschule der Universität Tübingen mit 3 Teilzeit-Leh-
rerInnen. Diese nehmen einmal wöchentlich an der Gruppensupervision der Wohngruppe teil und bilden zusätzlich eine eigene
Supervisionsgruppe.

Alle MitarbeiterInnen, die Einzelstunden mit einem Kind oder
Jugendlichen machen, das in der Wohngruppe wohnt, haben eine
wöchentliche Einzelsupervision, zumeist bei einem/einer der beiden kontinuierlich an den Gruppensupervisionen teilnehmenden
SupervisorInnen.

2. Wohngruppe für junge Erwachsene

Die MitarbeiterInnen versammeln sich zwei Mal wöchentlich zu
unterschiedlich zentrierten Gruppensupervisionssitzungen: Eine
Supervisionsrunde findet über alle fünf BewohnerInnen unter
besonderer Berücksichtigung des Rahmens statt. Die Supervision
wird von zwei »Kollegensupervisoren« und einem externen Supervisor begleitet.

Die zweite, wechselnd auf jeweils einen Einzelfall zentrierte
Supervisionsgruppe setzt sich aus einem anderen externen Supervisor, den WohngruppenmitarbeiterInnen, den Arbeitsbegleiter-
Innen und der Bezugsperson der Einzelstunden aus den Ambulanten Diensten zusammen.

Außerdem partizipieren die MitarbeiterInnen der Wohngruppe
an verschiedenen Kleingruppensupervisionen der Ambulanten
Dienste, soweit sie auch mit den dort besprochenen Personen
umgehen.

II. Ambulante Dienste

Die seit 1984 ausgebauten Ambulanten Dienste haben heute 15
MitarbeiterInnen (verteilt auf ca. zehn volle Stellen) und arbeiten

mit mehr als 40 jungen Menschen aus dem weiten Umkreis von Tübingen.

Die MitarbeiterInnen der Ambulanten Dienste treffen sich zweimal wöchentlich zu Gruppensupervisionen, in denen jeweils ein aktueller Fall besprochen wird. Für die montägliche »Erstinterviewkonferenz« steht alle 2 Wochen eine externe Supervisorin zur Verfügung. Die Donnerstags-Runde wird von einer weiteren externen Supervisorin und einem externen Supervisor geleitet.

Jede Mitarbeiterin und jeder Mitarbeiter hat außerdem für jeden Fall Einzelsupervision mit unterschiedlicher Frequenz.

Einzelfallorientierte Supervisionen in Kleingruppen fassen die involvierten MitarbeiterInnen in komplexen Mehrpersonensettings zusammen. Kleingruppensupervisionen finden ebenfalls für das »Arbeitsprojekt« statt, das sich in enger Kooperation mit der Wohngruppe für junge Erwachsene um die Integration autistischer und psychotischer junger Menschen in das Arbeitsleben bemüht.

Im Verein sind drei Kategorien von SupervisorInnen tätig: »Gast-«, »externe« und »KollegensupervisorInnen«:

– »GastsupervisorInnen« arbeiten sporadisch mit uns, über Fälle oder über die Analyse der Institution. Sie bilden für uns ein wichtiges und fruchtbares Korrektiv gegen die Gefahr, selbst mit unseren »externen SupervisorInnen« zu sehr den Blick für das Außen, für das ganz Andere, zu verlieren.
– »Externe SupervisorInnen« sind kontinuierlich in unsere Arbeit einbezogen: gegenwärtig sind zehn SupervisorInnen im Umfang von einer bis zu 12 Wochenstunden im Verein tätig. Besonders die umfangreich beteiligten externen SupervisorInnen nehmen starken Anteil an den Geschicken des Vereins und seiner Arbeit und engagieren sich deshalb gelegentlich auch über den reinen Supervisionszusammenhang hinaus, z.B. im Krisenmanagement und im Rahmen von Fortbildungen.
– »KollegensupervisorInnen« sind erfahrene MitarbeiterInnen des Vereins, die die Position eines »supervisorischen Anderen« für KollegInnen anderer Arbeitsbereiche einnehmen.

Das in den vergangenen Jahren im Verein gewachsene Supervisionsnetz stellt eine Kompromißbildung aus theoretischen Überlegungen, aus den Notwendigkeiten der Arbeit mit beziehungsgestörten jungen Menschen und aus pragmatischen Anpassungen an bestehende finanzielle, personelle und institutionelle Gegebenheiten dar.

Die Beteiligung an Supervisionen im Verein ist der »kleinste gemeinsame Nenner« aller AutorInnen dieses Buches. Was darüber hinaus der »größte gemeinsame Nenner« ihrer Beiträge zum Thema Supervision ist, mag jede Leserin und jeder Leser für sich selbst herausfinden: Wir wollten dezidiert keine abschließende Definition von Supervision etablieren, sondern eine Diskussion eröffnen. Deshalb war uns die große Bandbreite unterschiedlicher theoretischer Ansätze und Themenschwerpunkte der AutorInnen sehr willkommen. Die von den AutorInnen vorgelegten Beiträge situieren sich, ohne jeden Anspruch auf Systematik und Vollständigkeit, zwischen programmatischen Entwürfen, historischen Forschungen, Theoretisierungen und Beschreibungen der erlebten und gelebten komplexen Wirklichkeit. Viele denkmögliche Aspekte und Fragen sind gar nicht untersucht worden, weil sich niemand zur Feder gedrängt fühlte.

Die Reihenfolge der Texte wird eröffnet von Ernst Federn, Reinhart Lempp, Stephan Becker und Hartmut Kleefeld. Sie schreiben über die Geschichte und die Einführung der psychoanalytischen Supervision an der Abteilung für Kinder- und Jugendpsychiatrie der Universitätsklinik Tübingen seit 1975. Die Supervision in der Kinder- und Jugendpsychiatrie Tübingen ist historisch, personell und konzeptionell der Ursprung des Supervisionsmodells, wie es im Verein realisiert wurde.

Rolf Denker, Ross A. Lazar, Hiltrud Amuser-Burger setzen die Reihe – ihrer außenstehenden Position entsprechend – mit allgemeineren und theoretischen Ausführungen, die nicht unmittelbar auf die Supervisionspraxis im Verein bezogen sind, fort.

Die Texte von Martin Feuling und Joachim Staigle – beide Mitarbeiter der Ambulanten Dienste und in übergreifende Leitungsfunktionen für den Verein involviert – leiten die Folge der Beiträge ein, die der aktuellen Supervisionspraxis des Vereins entspringen und diese auf unterschiedlichste Weise widerspiegeln.

Karin Fuchs, Michael Maas und Horst Nonnenmann, MitarbeiterInnen der Wohngruppe für junge Erwachsene des Therapeutischen Heims, sowie Michael Günter, ihr Supervisor, reflektieren über ihr Supervisionssetting.

Die Beiträge von Friedel Nielebock und Edith Ramminger als Lehrerinnen, von Frank Grohmann und Olaf Schmidt als Mitarbeiter, sowie von Dieter Koller und Peter Müller als Supervisoren in der Wohngruppe für Kinder und Jugendliche des Therapeutischen Heims entfalten sehr unterschiedliche Aspekte ihrer gemeinsamen Supervisionen.

Frau und Herrn Kimmerle, edition diskord, war aufgefallen, welch zentralen Stellenwert die Supervisionen in früheren Veröffentlichungen über unsere Arbeit einnahmen. Sie regten uns dankenswerterweise zu dieser Aufsatzsammlung an. Wir erinnern uns bei Gelegenheit der Veröffentlichung dieses Buches auch daran, daß es ohne Stephan Beckers Intention, Originalität und Tatkraft heute weder den Verein noch seine Supervisionspraxis und folglich auch nicht dieses Buch geben könnte. Allen AutorInnen danken wir für die Mühe, die sie sich mit dem Schreiben gegeben haben, womit sie freilich Alexa Raumann, die die Fertigstellung der Texte besorgte, sehr viel zusätzliche, vorzüglich erledigte Arbeit verursacht haben. Auch ihr danken wir sehr herzlich.

Ernst Federn

Supervision
in der psychoanalytischen Sozialarbeit

Es hat lange Zeit gebraucht, bis der Begriff der Supervision in den 70er Jahren auch in Deutschland allgemein angenommen wurde. Der Terminus *»supervision«* kommt aus dem Amerikanischen, und selbst in der jüngsten Literatur zum Thema Supervision findet man keine Ausführungen über seinen Ursprung: wörtlich übersetzt heißt es »Aufsicht« und der *»supervisor«* ist also ein »Aufseher«.

Als ich in den Jahren nach 1967 zum ersten Mal mit der Entwicklung der Sozialarbeit in Deutschland konfrontiert wurde, hatte ich den Eindruck, daß man die in den Vereinigten Staaten entstandene Institution »Supervision« unbefragt übernommen hatte. Während der Terminus »Sozialarbeit« eine im Grunde falsche Übersetzung von *»social work«* ist – *»work«* heißt im Deutschen in diesem Zusammenhang »Wirken« –, wurde Supervision als Fremdwort übernommen. Trotz – oder wegen? – dieser Nicht-Übersetzung wurde Supervision im deutschsprachigen Raum zu etwas ganz Anderem als in ihrem Ursprungsland.

Was geschieht mit einem Wort, dessen Bedeutung und dessen Ursprung nicht hinterfragt werden? Ein Wort verliert nur in sehr langen Zeiträumen seine ursprüngliche Bedeutung und stiftet kurzfristig viel Verwirrung: die englischen Worte *super* und *vision* behalten auch im Deutschen die Assoziationen des *Über* und des *Sehens* unvermeidlich bei.

In der Tat wurde Supervision lange als das verstanden, was es ursprünglich bedeutet: Aufsicht und Kontrolle. Daher wurde sie zuerst einmal abgelehnt. In der Sozialarbeit war Kontrolle und Aufsicht in der bürokratischen Verwaltung immer schon gegeben. Der Supervisor als Berater in der praktischen Arbeit oder in der Ausbildung mußte daher aus dem organisatorischen Rahmen der Institution herausverlegt werden. Die Supervision verlor damit ihre ursprüngliche Funktion, sie wurde zu dem, was heute meist darunter verstanden wird: zu Praxisberatung und zu einer Form des Lernens. In dieser Bedeutung wurde Supervision auch von den

Psychoanalytikern (und von allen anderen Schulen der Psychotherapie) übernommen und ersetzte den früher gebrauchten Begriff der Kontrollanalyse.

Ist das Wortklauberei? Ich würde diesen Überlegungen keinen Raum geben, wenn die Erfahrung nicht gezeigt hätte, daß sich die Unklarheiten des Wortes und die Assoziationen, die es hervorruft, in der Praxis nachteilig auswirken.

Ich erinnere mich, wie sich vor etwa 10 Jahren in einem Seminar eine Kollegin dagegen verwahrte, eine Supervision anzunehmen: sie wisse selbst, was sie zu tun hätte und brauche keine Kontrolle. Sie hat inzwischen Karriere gemacht. Auf der anderen Seite standen die bekannten Gegenargumente der Institutionen: sie wollten Supervisionen für ausgebildete Psychologen und Ärzte nicht bezahlen, weil diese ja in ihren Berufen fertig ausgebildete Fachleute seien.

Die Funktion der Supervision hat sich heute verändert, sie hat ein gewisses Eigenleben entwickelt: Immer, wenn etwas in Institutionen schiefgeht, wird Supervision verlangt und häufig auch gewährt. Trotzdem handeln viele Berichte in der Literatur von den Widerständen der Praktiker gegen Supervision, wie bei der Kollegin, von der ich gesprochen habe. Wahrscheinlich stört dabei das »super« mehr als die »vision«. Das dem tatsächlichen Geschehen eher gerecht werdende Wort »Praxisberatung« konnte sich nicht durchsetzen.

In den letzten Jahren ist die Einrichtung der Supervision zunehmend anerkannt: es gibt einen Berufsverband der Supervisoren, und man kann an Hochschulen zum Supervisor ausgebildet werden. Supervision wird nicht mehr nur für Sozialarbeiter und Erzieher, sondern auch in der Ausbildung zum Psychoanalytiker, in der Medizin und für die Lehrberufe angeboten.

Es gibt noch eine Reihe ähnlicher Tätigkeiten, die sich von der Supervision im Sinne der Praxisberatung unterscheiden: »Kontrollanalysen«, »Konsultationen«, »Gruppensupervisionen«, »Institutionssupervisionen« und »Balintgruppen«. Alle können psychoanalytisch geführt werden.

– »Kontrollanalysen«: bei einem angehenden Analytiker werden die ersten zwei oder drei Fälle »kontrolliert«, d. h. ein älterer und erfahrener Kollege bespricht mit ihm einmal in der Woche einen Fall, um einen Eindruck zu gewinnen, daß er seine Tätigkeit kompetent ausführt. Diese »Kontrollinstanz« war aus der

Medizin übernommen worden, wo die ersten Operationen ebenfalls kontrolliert wurden. Die Kontrollanalyse diente auch zur Absicherung der psychoanalytischen Institute, die lange bekämpft und beargwöhnt wurden. Zudem waren anfangs die Lehranalysen relativ kurz. Die Analogie zur handwerklichen Ausbildung liegt nahe: der Psychoanalytiker mußte sozusagen sein »Meisterstück« vorstellen. Heute hat die Supervision auch in der Analytikerausbildung weithin die Kontrollanalyse ersetzt.

– »Konsultationen«: man holt bei einem Kollegen desselben oder eines anderen Faches über ein Spezialgebiet Rat ein. Auch die »Konsultation« kommt aus der Medizin und ist die notwendige Folge einer zunehmenden Spezialisierung. »Konsultation« hat nur Sinn, wenn beide Partner gleich kompetent sind, aber in verschiedenen Gebieten, man konsultiert nicht, weil man weniger weiß oder kann, sondern weil man Wissen von einem anderen Gebiet braucht: Zum Beispiel übersieht ein Psychotherapeut eine organische Komplikation oder eine soziale Problematik und kommt erst mit Hilfe der Supervision darauf, daß er einen Fachmann konsultieren müßte. Ein weiterer Unterschied zur Supervision liegt darin, daß der Konsulent nur von seinem eigenen Fach etwas zu verstehen braucht; es ist Sache des Konsultierenden, die richtigen Fragen zu stellen. Eine Konsultation ist gewöhnlich nur eine kurzfristige Beziehung und kein lang andauernder Prozeß wie die Supervision. Die beiden Formen werden jedoch nicht immer genügend klar unterschieden, und in der Praxis überschneiden sich beide Funktionen überall dort, wo keine regelmäßige Supervision stattfindet.

– Gruppensupervisionen: Supervision einer Gruppe von Therapeuten bzw. des therapeutischen Teams einer Institution als ganzes.

– Institutionssupervision: Supervision des verantwortlichen Leiters oder Leitungsteams, also eine Form der Einzel- oder Gruppensupervision.

– Balintgruppen: diese sind keine Supervisionen, sondern haben einen anderen Ursprung, andere Funktionen und andere Vorgänge. Der Leiter einer Balintgruppe ist kein Supervisor.

Nach dieser Übersicht über verwandte, gleichwohl aber zu unterscheidende Formen des Austauschs über die professionelle Arbeit im sozialen, psychotherapeutischen und medizinischen Bereich, will ich noch einige Bemerkungen über das machen, was in einer Supervision vor sich geht. Darüber besteht keineswegs Übereinstimmung: Je nach der theoretischen Schule, der ein Supervisor angehört, wird er unter dem Supervisionsprozeß etwas anderes verstehen. Das ist unvermeidlich und sagt über die Wirksamkeit der Supervision nichts aus, ebensowenig, wie die Zugehörigkeit zu einer Schule der Psychotherapie etwas über ihre Erfolge aussagt. Wichtig ist allerdings, daß Supervisor und Supervisand Gemeinsamkeiten in ihren theoretischen Grundauffassungen haben. Es scheint mir fraglich, ob ein Anhänger einer bestimmten Schule, auch innerhalb der Psychoanalyse, viel von einem Supervisor profitieren kann, der einer anderen Richtung anhängt. Diese Meinung ist jedoch nicht unumstritten und hängt davon ab, was als Wesen des Supervisionsprozesses verstanden wird. Hierüber gibt es zwei Auffassungen:

– Die eine Schule meint, daß der Supervisor nur verstehen muß, wie man Supervision betreibt; es komme nur darauf an, durch den Supervisionsprozeß zu bewirken, daß die Arbeit des Supervisanden so gut wie möglich vorangeht. Supervision ist in diesem Verständnis eine begleitende Beratung, deren Schwerpunkt die Probleme sind, die in der Supervision zur Diskussion kommen. Hier wird nicht der Therapeut behandelt, sondern ausschließlich seine berufliche Tätigkeit, wie sie in die Supervision eingebracht wird.

– In der ursprünglichen Auffassung von Supervision, wie ich sie in den Vereinigten Staaten gelernt und 15 Jahre praktiziert habe, war die Voraussetzung für ihre erfolgreiche Ausübung, daß der Supervisor mehr vom Gegenstand, der besprochen wurde, gewußt hat. In dieser Auffassung hat der Supervisor also zwei Funktionen: die des Lehrers, der mehr weiß, und die des Vorgesetzten, der kontrolliert und die Verantwortung trägt. Das Spezifikum dieser Form von Supervision ist die Einsicht, daß die Kombination von Lehrer und Vorgesetztem einen sehr vielschichtigen Prozeß bewirkt, der durch psychoanalytische Erkenntnisse vertieft und auch erleichtert werden kann. Diese Verbindung von institutioneller Verankerung und individueller Betreuung gibt es im deutschen Sprachraum kaum, hier kommt der Supervisor immer von außerhalb der Institution.

Meine Erfahrungen mit beiden Methoden haben mich gelehrt,

eine Mischform für richtig zu halten, die allerdings große Ansprüche an den Supervisor stellt: Ich meine, er sollte große Erfahrung im supervidierten Arbeitsfeld haben und nicht nur im Prozeß der Supervision bewandert sein. Dafür gibt es gute Gründe: Supervision wird gebraucht, weil in der Arbeit Schwierigkeiten auftauchen, oder weil man noch nicht genug zu wissen glaubt und Angst hat, Fehler zu begehen. Oder wie ein Kollege von mir, ein Doktor der Psychologie mit einigen Jahren Erfahrung, es einmal ausgedrückt hat: »Ich brauche Ihre Supervision, weil ich nicht ohne Netz arbeiten will.« Ich bin überzeugt, daß die Schaffung dieses »Netzes« eine sehr wichtige Funktion der Supervision ist, besonders bei der Behandlung schwer gestörter Menschen. Die Praktiker, die mit solchen Menschen arbeiten, verstehen und anerkennen oft nicht die Prozesse der Übertragung und Gegenübertragung, auf die die psychoanalytische Supervision viel Gewicht legt, die sie von vornherein versteht und anerkennt.

In anderen Worten: ich bin der Meinung, daß Supervision eine besondere Anwendung der Psychoanalyse ist, die nicht auf Heilung gerichtet ist, sondern auf Begleitung der Praxis in schwierigen Fällen. Sie kann und wird das auch sein, wo sie in einem psychoanalytischen Rahmen stattfindet.

Nach meiner Auffassung ist der entscheidende Schwerpunkt jeder Supervision, daß der Supervisor mehr praktische Erfahrung im supervidierten Arbeitsfeld haben muß als der Supervisand. Es genügt nicht, den Prozeß der Supervision zu steuern. Ein Supervisand wird nur dann aus der Supervision Gewinn ziehen, wenn er seinen Supervisor als eine Autorität im eigenen Fach anerkennt. In dem Augenblick, in dem diese Überzeugung erschüttert wird, wird die Supervision selbst in Frage gestellt. Sie kann nur dann fruchtbar fortgesetzt werden, wenn das In-Frage-Stellen der Autorität des Supervisors erkannt und durchgearbeitet wird. Ein Wechsel des Supervisors kann mitunter ebenso Gewinn bringen, wie der Wechsel eines Therapeuten; er setzt allerdings eine genügende Auswahl von geeigneten Supervisoren voraus, was häufig nicht gegeben ist.

Die Anerkennung der Autorität des Supervisors ist ein schwieriges Problem, das sich im Falle eines Zweifels notwendig auf den supervidierten Fall auswirkt. Ihre Handhabung ist eine der schwierigsten Aufgaben der Supervision, im Gegensatz zur Konsultation. Wenn man bemerkt, daß die Supervision vom Supervisanden als

Konsultation benützt wird und nicht als Supervision, darf man auf einen solchen Autoritätskonflikt schließen und muß ihn besprechen. Wo die Autorität des Supervisors allerdings aus seiner Kompetenz herrührt, den Prozeß der Supervision zu steuern und nicht aus seiner größeren Kompetenz in der supervidierten Praxis, ensteht ein anderes Übertragungsverhältnis: die Gefahr, daß aus der Supervision eine Therapie wird, wächst.

In der Praxis kann ein Supervisand in einer persönlichen Krise den Supervisor auch einmal als Therapeuten brauchen, ein solcher Rollenwechsel muß aber als solcher erkannt werden; wenn es allerdings möglich ist, sollte an einen Therapeuten überwiesen werden. Würde man hier strikt Hilfe versagen, so würde dies den Supervisionsprozeß beeinträchtigen: hier ist große Beweglichkeit vonnöten.

Bei Gruppensupervisionen ist diese Problematik weniger gravierend und leichter zu handhaben. In einer Gruppensupervision kann es allerdings vorkommen, daß das eine oder andere Mitglied mit der Supervision unzufrieden wird. Daraus entstehen Spannungen in der Gruppe, die erkannt und besprochen werden müssen. Eine nur scheinbare Lösung liegt oft darin, daß die Unzufriedenen ausbleiben oder ohne Auseinandersetzung ihre Einstellung ändern und bleiben.

Es ist offensichtlich, daß meine Ansicht der Supervision viel mehr vom Supervisor verlangt als eine Ansicht, die vornehmlich Kompetenz in der Handhabung des Supervisionsprozesses fordert. Im Grunde ist die Situation des Supervisors ähnlich der des Lehrers: er muß nicht nur wissen, wie man lehrt, sondern auch, was man lehrt.

Im Unterschied zum Lehrer, der aktiv den Stoff anbietet, bringt in der Supervision allerdings der Supervisand den Stoff und seine Fragen ins Spiel. Es ist eine wichtige Grundregel der Supervision, nur das zu behandeln, was der Supervisand einbringt: die Ähnlichkeit zur analytischen Situation ist diesbezüglich evident. Allerdings wird der erfahrene Supervisor schnell bemerken, wo nicht die richtige Frage gestellt und Fehler nicht erkannt werden. Hierin besteht die eigentliche Kunst des Supervisors, an der der Supervisand auch lernen kann, wie er mit seinen Patienten umgehen kann.

Die Parallelität zwischen Supervision und Behandlung gilt vor allem dort, wo der Supervisand zu wissen meint, was er tut: man darf hier – wie in der Behandlung – nicht den Überlegenen spielen, der es besser weiß, sondern muß jemand sein, der nicht wirklich versteht, was ihm gesagt wurde. Wenn der Supervisand auf eine Nachfrage antwortet, kann er selber darauf kommen, daß sein Verstehen nicht hinreichte. Am erfolgreichsten war der Supervisor, bei dem der Supervisand am Ende glaubt, er hätte ihn gar nicht gebraucht.

Eine besonders wichtige Funktion hat psychoanalytische Supervision bei der Kindertherapie und bei der Behandlung von ichgestörten Menschen: Der Kindertherapeut muß – im Gegensatz zum Erwachsenentherapeuten – nicht nur wissen, wie man Kinder behandelt, sondern auch mit Eltern umgehen können; also muß der Supervisor von Kindertherapien auch mit der Behandlung von Erwachsenen vertraut sein. Der Supervisor muß hier besonders auf die Gefahren der Gegenübertragung achten, auf die Gefahr, sich entweder auf die Seite des Kindes zu stellen oder auf die der Eltern. Oft erscheinen die Eltern im Bericht des Supervisanden als entscheidender Faktor der Probleme des Kindes; der Supervisor darf sich dadurch nicht beeinflussen lassen. Aus diesem Grund ist die Supervision von Kindertherapeuten schwieriger als die von Erwachsenentherapeuten, ebenso wie Kindertherapie nach meiner Ansicht schwieriger ist als Erwachsenentherapie: Das Kind bringt scheinbar wenig Material, oft spielt es das gleiche Spiel für Monate. Das Kind zeigt seine Bereitschaft sich helfen zu lassen nur im regelmäßigen Kommen, nicht in der Produktion von Material; es zeigt keinen Willen zur Therapie, sondern nur seine Liebe zum Therapeuten. Ein Kind will nicht therapiert werden, aber jede Woche mit dem Therapeuten spielen. Oft verschwinden dann die Symptome und das legt den Schluß nahe, daß gar nicht der kleine Patient behandelt werden muß, sondern seine Eltern. Diese aber sind nicht bereit, sich behandeln zu lassen. Dies ist ein sehr häufiges Problem für die Supervision, das viel Erfahrung verlangt.

Ich komme auf das zurück, was ich am Anfang gesagt habe: In den Vereinigten Staaten wird die Supervision dadurch sehr erleichtert, daß der Supervisor administrativ für den Fall verantwortlich ist und ihn meist während der Abwesenheit des Therapeuten auch selbst übernimmt. Sehr oft erkennt der Supervisor erst dann, daß er vom Supervisanden in die Irre geführt worden ist. Im europäischen Gebrauch der Supervision fällt diese Dimension völlig weg.

Aus diesem Grund soll der Supervisor von Kindertherapeuten und von psychoanalytischen Sozialarbeitern ich-gestörter Menschen sein Vorgehen ändern: Er muß von sich aus Fragen stellen und kann sich nicht nur auf das verlassen, was ihm dargestellt wird. Er muß zum Beispiel die Frage stellen, warum immer nur vom Kind und niemals von den Eltern die Rede ist, er muß also genau das tun, was er bei Erwachsenen nicht tun soll.

Ich möchte zum Abschluß darauf zurückkommen, warum die Psychoanalyse Supervision auf allen Gebieten der therapeutischen und sozialen Arbeit fordert: Wir werden mit immer schwierigeren Fällen konfrontiert. Das hat zur unausweichlichen Folge eine immer größere Nachfrage nach Wissen und nach Hilfe. Auch die öffentliche Finanzierung von Therapien vergrößert die Nachfrage und damit den Kreis der Probleme, die gelöst werden müssen. Daraus resultieren immer größere Ansprüche an die Betreuer und Therapeuten, die kaum durch eine Verbesserung der Ausbildung befriedigt werden können. Es wird zunehmend nötig, eine Begabung zur Behandlung für wichtiger zu halten als theoretische Kenntnisse. Die Behandlungsbegabung ist gegeben, die theoretischen Kenntnisse bedürfen einer langen Ausbildung.

Wahrscheinlich werden wir in Zukunft immer mehr mit Praktikern konfrontiert sein, die nicht genügend Ausbildung haben, um mit den Problemen, die sie bewältigen sollen, fertig zu werden. Die Konsequenzen sind sehr ernst: Erstens wird der Erfolg ausbleiben und damit auch die Finanzierung von Betreuungen und Therapien in Frage gestellt werden. Wer will schon eine erfolglose Behandlung finanzieren?

Es reicht nicht, dem Einwand der Erfolglosigkeit entgegenzuhalten, die Methoden wären an sich schon erfolgreich, nur die Ausbildung der Praktiker sei nicht genügend. Um die Notwendigkeit einer langen Ausbildung zu rechtfertigen, muß man schon Erfolge vorweisen können. Das ist aber kurzfristig unmöglich und langfristig schwer.

Mit Hilfe von Supervisionen ist es sicherlich leichter, dem begabten Anfänger zu helfen, erfolgreich zu sein. Supervision wird damit zu einer Einrichtung, die unumgänglich ist, um die Probleme zu lösen, die die moderne Gesellschaft stellt.

Mein Kollege, der nicht ohne Netz seiltanzen wollte, zeigte, daß ein guter Therapeut, der sich unsicher fühlt, kaum helfen kann, auch wenn er noch so gut ausgebildet ist. Die Funktion des Netzes ist also eine der wichtigsten Aufgaben der Supervision. Erfahrungsgemäß kommt es nach etwa zwei Jahren zu einer weitgehenden Verinnerlichung dieser Netzfunktion. Mit anderen Worten: der Therapeut entwickelt sein eigenes, inneres Netz und damit größere Sicherheit in seinem Handeln.

Literatur

Über Supervision in der Sozialarbeit gibt es eine lange Liste von Veröffentlichungen. Ich schlage eine Auswahl von vier Texten vor:

Kutter, P. (1974): *Sozialarbeit und Psychoanalyse,* Vandenhoeck & Rupprecht.
Pühl, H. & W. Schmidbauer (Hg.) (1986): *Sozialarbeit und Psychoanalyse*, München.
Supervision als angewandte Psychoanalyse. In »*Supervision*«, Nov. 1984.
Federn, Ernst im Gespräch mit Weigand, Wolfgang (1990): *Sozialarbeit – Supervision – Psychoanalyse*, S. 18, 25–36.

Reinhart Lempp

Die Entwicklung der Supervision am klinischen Jugendheim der Abteilung für Kinder- und Jugendpsychiatrie der Universität Tübingen

Es soll in diesem Beitrag an einem Beispiel, das ich selbst miterlebt und bis zu einem gewissen Grade verantwortlich mitgestaltet habe, gezeigt werden, wie sich aus einer klassischen Arbeitsstruktur einer medizinisch-klinischen Einrichtung, dem klinischen Jugendheim, der Kinderabteilung der Universitäts-Nervenklinik in Tübingen, im Laufe von einigen Jahren eine Teamarbeit entwickelte und welche Rolle die Supervision dabei spielte.

Am klinischen Jugendheim fanden, als ich 1954 dort als Assistenzarzt begann, wie in anderen klinischen Einrichtungen auch, regelmäßige Ärztebesprechungen statt, in denen sich der zuständige Oberarzt vom Verlauf der Behandlungen der Patienten berichten ließ und dazu seine Anordnungen gab. Dies erfolgte keineswegs nur in der Art eines Befehlsempfangs, sondern durchaus im Gespräch und gemeinsamer Erörterung. Gleichwohl galt eine ärztliche Hierarchie, und die Meinung des Oberarztes war letztlich auch das »letzte Wort« zur Sache.

Dieser Form, traditionell in der Medizin überhaupt, lag die unbestrittene Ordnung zugrunde, daß der ranghöhere Arzt auch über die größere Erfahrung und Kompetenz verfüge. Die Art und der Stil dieser Oberarztbesprechungen hingen natürlich ganz von der Persönlichkeit des Oberarztes und von seinem Verhältnis zu den nachgeordneten Ärzten ab. So war der erste, den ich als junger Assistenzarzt erlebte, ein zwar sich jovial gebender, aber sehr selbstwert-empfindlicher Mann mit festen, vorgefaßten Ansichten, dessen Meinung letztlich nicht wirkungsvoll widersprochen werden konnte.

So konnte ich in einem Fall – es handelte sich nicht um eine Psychotherapie, sondern um eine Entscheidung bei einem jungen Mädchen mit Epilepsie, bei der es um die Diagnose eines Schläfenhirntumors und ihre Konsequenz ging – mich nur dadurch gegen eine Fehlentscheidung, die sich später als solche bestätigte, wehren, daß ich ihm die Krankengeschichte übergab mit der Erklärung, er möge »den Fall« selbst übernehmen. Das war aber eine Ausnahme in einem besonders kritischen Einzelfall. Sein Nachfolger war Professor Walter Theodor Winkler, ein psychoanalytisch orientierter Psychiater – später Direktor des Psychiatrischen Landeskrankenhauses Gütersloh –, mit dem die Oberarztbesprechungen in sehr kollegialer Diskussion erfolgten, wobei insbesondere bei Psychotherapien von ihm echte Hilfen und weiterführende Betrachtungen zu erfahren waren.

Diese Besprechungen fanden aber ausschließlich unter den am Jugendheim tätigen Ärzten und Ärztinnen statt. Die Erzieherinnen – sie hießen Jugendleiterinnen –, die Krankenschwestern und -pfleger waren nicht dabei. Mit diesen wurde zwar bei der täglichen Visite, bei der die Ärzte alle Kinder und Jugendlichen sahen, über dieselben gesprochen. Dagegen waren die Psychologen und Psychologinnen – zunächst waren es eine, dann zwei – bei der Ärztebesprechung dabei. Erst im Laufe der Jahre nahmen auch die Erzieherinnen, aber noch keineswegs die Krankenschwestern und -pfleger, an diesen Besprechungen teil.

Ich erinnere mich noch gut an eine solche Besprechung, in der über ein Kind diskutiert wurde. Ich war inzwischen selbst Oberarzt der Abteilung geworden. Bei dieser Besprechung stellte plötzlich eine der Erzieherinnen der einhelligen Meinung der Ärzte sehr bestimmt und überzeugend ihre eigene Erfahrung mit diesem Kinde und eine ganz andere Ansicht gegenüber. Diese Äußerung führte zu einer entscheidenden Korrektur der bis dahin von den Ärzten vertretenen Einstellung. Das war für mich ein – damals noch nicht in seiner grundsätzlichen Bedeutung erkannter – entscheidender Wendepunkt. Mir – und wohl auch den andern Ärzten – wurde plötzlich deutlich, daß die Erzieherinnen, die täglich die meiste Zeit mit den Kindern zusammenlebten und sie viel besser und unter wechselnden Situationen mit anderen Kindern und Erwachsenen beobachten konnten, ein möglicherweise zutreffenderes Bild von den kleinen Patienten hatten als wir Ärzte und Psychologen und daß es nicht nur hilfreich, sondern notwendig sei, sie in unsere Besprechungen, in denen es um die Diagnose, um die Art der Behandlung, aber auch um Maßnahmen für die Zukunft dieser Kinder und Jugendlichen ging, mit ihren Erfahrungen miteinzubeziehen. Dies geschah von da an regelmäßig, und wir lernten allmählich, auf uns gegenseitig zu hören. Die Krankenschwestern und -pfleger blieben aber immer noch draußen. Anders war das damals noch nicht »denkmöglich«, auch mußte ja jemand während dieser Besprechungen bei den Patienten sein.

In den 60er Jahren wurden die traditionellen Ärztebesprechungen durch die regelmäßige Institution einer Balintgruppe ergänzt und teilweise ersetzt, die Professor Wolfgang Loch zuerst in der Kinderabteilung anbot und einrichtete. Er war damals neu nach Tübingen gekommen. Der Direktor der Nervenklinik, Professor Walter Schulte, hatte ihn als Psychoanalytiker an die Klinik geholt. Er übernahm dann später die erste an einer deutschen Universitäts-Nervenklinik eingerichtete Abteilung für Psychoanalyse. An diesen Balintgruppen, jeden Samstag von 10 bis 12 Uhr, nahmen außer den Ärzten, Ärztinnen, Psychologen und Psychologinnen auch die Jugendleiterinnen teil. Hier lernten wir bei den Fallbesprechungen, allmählich unsere eigenen Perspektiven und Probleme zu erkennen und ihre Bedeutung für unsere Beziehung zu den Patienten wahrzunehmen.

Diese Balintgruppen wurden über Jahre regelmäßig abgehalten, bis Ende der 60er oder Anfang der 70er Jahre die 5-Tage-Woche und damit der freie Samstag eingeführt wurde. Dann fand sich keine freie Zeit mehr für diese Einrichtung. Es wurde aber vielleicht dafür auch deshalb keine Zeit mehr gefunden, weil die Balintgruppe sich in der über Jahre gleichen Besetzung allmählich etwas abgenutzt hatte. In Anlehnung an einen alten Witz von dem Berliner Kind, das im Krieg nach Bayern verpflanzt worden war und dort am Religionsunterricht der frommen Schwestern teilnahm und auf die Frage, was denn wohl das Braune mit buschigem Schwanz, das von Ast zu Ast hüpfe, sei, antwortete: Er denke ja, daß das ein Eichhörnchen sei, aber wie er den Laden hier kenne, werde es ja doch das »liebe Jesuskind« sein, sprachen wir nur noch vom »Eichhörnchen«, wenn der besprochene Fall sich als ein typischer Ödipuskomplex entpuppte.

Einige Monate vor dem Umzug des klinischen Jugendheims vom alten Wohnhaus in der Frondsbergstraße 16 in das neuerbaute Klinikgebäude Osianderstraße 16 kam ein junger Psychologe aus Freiburg, wo er als Stipendiat der Thyssen-Stiftung bei Schraml sich mit Formen klinischer Teamarbeit befaßt hatte, mit der Frage, ob er an der Tübinger Abteilung auch über dieses Thema weiterarbeiten könne. Er hieß Stephan Becker. Nach kurzer Rücksprache mit meinem damaligen Oberarzt Dr. Gerd Schütze stimmte ich zu, vor allem, weil es immer verlockend war, eine weitere Kraft zu bekommen, vor allem wenn sie nichts kostete. Sein Projekt wurde mir zunächst nicht völlig klar. Daß er von Schraml kam, war Empfehlung genug, umsomehr, als auch mein Fachkollege Professor Strunk in Freiburg ihn als Mitarbeiter ausdrücklich empfahl. So wurde er freier Mitarbeiter am klinischen Jugendheim.

Er wandte sich gleich an die Mitarbeiterinnen und Mitarbeiter im Pflegebereich, die ja bis dahin noch kaum an der Erweiterung des informierten Personenkreises des klinischen Jugendheimes teilnehmen konnten und fand dort interessierte Zuhörer. Er sprach mit ihnen die Geschichten der von ihnen betreuten Kinder und Jugendlichen durch und führte sie dabei auch in die psychoanalytische Lehre ein. Sie erfuhren dadurch eine für sie wichtige Aufwertung und Anerkennung. Es war dies Mitte der 70er Jahre ja auch die Zeit der Nach-68er Jahre, in der die Kritik an allen hierarchischen Strukturen wach und lebendig geworden war. Auch wenn diese im klinischen Jugendheim schon damals nur noch wenig ausgeprägt waren, so war die noch selbstverständliche Nichteinbeziehung des Pflegepersonals gleichwohl erkennbar ein solcher autoritärer Rest.

Die therapeutische Arbeit am klinischen Jugendheim stand seit der Zeit von Professor Winkler der psychoanalytischen Richtung nahe, jedoch keineswegs konsequent und ausschließlich. Keiner der Ärzte, Ärztinnen oder Psychologen und Pschologinnen hatte eine Lehranalyse durchgemacht oder war dabei, eine solche zu absolvieren. Zwei der psychologischen Mitarbeiter hatten sich zu dieser Zeit auch der damals als modern auftretenden Verhaltenspsychologie und Verhaltenstherapie zugewandt. Ich versuchte, jeden nach »seiner Façon selig werden zu lassen« und nur dafür zu sorgen, daß jeder gegenüber dem anderen offen blieb. Stephan Becker sprach mich damals einmal nach einer Besprechung an und sagte – etwas vorwurfsvoll – : »Sie sind ja ein Eklektiker«. Ich empfand dies nicht als Vorwurf und akzeptierte es gerne.

So konnte es nicht ausbleiben, daß allmählich auch Spannungen in der Abteilung entstanden, die auch Stephan Becker gar nicht vermeiden wollte. Dies um so mehr, als sich nach dem Umzug ins neue Haus im Herbst 1977 drei statt bisher zwei Stationen etablieren konnten. Oberarzt Schütze, der Anfang der achziger Jahre als Ordinarius nach Kiel ging, richtete im neuen Haus in der Station I eine heilpädagogische Station mit besserer personeller Besetzung durch Erzieherinnen und Erzieher aus. Die Station nannte sich »die Therapiestation«. Stephan Becker widmete sich zunächst ausschließlich der Station III und führte dort jetzt regelmäßig Balintgruppen und Team- und Einzelfallsupervisionen ein. Daß die andere Station, die auch große, über 14 Jahre alte Jugendliche aufnahm, sich »therapeutisch« nannte, wurde damit zum Stein des Anstoßes.

Das klinische Jugendheim war zuvor seit Jahrzehnten im Grunde eine Durchgangseinrichtung mit einer Art Weichenstellerfunktion gewesen, in der bei relativ kurzen Aufenthaltszeiten die Diagnose erstellt und weitere Maßnahmen eingeleitet wurden. Längerfristige Therapiefälle gab es zwar schon immer, sie waren aber vereinzelt und die Ausnahme. Das rührte aus der Zeit, als von der Abteilung auch die Aufgaben einer Kinderneurologie mitversehen wurden, die einen ziemlichen Raum in Anspruch nahmen. Mit der Einrichtung einer Abteilung für Entwicklungsneurologie unter Professor Michaelis und einer Kinderneurologie in der Kinderklinik konzentrierten wir uns allmählich nur noch auf die Psychiatrie, ohne deshalb gleich eine therapeutisch orientierte Struktur zu finden. – Die Station II war für die kleinen Patienten, die unter 14jährigen, zuständig, wobei unter 8jährige aus organisatorischen Gründen bald keine Aufnahme mehr finden konnten. –

Die Station III entwickelte sich zunehmend zur therapeutischen Station mit dem Schwerpunkt der jugendlichen Psychosen und Grundstörungen, Borderline und schweren Neurosen. Die Aufnahmedauer nahm zwangsläufig stark zu. In gleichem Maße wuchs aber auch dank der Aktivität Stephan Beckers das Selbstbewußtsein der Mitarbeiter der Station III, aber auch ein gewisser Ausschließlichkeitsanspruch. Zwischen Station I und III entstand eine lebhafte Rivalitätshaltung.

Die oberärztliche Leitung der Station III mußte damit von mir selbst übernommen werden. Ich kam auf jede der Stationen jeden Morgen und nahm auch an den wöchentlichen ein- oder zweimaligen »großen Besprechungen« jeder Station teil. An den Supervisionen nahm ich dagegen grundsätzlich nicht teil, damit eine unvermeidliche ärztliche Hierarchie sich nicht störend und hemmend auswirken konnte. Später wurde ich von der Station III gebeten, zusätzlich auch an einer Einzelfallbesprechung regelmäßig teilzunehmen, um noch mehr in die Stationsarbeit eingebunden zu sein.

Die Spannungen und Probleme nahmen schließlich soweit zu, daß die meisten Ärzte, Ärztinnen, Psychologen und Psychologinnen von mir die Eliminierung Stephan Beckers aus der Abteilung forderten. Die Zerstörung der althergebrachten und vermeintlich unverzichtbaren hierarchischen Ordnung bedeutete offenbar eine schwere Bedrohung für sie. Ich überblickte diese inneren Zusammenhänge damals noch keineswegs in ihrer grundsätzlichen Bedeutung, dennoch lehnte ich es ab, Stephan Becker die Türe zu weisen, weil die Mitarbeiter der Station III dies nicht akzeptiert hätten und mit Recht als einen schweren Eingriff und eine Zurücksetzung in die »alte Unmündigkeit« empfunden hätten. Tatsächlich war für sie die Supervision durch Stephan Becker eine wichtige Hilfe und eine entscheidende Selbstwertstütze geworden. Ein Ersatz für ihn stand aber damals nicht zur Verfügung.

Das lag auch am Geld. Stephan Becker war nicht Angehöriger der Universität und nie in der Klinik angestellt. Seine Supervision war daher korrekterweise eine »Außensupervision« und mußte bezahlt werden. Solange sein Projekt bei der Thyssen-Stiftung lief, war dies kein Problem und als dieses zu Ende gegangen war, vermittelte Wolfgang Loch eine befristete finanzielle Hilfe der Breuninger-Stiftung. Zu dieser Zeit aber mußte versucht werden, die Kosten für die Supervision von der Klinikverwaltung, d. h. über den Pflegesatz zu bekommen. Das aber mußte ausdrücklich beantragt werden.

Der von mir an den Klinikumsvorstand, damals Prof. Dr. Apitz, gerichtete Antrag, dem ich eine gutachterliche Stellungnahme von Professor Loch über die Notwendigkeit einer Außensupervision beilegen konnte, löste ein langanhaltendes Unwetter im Klinikum aus. Zunächst war es der damalige Direktor der psychiatrischen Universitätsklinik, der gegen den Antrag Sturm lief und bei vielen Kollegen Unterstützung fand. Er behauptete, ich würde von seinem Etat Gelder verwenden und ließ sich davon nicht abbringen, auch als die Verwaltung erklärte, unsere Sachmittel seien voneinander getrennt. Ich wurde vor die Direktorenkonferenz zitiert und mußte Rede und Antwort stehen. Es wurden Vorwürfe laut, eine solche Arbeitsweise könne ärztlich nicht verantwortet werden. Ich wurde gefragt, ob denn beispielsweise bei uns über eine Medikamentengabe abgestimmt werde und ähnliches. Schließlich befaßte sich eine Kommission mit der Arbeitsweise der Abteilung. Sie suchte aber vor allen Dingen nach einer Möglichkeit, die neuen

26

Räumlichkeiten der Abteilung für andere Kliniken nutzbar zu machen. Die Direktorenkonferenz bemerkte dann selbst, daß sie für diese Kommission unmittelbar an dieser Nutzung interessierte Direktoren nominiert hatte und wählte eine zweite, sachlicher arbeitende Kommission. Auch diese beforschte die Abteilung für Kinder- und Jugendpsychiatrie aufs Genaueste und hörte Ärzte und Pflegepersonal an, ohne am Ende etwas wirklich Unkorrektes entdecken zu können.

Das Ungeheuerliche dieser Aktion wurde mir erst später völlig klar, und das war gut so, weil ich damit der Sache ohne Affekt und gelassener begegnen konnte. Nur einmal mußte ich mich um Hilfe an den Präsidenten der Universität wenden, der dann offenbar die teils empörten, teils verwirrten Kollegen beruhigen konnte. Es ging dabei tatsächlich nicht um das Geld. Mein zusätzlich beantragter Geldbetrag hätte sich im Pflegesatz des Klinikums etwa mit 1 Pfennig am Tage ausgewirkt. Auch die Verwaltung selbst hatte keine Bedenken. Es war vielmehr für Direktoren von Universitätskliniken schlechterdings unvorstellbar, daß es in einer Klinik Funktionen geben könne, die nicht auch von der Klinik selbst erfüllt werden könnten. Hilfe oder gar Ratschlag und »Kontrolle« von außerhalb der Klinik war nicht denkmöglich.

Im Grunde aber war es wohl die Angst um die Autorität des Klinikdirektors und die Sorge vor einer Aushöhlung überkommener Leitungsstrukturen. Einer der Klinikdirektoren, ein sehr korrekter und sachlicher Kollege, gestand das auch mir gegenüber offen ein, als er mir sagte: »Wissen Sie, wir haben ja nur Angst, daß Ihre Arbeitsweise Schule machen könnte.« In dieser Zeit kam einmal der Stationspfleger der Station III, Hartmut Kleefeld, zu mir und lud mich zu einem abendlichen Glas Bier ein, weil ich ihretwegen so viel Ärger hätte. Überhaupt spürte ich in diesen strapaziösen Monaten den zunehmend solidarischen Rückhalt der Mitarbeiter aller Stationen und empfand das als sehr befriedigend und bestätigend.

Geld für die Außensupervision hatte ich aber immer noch nicht und die Auseinandersetzungen zogen sich über Monate hin. Da erhielt ich von der Stiftung für Bildung und Behindertenförderung großzügig einen Betrag zur Verfügung gestellt, der nicht nur die Supervision auf Station III fortzuführen ermöglichte, sondern uns auch in die Lage versetzte, für die beiden anderen Stationen Supervisoren zu gewinnen, wenngleich nicht in der gleichen Intensität.

Es fanden sich zwei niedergelassene analytische ärztliche Psychotherapeuten, die dazu bereit waren. Die Psychotherapeutin für die Station II hatte an der Abteilung früher einmal ihre Weiterbildung zum Arzt für Kinder- und Jugendpsychiatrie gemacht. Der Kollege für die Station I befriedigte die Mitarbeiter auf die Dauer nicht, da er allzu passiv war und kaum eine eigene Stellungnahme abgab. Ihm folgte ein Familientherapeut von der Sonnenbergklinik in Stuttgart. Später übernahm diese Funktion ein Psychologe von der Abteilung für Psychotherapie und Psychoanalyse von Professor Henseler, der inzwischen dem emeritierten Professor Loch nachgefolgt war.

Am Ende der langen Auseinandersetzung wurde vom Klinikumsvorstand zugestanden, die Kosten der Außensupervision über den Pflegesatz abzurechnen, wenigstens solange ich noch Direktor der Abteilung sei. Man war dazu bereit, weil man sah, daß damit keine Kostenlawine losgetreten wurde, weil diese Marotte offenbar auf die kleine Abteilung für Kinder- und Jugendpsychiatrie beschränkt blieb und weil man hoffen konnte, daß mein Nachfolger »vernünftiger« sein werde. Zur Zeit dieses Streites waren die Kosten für Supervision in fast allen Einrichtungen der Jugendpflege schon längst als Pflichtleistung im Pflegesatz anerkannt. Stillschweigend baten einige Zeit später Mitarbeiter von einzelnen Stationen der Kinderklinik Ärzte unserer Abteilung um die Übernahme regelmäßiger Supervisionen bei ihnen. Sie ist inzwischen zur selbstverständlichen Institution geworden und wird auch von meinen Nachfolger weitergeführt.

Die Fragen, die von verunsicherten Klinikdirektoren gestellt wurden und werden, müssen jedoch ernst genommen werden und bedürfen der ausführlichen Beantwortung. Es geht vor allem um die Frage nach der ärztlichen Verantwortung und nach der Alleinentscheidung über Diagnose und Therapie.

Die ärztliche Verantwortung wird zwar von den Ärzten gerne betont, wenn es gilt, ihre Unabhängigkeit und ihre Privilegien zu verteidigen. Genau besehen, stellt sie sich durchaus einfacher dar. Die zivilrechtliche Verantwortlichkeit des Chefarztes ist zunächst diejenige des Krankenhausträgers, und gegen einen möglichen Rückgriff durch diesen schützt er sich durch eine – zugegebenermaßen teure – Haftpflichtversicherung. Die strafrechtliche Verantwortlichkeit endet meist mit einer gegebenen Anordnung und wenn diese dann nicht oder unkorrekt ausgeführt wird, sind der nachgeordnete Arzt, die Krankenschwester oder der Pfleger diejenigen, die für den Fehler einstehen müssen.

Der leitende Arzt kann eine Verantwortung für die ihm anvertrauten Patienten eigentlich nur dann wirklich übernehmen, wenn er alle ihm nachgeordneten Kräfte, Ärzte, Schwestern, Pfleger und Hilfspersonal an allen wesentlichen Informationen über die Patienten teilhaben läßt, wenn er sie über alle vorgesehenen Maßnahmen informiert, kurz, wenn er mit dem ganzen Team eng zusammenarbeitet. Nur wenn er selbst informiert, kann er erwarten, daß auch er von den Mitarbeitern über alles Wesentliche informiert wird, was diese, die täglich viel länger und näher mit den Patienten zusammen sind, von diesen erfahren. Nur dann können sie Fehler aus spezieller Unkenntnis des Falles vermeiden, nur dann fühlen sie sich auch selbst voll verantwortlich und sind bereit, diese mit ihm zusammen zu tragen. Ein sich gemeinsam verantwortlich fühlendes Team kontrolliert und hilft sich auch gegenseitig, so daß es viel weniger zu irgendwelchen Übergriffen gegenüber den Patienten oder zu Fehlverhalten gegenüber deren Angehörigen kommen kann.

Diese Form der gemeinsamen Verantwortlichkeit setzt aber sowohl eine Beteiligung an wichtigen Entscheidungen über den Patienten voraus, als auch vor allem die Möglichkeit, die eigenen Probleme mit den Patienten, mit deren Angehörigen und unter den Mitarbeitern offen besprechen und bearbeiten zu können. Das aber ist die eigentliche Aufgabe der Supervision. Um die Offenheit auch für den abhängigen Mitarbeiter oder die Mitarbeiterin zu gewährleisten, sollte der Chef nicht daran teilnehmen. Seine Teilnahme kann aber auch sinnvoll sein, wenn er sich als Chef zurücknehmen und auch er seine Probleme einbringen kann. Er sollte mit seiner Teilnahme aber so lange warten, bis sich das Team in der Supervision einigermaßen stabilisiert hat und es mit seiner Teilnahme einverstanden ist, ja, es wünscht.

Bevor eine solche Möglichkeit in der Supervision zum Standard wurde, kamen persönliche Fragen der Mitarbeiter, aber auch die des Chefarztes und der Ärzte, nicht zur Sprache. Es hatte solche einfach nicht zu geben. Sie waren Privatsache und hatten im Krankenhaus nichts zu suchen. Das aber war eine große Täuschung zum Nachteil der Patienten. Solange im dualen Verhältnis niemand zwischen Arzt und Patient stand, standen auch nur deren eigene psychische Probleme zwischen ihnen, mit denen sie irgendwie fertig werden mußten. Das hing allein vom Verständnis des Arztes für den Patienten ab, und der Patient fühlte sich je nachdem mehr oder weniger gut behandelt. Im Krankenhaus dagegen stehen eine ganze Reihe von Mitarbeitern, Ärzte, Schwestern, Pfleger, Krankengymnastinnen, Hilfspersonal u.a.m. zwischen dem »verantwortlichen« Arzt, dem Chefarzt und dem Patienten. Um diesen Zwischengliedern, die aus vielen Individuen mit ihren unterschiedlichen Eigenheiten und Problemen bestehen, nicht als Chef wie als Patient unkontrolliert ausgeliefert zu sein, bedarf es einer Institution, die diese Eigenheiten und Probleme aufgreift, bearbeitet und überwindet, und das soll die Supervision leisten.

Erst durch die Supervision ist deswegen eine ärztliche Verantwortung auch im modernen Krankenhaus wirklich tragbar.

Die andere Frage betrifft die Entscheidung in Diagnose und Therapie. Das war offenbar für viele Kollegen das größte Problem: Wer hat zu entscheiden? Als Alternative fiel ihnen nur die demokratische Abstimmung ein. Das wäre kein Weg. Es geht vielmehr darum, eine Entscheidung gemeinsam so zu treffen, daß alle ihre Argumente dafür oder dagegen beibringen und dann auf der Basis dieser Diskussion eine gemeinsame Entscheidung überzeugt mittragen können. Es bildet sich dabei ganz von alleine neben einer Stellungshierarchie eine Erfahrungshierarchie aus, die mit der Zeit dominierend wird. Daß aber in solchen Diskussionen möglichst keine persönlichen und nicht an der Sache orientierten Argumente einfließen, ist ebenfalls eine erwünschte Frucht einer regelmäßigen Supervision durch einen Außensupervisor.

Es ist unbestreitbar, daß sich eine solche Teamarbeit in der Psychiatrie leichter verwirklichen läßt als in anderen medizinischen Disziplinen. Sie ist aber auch in der Psychiatrie besonders notwendig, weil das Verhalten der Patienten, der Umgang mit ihnen und ihren Angehörigen für die Diagnostik wie für die Therapie bedeutsam ist. Auch in den anderen medizinischen Sparten ließe sich eine solche Teamarbeit zum Wohle der Patienten realisieren und in allen klinischen Bereichen bedürfen die Mitarbeiter der Begleitung und der Hilfe für ihre Probleme, die in ihrer Arbeit entstehen oder sich dort auswirken. Das gilt ganz besonders bei der Pflege und Betreuung hilfloser, behinderter oder alter Menschen, damit diese nicht Opfer unbewältigter Konflikte der für ihre Betreuung verantwortlichen Helfer werden.

Es kann aber nicht übersehen werden, daß die Arbeitsfelder des verantwortlichen leitenden Arztes und des Supervisors Überschneidungsbereiche aufweisen. Eigentlich sollte es solche nicht geben. Der Supervisor oder die Supervisorin sollten nicht in Entscheidungen der Institution eingreifen und werden das auch zu vermeiden suchen. Andererseits ergeben sich gerade in den Entscheidungsbereichen Konflikte, die mit Diagnose und Therapie zusammenhängen können und die, werden sie in der Supervision angesprochen, in den institutionellen Bereich hineinwirken, ob man das will oder nicht. Hier sind auch die unbewußten oder bewußten Ängste der verantwortlichen Ärzte vor der Supervision begründet. Vermeidet der Supervisor den Überschneidungsbereich allzu ängstlich, wird er wenig Hilfe bieten, so wie der erste Supervisor der Station I. Stephan Becker hatte entsprechend seiner Persönlichkeit und seinem Temperament keine Hemmungen, in Diagnose und Therapie einzugreifen, was zunächst nicht unerhebliche Probleme und Spannungen zwischen den Ärzten und Psychologen einerseits und den übrigen Mitarbeitern andererseits hervorrief, aber mit wachsender Selbstkritik der Mitarbeiter und mit zunehmender Loyalität Stephan Beckers zu mir allmählich keine Schwierigkeiten mehr bereitete.

So ist eine Voraussetzung für den Supervisor seine grundsätzliche Loyalität gegenüber den leitenden Ärzten und die Bereitschaft beider, eine Konkurrenzsituation zu vermeiden, wollen sie nicht von den Mitarbeitern gegeneinander ausgespielt werden. Auch ist es von Vorteil, wenn der Supervisor oder die Supervisorin vom Fachgebiet, in dem die supervidierten Mitarbeiter tätig sind, etwas versteht oder sich zumindest darüber kundig macht. Eine fachliche Unkenntnis des Supervisors muß im Einzelfall auch kein Hinderungsgrund sein, sie kann sich sogar als Vorteil erweisen, wenn er oder sie durch »dumme« Fragen die fachunabhängige, aber institutionsspezifische Problematik deutlich macht.

Die Supervision für die Mitarbeiter klinischer Institutionen ist eine Notwendigkeit, um die diesen immanente, technologisch bedingte Unpersönlichkeit zurückzudrängen und durch eine menschlichere Struktur zu ersetzen. Das gilt ganz besonders, aber keineswegs ausschließlich für psychiatrische Einrichtungen.

Literatur zum Thema aus der Abteilung für Kinder- und Jugendpsychiatrie des Universitätsklinikums Tübingen:

Becker, St. (1981): Psychoanalytische Sozialarbeit mit psychotischen Kindern und Jugendlichen. In: Biermann, G. (Hrsg.): *Handbuch der Kinderpsychotherapie*, Bd. 4, S. 727–735, Reinhardt, München.

Becker, St. (1981): Das Pflegepersonal als Therapiefaktor bei der Behandlung von psychotischen und Borderline-Patienten in der Adoleszenz. In: Lempp, R. (Hrsg.): *Adoleszenz*, S. 113–127, Bern, Stuttgart, Wien.

du Bois, R. (1982): Zum Strukturwandel der Abteilung für Kinder- und Jugendpsychiatrie Tübingen. In: *Acta paedopsychiat.* 48, S. 285–295.

du Bois, R.; Günter, M.; Kleefeld, H. (1987): Der betreuerische Alltag in der Langzeitpsychotherapie psychotischer Jugendlicher – am Beispiel von Störungen der Reifung und Loslösung – eine Bestandsaufnahme. In: Lempp, R. (Hrsg.): *Reifung und Ablösung*, S. 118–140, Bern, Stuttgart, Toronto.

Günter, M. (1985): Das Betreuerteam einer Jugendlichenstation als wichtiger Therapiefaktor. In: Rotthaus, W. (Hrsg.): *Therapie in der Kinder- und Jugendpsychiatrie*, Bd. 3, S. 168–180, Dortmund.

Heinzmann, B., et. al. (1983): Bedeutung und Veränderungsprozesse des »Alltags« bei stationärer Psychotherapie. In: *Kinder- Jugendpsychiatrie* 11, S. 379–387.

Lempp, R. (1983): Abteilungen für Kinder- und Jugendpsychiatrie in einem Klinikum: Aufgaben – Bedürfnisse – Probleme. In: *Praxis Kinderpsychologie Kinderpsychiatrie* 32, S. 161–166.

Stephan Becker

Gedanken über psychoanalytische Supervision

Das Wort »Supervision« gibt vor, daß etwas überschaut, überblickt, d. h. übersehen werden kann. Das Verb »übersehen« ist ambivalent, weil es darauf verweist, einerseits etwas vollständig erfassen zu können, auf der anderen Seite aber zum Ausdruck bringt, daß ganz bestimmte Dinge nicht wahrgenommen werden, ausfallen, die Gestalt von Lücken und großen Löchern annehmen. Da, wo die Löcher, die Lücken sich darstellen, ist es möglich, die reine Leere, ein Nichts oder irgendetwas anderes, insbesondere Überraschungen, Unvorhersehbares, Neues zu plazieren.

Supervision rekonstruiert und konstruiert psychoanalytisch-psychotherapeutische Prozesse, die in unterschiedlichen Settings therapeutischer und/oder pädagogischer Arbeit wirksam sind; als Settings gelten dabei der klassische Rahmen der Psychoanalyse, der Psychotherapie als Zweipersonen-Setting, Settings zwischen Erzieher und Zögling, aber auch Mehrpersonen-Settings, wie in der Schule, im Heim, in der stationären Krankenhausbehandlung, in der Armee, in der Kirche, in der Fabrik.

Der Gegenstand von Supervision als einer Einheit von Forschung und Training kann sich auf unterschiedliche Bereiche menschlicher Bildungsprozesse, d. h. auf Lernen durch Erfahrung in menschlichen Beziehungen konzentrieren, von denen der Bereich der Psychotherapie nur einer neben anderen ist. Das Verfahren selbst arbeitet mit Übertragung, Gegenübertragung, Widerstand und Deutungen und erforscht Unbewußtes und Sexualität in Objektbeziehungen von der Struktur internalisierter Objektbeziehungen einzelner Individuen, über die spezielle Struktur therapeutischer Objektbeziehungen im Kontext von Übertragungsbeziehungen und funktioneller Regression, Objektbeziehungsformationen in Mehrpersonen-Settings bis hin zur Analyse der Objektbeziehungskapazität ganzer Institutionen. Wer sich dieses Spektrum von Supervision vergegenwärtigt, wird möglicherweise die Frage stellen, wie ist Supervision überhaupt möglich? Ist sie nötig? könnte als Frage hinzugefügt werden. Auf diese wichtigen Fragen will ich an dieser Stelle keine fixe Antwort geben, sondern im gut psychoanalytischen Sinne eine weitere Frage formulieren: Macht es überhaupt einen Sinn, Supervision von Psychoanalyse zu trennen?

Das erste Mal in meinem Leben habe ich etwas von Supervision erfahren, als es dieses Wort in meinem Umkreis noch gar nicht gab. Meine beiden Eltern sind ziemlich besessene Pädagogen und hatten, obwohl sie sechs Kinder in die Welt gesetzt hatten, der Kinder nie genug, die sie großzogen und denen sie etwas Gutes geben wollten. Deshalb gab es immer mindestens zwei, wenn nicht drei zusätzliche Pflegekinder, mit denen meine Geschwister und ich gemeinsam aufwuchsen; diese Kinder wurden uns angekündigt als Kinder, die es schwer im Leben hatten, die unglücklich waren, deren Familien ihnen nicht helfen konnten, weil sie kaputt oder in Schwierigkeiten waren. Von einigen dieser Kinder wurde berichtet, daß in psychiatrischen Krankenhäusern über sie große Namen ausgesprochen wurden wie »Psychose«, »Magersucht«, »Hysterie«. Irgendwie war damals selbstverständlich, daß diese Kinder bei meinen Eltern und bei uns Geschwistern etwas bekommen könnten, was ihnen in ihrem ganzen Leben unzugänglich bleiben sollte, wenn sie nicht wenigstens eine Weile bei uns leben könnten. Zugleich aber brauchten meine Eltern selber Rat und Hilfe durch erfahrene Personen, die schon länger Umgang mit Kindern, Jugendlichen und ihren Familien hatten, die unter schweren Verletzungen ihrer Seele litten. Ich war 8 Jahre alt, als ich das erste Mal mit Bewußtsein registrierte, daß mein Vater mit dem Fahrrad um den Bodensee von Kressbronn aus nach Zürich fuhr, um sich Rat bei dem Psychoanalytiker Gustav Bally über die Erziehung eines Pflegekindes zu holen, das ich damals persönlich überhaupt nicht mochte. Außer Gustav Bally kontaktierte mein Vater später verschiedentlich den Psychoanalytiker und psychoanalytischen Pädagogen Hans Zulliger. Ungefähr 20 Jahre später, während meiner Lehranalyse, befragte ich meinen Vater ausführlich über diese Zeit seiner »Supervisionserfahrungen« und erfuhr von ihm, der sich zeit seines Lebens viel mit Psychoanalyse beschäftigt hatte, aber nie eine persönliche Psychoanalyse machte, daß die Gespräche mit Bally und Zulliger ihm einerseits geholfen hätten, die Kinder, um die es ging, besser zu verstehen; andererseits aber immer auch ein Stück eigene Psychoanalyse in Gang brachten oder im Sinne der unendlichen Psychoanalyse vorantrieben. Mein Vater konnte die psychoanalytische Selbsterfahrung von der Beratung des Kindes, das den Anlaß dieser jeweiligen Gespräche bot, nicht trennen und hätte eine solche Trennung auch als sehr künstlich empfunden.

Zwischen 1969 und 1972 habe ich bei dem Psychoanalytiker Walter Schraml in Freiburg regelmäßig eine psychoanalytische Supervision gehabt, deren Anlaß die Begleitung von Menschen in schweren Lebenskrisen war, darunter ein Student, den ich 8 Monate lang mindestens fünf mal in der Woche aufsuchte, weil er nicht mehr aus seiner Wohnung herausging, sich vernachlässigte, nicht mehr studierte und Angst hatte, er würde sich in tausend Stücke auflösen, wenn er wieder auf die Straße ginge; begleitet von Schraml fand ich in der Beziehungsarbeit mit diesem Studenten dazu, eines Tages mit ihm an der Hand auf die Straße zu gehen: Obwohl dieser Student über 2 Meter groß war, hatte ich den Eindruck, ein zitterndes kleines 3jähriges Kind neben mir zu haben. In meinen Gesprächen mit Schraml über diesen Studenten habe ich je nach Lage der Dinge, d. h. den in mir wirksamen Folgen dessen, wie dieser Mann mit mir umging und ich mit ihm, Erfahrungen meiner eigenen Kindheit, Jugend und meines Erwachsenenlebens, verbunden mit allen mir damals verfügbaren Phantasien, zum Ausdruck gebracht, so daß mir heute klar ist, daß diese sogenannte Supervision mindestens eine »larvierte Psychoanalyse« war: Die Veränderung der Einstellung zu diesem damals von mir begleiteten jungen Mann hatte immer mindestens so viel zu tun mit ihm wie mit mir selbst. Ich lernte von Schraml erstmals auf einer sehr handfest existenziellen Ebene, daß es zum Wesen der Übertragung gehöre, daß das, was zu diesem jungen Mann und das, was zu mir gehörte, sich vorübergehend bis zur Unkenntlichkeit verwischt und vermischt, dann aber wieder sorgfältig getrennt und unterschieden werden muß, damit insbesondere in einer Psychoanalyse der Analysand nicht daran gehindert wird, die Priorität im analytischen Prozeß zu haben, auf die er ein unverzichtbares Recht hat. Die künstlichen Rahmenbedingungen psychoanalytischer Arbeit, die wir heute Setting-Konstruktion nennen, sind der entscheidende Garant für die Verwirklichung dieses Rechtes; unter eben diesen künstlichen Bedingungen kann das erforscht und durchgearbeitet werden, was unkontrollierbar wirksam wird in allen Erfahrungs- und Lebenskonstellationen, die kein Setting oder aber ein nur implizites bzw. etwas Wildwüchsiges haben: Ich begriff erstmals, was gut daran ist, daß eine psychoanalytische Sitzung kein Rendezvous ist.

Die sogenannte Behandlung des »kleinen Hans« durch Freud (Freud, S., 1909) war ja keine Psychoanalyse des Fünfjährigen durch Freud, sondern eine psychoanalytische Supervision des Vaters, deren Wirkung auf den kleinen Hans zu einem Ziel führte, das mit der Psychoanalyse übereinstimmte. Auch hier konnte die Supervision und der psychoanalytische Prozeß nicht voneinander getrennt werden, weil die Entwicklung des Vaters des »kleinen Hans« mit Sicherheit indirekt-direkt ein Stück eigene Analyse des Vaters bedeutete, über die der Sohn emotional und geistig wachsen konnte.

Obwohl die Psychoanalyse international und speziell in Deutschland nach dem Faschismus Psychoanalyse, Lehranalyse und Supervision deutlich trennte und um so mehr trennte, je stärker der antipsychoanalytische Pädagogismus in psychoanalytischen Instituten um sich griff, desto wichtiger wurde für mich, Psychoanalyse und Supervision nicht zu trennen: Für diese Auffassung ist mir die ungarische Schule der Psychoanalyse Sandor Ferenczis bis heute ein großes Vorbild. Ich habe meine eigene Lehranalyse, die ich als zweite persönliche Psychoanalyse wahrnahm, bei einem der konsequentesten Nachfolger der psychoanalytischen Schule von Ferenczi und Balint gemacht. Zu den für mich fruchtbarsten Erfahrungen dieser Analyse hat gehört, daß die supervisionsorientierte Analyse meiner Gegenübertragungen im Umgang gerade mit psychotischen Patienten radikal in meine eigene Biographie hinein kontextualisiert wurde, mir umgekehrt aber auch erschloß, wie die Botschaften des Patienten und Botschaften aus meinem eigenen Unbewußten in meiner Gegenübertragung sowohl zusammentreffen als auch zu differenzieren wären.

Neben der Arbeit mit Übertragung und Widerstand in einem Zweipersonen-Setting hat mich schon während meiner Zeit bei Schraml das Verhältnis von Trieben und Objekten, Übertragungs-, Gegenübertragungsprozessen und funktioneller Regression in Mehrpersonen-Settings interessiert; das erste Setting dieser Art, das ich mit Schraml kontinuierlich erforschte, war ein Kindergarten, in dem ich 2 1/2 Jahre in Tagesgruppen mitarbeitete, Weiterbildungen für die Mitarbeiter aufbaute und Elternberatung machte, sowie eine normalisierende Auffangstelle für Kinder aus der Kinderpsychiatrie entwickelte. Mein Interesse an Mehrpersonen-Settings wurde schon während meiner Studienzeit bei Schraml stark geprägt durch alles, was ich über Mehrpersonen-Settings in der Behandlung psychotischer Menschen lernen konnte: An herausragender Stelle möchte ich hierbei das Buch Freeman/Cameron/McGhie: Studien über chronische Schizophrenie, 1969, Suhrkamp-Verlag (Frankfurt a. M.) nennen. In diesem Buch wird in Anknüpfung an die Erfahrungen Paul Federns und seiner Krankenschwester Gertrude Schwing mit psychotischen Patienten das Modell einer Einrichtung vorgestellt, in dem das Pflegepersonal, analytisch ausgebildet und kontinuierlich von Freeman, Cameron und McGhie supervidiert, die Behandlung eingelassen in die alltäglichen Betreuungszusammenhänge zustande bringt. Dieses Buch zeigte mir schon vor meiner Lehranalyse und bevor ich Psychoanalysen unter Supervision durchführte, daß Supervision und Psychoanalyse letztlich nicht zu trennen sind.

Anfang der siebziger Jahre war ich etwas mehr als zwei Jahre in den Vereinigten Staaten von Amerika und hatte Gelegenheit, in verschiedenen Institutionen zu hospitieren und das Zusammenspiel von Behandlung und Supervision nuanciert kennenzulernen. Die entscheidenden Institutionen waren für mich die Orthogenic School mit Bruno Bettelheim kurz vor seinem Weggang und die Neuropsychiatrische Klinik der Universität Michigan in Ann Arbor unter Stanton; außerdem die Psychological Clinic unter Frederick Wyatt an der University of Michigan in Ann Arbor, ebenso das Belmont Hospital in Belmont, Massachusetts, in enger Kooperation mit der Harvard Medical School; das J. Baker Center in Cambridge Mass. und die Clinic Chestnut Lodge in Washington D. C. Bei aller Unterschiedlichkeit der hier genannten Institutionen gibt es bestimmte Teile, die sich in mir zu einem Ganzen zusammengefügt haben, das für mich seit dieser außerordentlich wichtigen Lernerfahrung in den USA bleibende Gültigkeit besitzt. Alle psychoanalytische Supervision, die diesen Namen verdient, erforscht Behandlungsprozesse als Beziehungsgeschehen in Zweipersonen-Settings bzw. Drei- bis N-Personen-Settings und erforscht insbesondere, in welcher Weise die Kommunikationsprozesse zwischen Arzt und Patient, Analytiker und Analysand, therapeutischem Team und einzelnen Patienten bzw. Gruppe der Patienten Vehikel für Übertragungsprozesse werden, in denen verinnerlichte Objektbeziehungen konfliktuöser und durch das Leiden an Mangelzuständen charakterisierter Objektbeziehungen wiederholt, erinnert und einer Durcharbeitung zugänglich gemacht werden.

Die Supervision hilft, Einstellungsänderungen beim einzelnen Therapeuten bzw. beim therapeutischen Team zu bewirken, die als Widerstandsphänomen den Patienten an seiner Entwicklung hemmen können bis zum Augenblick wirksamer Einstellungsänderungen auf Seiten des bzw. der Therapeuten. Soweit in einer Institution, die ambulante und/oder stationäre Behandlungen durchführt, einzelne Supervisoren einzelne Therapeuten oder kleine Teams von Hauptbezugspersonen von Patienten supervidieren, ist es notwendig, daß die Verbindung von Zweipersonen-Settings zu Mehrpersonen-Settings der Behandlung sich auch im Setting der Supervision spiegelt: Alle Supervisoren, die Einzelsupervision machen, sollen regelmäßig mit denen, die die Supervision in Anspruch nehmen, gemeinsam in einer Gruppensupervision Zugang zum kreativen Korrektiv der Einzelsupervision durch die Gruppensupervision erleben und erschließen.

Es gibt keine einzelfall-zentrierte Supervision, die eine Gruppensupervision ersetzen kann, und es gibt keine Gruppensupervision, die eine Einzelfallsupervision ersetzen kann. Die Differenzierung und systematische Verschränkung von Einzelfall- und Gruppensupervisionen ist das geeignete Mittel, individualisierende Behandlungsprozesse und ihre systematische Verallgemeinerung in einem Gesamtrahmen, gerade bei stationären Behandlungen, analytischer Reflexion zugänglich zu machen. Je psychotischer die Patienten sind, desto mehr findet der »klassische« Deutungsprozeß im Rahmen der Supervision statt und wird als Folge der so wirksam gewordenen Einstellungsänderungen beim Therapeuten bzw. therapeutischen Team wirksam für Änderungs- und Entwicklungsprozesse der einzelnen Patienten bzw. der jeweiligen gesamten Gruppe der Patienten. Dieses Setting-Spezifikum habe ich besonders stark in Ann Arbor, in Belmont und in Cambridge, Mass., kennengelernt. In Chestnut Lodge und bei Bettelheim wurde für mich besonders eindrucksvoll, wie wichtig es ist, nicht nur den Rahmen der einzelnen Behandlung zu psychoanalysieren, sondern immer auch den Ausblick auf die Analyse der gesamten Institutionen im Blick zu haben. Obwohl ich für die Kritik an Bettelheim, er sei ungewöhnlich autoritär gewesen und habe alle Mitarbeiter immer behandelt als seien sie Glieder seines Leibes, ein gewisses Verständnis habe, so habe ich doch an Bettelheim sehr geschätzt, daß er ständig die gesamte Institution in jedem Kontext, der sich ihm darbot, bezogen auf die ihm anvertrauten Kinder hin psychoanalysierte, um von da aus eine radikale Anpassung der gesamten Institution an die Entwicklungsmöglichkeiten der Kinder zu bewirken, und nicht umgekehrt die Kinder einer nicht hinterfragbaren Setting-Konstruktion zu unterwerfen.

Genauso habe ich in Chestnut Lodge ein komplexes Ringen darum erlebt, gerade mit Hilfe von Supervisionen die Gesamtinstitution immer wieder neu analysierbar zu machen und einschleichenden psychiatrisierenden Tendenzen, also Tendenzen verdinglichender Krankenversorgung, entgegenzuwirken.

Frederick Wyatts Psychological Clinic in Ann Arbor sowie das George Baker Center in Cambridge, Mass., stellten mir gerade auch für ambulante Behandlungen deutlich vor Augen, wie sinnvoll es ist, Einzel- und Gruppensupervisionen nicht im Sinne eines Entweder-Oder, sondern im Sinne von Sowohl-Als-Auch zu handhaben. Außerdem konnte ich mich speziell in Belmont und in Teilen in Chestnut Lodge davon überzeugen, wie außerordentlich hilfreich und wirkungsvoll die psychoanalytische Supervision von Krankenschwestern und Krankenpflegern gemeinsam mit Sozialarbeitern ist, um zu einem therapeutischen Milieu auf psychoanalytischer Basis voranzuschreiten, was zwei wesentliche Folgen hat: Zum einen eine sinnvolle Enthierarchisierung der Institution zugunsten multiprofessioneller Kooperationen und als Folge davon die Erfahrung, das therapeutische Team und den institutionellen Rahmen unaufdringlich zu erleben, d. h. unaufdringlicher als dies in stark hierarchisierten Institutionen überhaupt möglich ist. Besonders gut hat mir in diesem Kontext schon damals Otto Kernbergs feinsinnige Analyse gefallen, derzufolge sich die Psychoanalyse von Institutionen, insbesondere therapeutisch arbeitenden Institutionen, in der Analyse von Rahmenbedingungen zu bewähren und insbesondere die Verwaltung als Bestandteil des Rahmens und möglicherweise irrationale Exekutive der gesamten Institution zu begreifen habe; institutioneller Rahmen und Zeitstruktur sind in diesem Kontext wichtiges Vehikel für die Konstruktion angemessener versus unangemessener therapeutischer Objektbeziehungen, die sich wesentlich in den Dienstplänen und den von ihnen abhängigen Setting-Variationen spiegeln.

Als ich Mitte der siebziger Jahre an einem Institut der Deutschen Psychoanalytischen Vereinigung eine offizielle psychoanalytische Ausbildung absolvierte, wurde mir zunehmend schmerzlich bewußt, daß an dieser Sorte von Institutionen das Psychoanalyse-

Defizit und das Supervisions-Defizit ununterscheidbar wirksam sind. Ich meine damit, daß neben der persönlichen Psychoanalyse und Einzelsupervisionen über Behandlungen in Zweipersonen-Settings die Psychoanalyse von Mehrpersonen-Settings entweder suspendiert oder abgespalten oder unterdrückt wird. Das Mehrpersonen-Setting, das in den Ausbildungsinstitutionen selber wirksam wird, wird bis heute nicht mit psychoanalytischen Mitteln bearbeitet mit der einzigen Ausnahme, wie sie sich in der Arbeit Rudi Eksteins findet (Ekstein, R., Wallerstein, R. 1958). Da es insbesondere psychotische Anteile verschiedener Personen sind, die sich in einem Mehrpersonen-Setting organisieren, bleiben gerade diese Anteile nicht analysiert. Deutungsprozesse, die sich auf Übertragungsvorgänge im Gruppenrahmen beziehen, wie dies in Balint-Gruppen und/oder in Supervisionsgruppen nach Bion der Fall ist, werden künstlich aus der psychoanalytischen Ausbildung herausgehalten und bleiben einer Handvoll analytischer Spezialisten vorbehalten, außerhalb der offiziellen Institutionen der Psychoanalytischen Vereinigungen. Im Laufe der Jahre eines schmerzlichen Entidealisierungsprozesses der Deutschen Psychoanalytischen Vereinigung habe ich im Umgang mit verschiedenen Kollegen eines gelernt: Diejenigen Kolleginnen und Kollegen, die bereit sind, die Institutionen der Deutschen Psychoanalytischen Vereinigung selber umfassend zu psychoanalysieren, haben mich immer ermutigt, die psychoanalytische Supervision gerade von Behandlungen psychotischer Patienten in der Psychiatrie bis hin zur Analyse aller institutioneller Rahmenbedingungen einschließlich der darin akkumulierten Machtverhältnisse voranzutreiben. Diese Kolleginnen und Kollegen haben auch stets betont, daß die Funktion eines psychoanalytischen Supervisors nicht haltmachen dürfe vor der Psychoanalyse der Machtverhältnisse.

Die andere Gruppe von Kolleginnen und Kollegen, die besonders stark autoritativ eingebunden sind in ihren psychoanalytischen Kirchen, haben analog zu ihrer persönlichen Verfilzung mehr oder weniger streng dazu geraten, daß in psychoanalytischen Supervisionen immer nur Übertragungsprozesse und nur sehr begrenzt Analyse der Rahmenbedingungen stattzufinden habe. Und wenn letzteres überhaupt Thema würde, dann müßte unbedingt vor der Analyse der Machtverhältnisse Halt gemacht werden; der analytische Supervisor in einer psychiatrischen Institution hat nämlich nichts anderes zu sein als eine abhängige Größe der grundsätzlich nicht analysierbaren psychiatrischen Autorität. Diese merkwürdig ambivalente Konstruktion der Wirklichkeit ist natürlich ein vielschichtiges und überdeterminiertes Phänomen: Einerseits wird die Psychoanalyse gegenüber der Psychiatrie abgewertet, so wie die Psychoanalyse von der offiziellen deutschen Psychiatrie bis auf wenige Ausnahmen abgewertet wird; zum anderen kommt der Psychoanalyse in Deutschland entgegen, die Analyse psychotischen Erlebens aus der Psychoanalyse herauszuhalten und halbherzig auf den Zuständigkeitsbereich von Psychiatern abzuspalten, damit man sich der Analyse eigener psychotischer Anteile gar nicht erst nähern muß.

Die Supervision im Rahmen offizieller psychoanalytischer Ausbildungsprozesse soll folglich tunlichst darüber wachen, daß die Psychoanalyse schwerer gestörter Patienten höchstens die Ausnahme ist, bestenfalls abgewehrt, abgewertet oder ausgeschlossen wird. Wie gut oder wie schlecht psychoanalytische Supervision ist, hängt also letztlich davon ab, wie sehr es sich hier um ein radikales psychoanalytisches Arbeiten ohne Wenn und Aber handelt oder aber um ein strategisch reduziertes Unternehmen, innerhalb dessen bestenfalls eine kastrierte Psychoanalyse wirksam wird.

Nun ist aber der Psychoanalytiker, der als Supervisor nicht Halt macht vor der Analyse von Rahmenbedingungen als Machtverhältnissen in Institutionen nicht vor Dilemmata geschützt, gegen die er sich gegenüber Psychoanaytikern abzugrenzen versucht, die als Supervisoren »Halt machen« vor der Psychoanalyse eben dieser Verhältnisse. Wie gehe ich mit solchen Dilemmata, insbesondere als psychoanalytischer Supervisor psychiatrischer Institutionen um? Vielfach habe ich deklariert, daß psychoanalytische Supervision in einer Klinik zum In-Zentrum der ärztlichen Entscheidung im Verhältnis eines Ex-Zentrums steht, das u. a. helfen kann, ärztliche Entscheidungen zu qualifizieren; zugleich habe ich ausgeführt, daß es der Qualität der Supervision schaden könnte, würde das Ex-Zentrum der Supervision anstelle der Entscheidungsfunktion des In-Zentrums treten, da nämlich das Ex-Zentrum der Supervision eine Instanz der reinen Reflexionen sei und eine solche bleiben müßte. Nun gibt es aber Institutionen, die sich selbst außerordentlich schwer selber steuern können und überdies Leitungen haben, die aus unterschiedlichen Gründen schwach oder defizitär konstelliert sind. Eine verbreitete Konfiguration solcher Leitungen ist die des autoritär-autoritätslosen Leiters, der selber ebenso wie die Mitarbeiter solcher Institutionen negativ oder positiv Leitungsfunktionen auf einen potent phantasierten Supervisor projiziert, wenn dies der Verleugnung und dem Ungeschehenmachen der eigenen Ohnmacht dient und Supervision zum Zentrum von Schwierigkeiten erhebt, die die Institution unabhängig von Supervision scheinbar gar nicht hat. Unter solchen Bedingungen kann ein Supervisor, um Supervisor zu bleiben, unter Umständen nur aufhören, Supervisor in einer Institution zu sein, und muß daher irgendetwas anderes machen; so lehrt eine Richtung derer, die an der Lösung solcher Dilemmata schon gearbeitet haben. Die andere, der ich mich zugehörig fühle, geht davon aus, daß unter den Bedingungen eines solchen Dilemmas Supervisions- und Management-Funktionen so lange integriert werden müßten, bis eine tragfähige Differenz zwischen einem qualifizierten In-Zentrum und einem starken Ex-Zentrum gegeben sind. Bis so etwas möglich ist, kann es im psychoanalytischen Prozeß mit einer ganzen Institution zu katastrophischen Veränderungsprozessen (Bekker, St., 1990) kommen, bei denen anerkannte soziale Ordnungen einer Klinik massiv erschüttert werden und werden müssen, um einer als Ganzem erkrankten Institution insgesamt zu einem Neubeginn zu verhelfen. Bei einem solchen Neubeginn ist es immer wieder sehr interessant zu sehen, daß der vorübergehende Verlust bornierter Autoritätsverhältnisse, bei denen insbesondere eine Tendenz besteht, die Beziehung zu den Patienten zu verlieren, einer sicherer werdenden Autorität aller kooperierenden Berufsgruppen weichen muß, wodurch die Patienten, für die klinische Institutionen schließlich veranstaltet werden, das Gewicht bekommen, das sie brauchen. An letzterem kann der Reifegrad einer lebendigen gegenüber toten Institutionen mit Hilfe von Einsichten in Supervisionsprozesse festgemacht und über solche Prozesse gesichert werden.

Wie setzen sich die hier umrissenen Perspektiven in meiner Praxis als psychoanalytischer Supervisor psychiatrischer Institutionen durch? Was für Folgen hat analytische Supervision speziell für die Psychotherapie mit psychotischen Patienten in der Psychiatrie? Nach 14 Jahren psychoanalytischer Supervision in der Kinder- und Jugendpsychiatrie in Tübingen, 12 Jahren psychoanalytischer Supervision beim Tübinger Verein für Psychoanalytische Sozialarbeit e. V. Rottenburg und 3 1/2 Jahren psychoanalytischer Supervision in der Kinder- und Jugendpsychiatrie plus der Erwachsenenpsychiatrie in Ost-Berlin kann ich bei aller Differenz der Verhältnisse in Ost und West sagen: Die psychoanalytisch orientierte externe Supervision ergänzt sich mit der fachlichen Autorität der therapeutischen Teams auf den Stationen und wird als Teil der Behandlung der Patienten begriffen. Auf die kürzeste Formel gebracht läßt sich zu der Psychotherapie psychotischer Patienten sagen: Die Behandlungen verlaufen die längste Zeit in unmittelbar handelndem Umgang mit dem Patienten deutungsabstinent. Die Macht der Gegenübertragungen des Teams erzeugt jeweils die Objektbeziehungsregressionen und Übertragungen der Patienten, die sich verändern entlang der Deutungen für die Therapeuten und den aus diesen Deutungen resultierenden Einstellungsänderungen innerhalb der einzelfallzentrierten und der Gruppensupervision.

In deutungsabstinentes Verhalten gegenüber dem Patienten gehen sowohl konstruierende, d.h. neue psychische Wirklichkeiten generierende und rekonstruierende Deutungen ein, die in den therapeutischen Objektbeziehungen Durcharbeitung des Leidens des Patienten erfordern, die der Überwindung des Zwangs zur Wiederholung dienen, weshalb immer wieder in der Supervision neu erforscht werden muß: Wo stehen wir mit einer Behandlung? Welche vielfältigen psychischen Bedeutungen werden sichtbar und welche verschiedenen Varianten der fortzusetzenden Behandlung können daraus resultieren?

In den Supervisionen wird regelmäßig der Versuch gemacht, alles, was die Patienten und ihre Beziehung untereinander und mit dem therapeutischen Team betrifft, so weit zur Darstellung zu bringen, daß jeder verstehen kann, was »vor sich geht«. In diesem Kontext geht es dann darum, Probleme in der alltäglichen Arbeit mit dem Patienten schwerpunktmäßig zu artikulieren und soweit es geht, in der Supervisionssituation zunächst einmal das Erleben und Handeln der Patienten zu spiegeln; noch 1990 habe ich in meinem Aufsatz über die »Supervision der Behandlung psychotischer Jugendlicher« (in: Lempp, R., 1990) die Überzeugung vertreten, daß es bei dieser Spiegelung darum gehe, wahrzunehmen und zu verstehen, was jeweils gelaufen ist und was es bedeutet, also z. B. Wiederholung von Familienbeziehungen, Aspekten der Beziehung des Jugendlichen zu allen oder bestimmten Personen innerhalb der Klinik. Zugleich aber sind die Beziehungen der Jugendlichen zu den Mitarbeitern des therapeutischen Teams in hohem Maße abhängig von der emotionalen Atmosphäre, die ihnen dieses

Team anbietet, insbesondere wie die Verrücktheit der Jugendlichen und die des therapeutischen Teams sich treffen, sich unterscheiden und sich entwickeln. Damit meinte ich 1990, daß alles, was die Jugendlichen an körpersprachlichen bis verbalisierenden Äußerungen machen, uns als Betreuern und Supervisoren nur so weit zugänglich ist, wie wir dies in uns hineinnehmen können. Unter dem Hineinnehmen verstehen wir wesentlich, daß wir für alles, was die Kinder, Jugendlichen und Erwachsenen äußern, auch und gerade, wenn es uns ganz unverständlich erscheint, zunächst einmal eine »Behälter-Funktion« (Bion, W. R., 1976, passim) ausüben. Bei dieser Darstellung kommt in meinen Ausführungen von 1990 etwas wesentlich zu kurz: Das Herstellen der Behälterfunktion stellt allemal bei psychotischen Patienten bereits einen so fortgeschrittenen Grad an Transformation der ursprünglichen Botschaften dar, daß weniger die Wiederholung in der Übertragung dominiert, als vielmehr die Erzeugung neuer psychischer Erlebnisräume im Übertragungsgeschehen. Es kann gut sein, daß der Alp unserer eigenen Erinnerungen uns bisweilen als Therapeuten dazu verführt, genuin neue Erfahrungen überstark in den Interpretationszwängen der Wiederholung zu strukturieren, worüber wir zunächst mit Hilfe unserer eigenen Gegenübertragungswiderstände die Weiterentwicklung der Patienten verstellen und die Patienten nicht qualifiziert loslassen, was das Gegenteil von Fallenlassen ist. Ich begreife heute das Herstellen der Behälterfunktion im Rahmen der Supervision als entscheidenden ersten Schritt, den psychotischen Wiederholungszwang zu transzendieren.

Die Angst psychotischer Menschen, die sich selbst nur aushalten können, indem sie Teile ihrer selbst an mehrere Personen binden, ist vielfach eine, in Stücke zu gehen, zu fallen ohne Ende und über keine Mittel zu verfügen, sich kommunikativ mit einem anderen in Verbindung zu setzen, dem gegenüber die Behälterfunktion das Immer-wieder-Auffinden einer Gestalt, eines sicheren Gefühls von Ganzheit, von Integration und Personalisierung ermöglicht. Das Hineinnehmen eines Gefühls von Ganzheit ist nur möglich im Zusammenspiel mit Voraussetzungen in uns selbst, die wiederum auf das, was wir als Therapeuten mit den Patienten erleben, zurückwirken, weshalb wir diese Voraussetzungen laufend so gründlich in Supervisionen studieren müssen, wie die zentralen Probleme der Patienten selber.

Worum geht es bei diesen Voraussetzungen? Im weitesten Sinne sind diese Voraussetzungen in unserer persönlichen Sozialisationsgeschichte gebunden. Im Vordergrund unserer Supervisionen steht immer wieder die Frage, wie sich nun die Sozialisationsvoraussetzungen der Patienten mit denen der Mitarbeiter des therapeutischen Teams treffen. Es gibt z. B. Probleme von Patienten, die diese in die Gruppe der Betreuer hineintragen und die zunächst einmal als Probleme der Mitarbeiter untereinander erscheinen; es kommt dann darauf an, Lösungen dieser Probleme zu erarbeiten, bei denen durchsichtig wird, was die Patienten für Gefühle und Affekte in die Teammitarbeiter hineinstecken und wie diese Teammitarbeiter die abgespaltenen Teile der Patienten selbst diesen zurückgeben und dabei den Unterschied zu ihren eigenen Gefühlen und Problemen, den sie vorübergehend verlieren, untereinander wiederherstellen und wahrnehmen. Diese Wahrnehmung ermöglicht bestenfalls, den Patienten etwas ihrer selbst zurückzufüttern, was ein therapeutisches Team im übertragenen Sinne vorverdaut hat; zugleich kann ein therapeutisches Team dahin kommen, anders mit Patienten umzugehen, d. h. nicht mehr unter dem manipulativen Druck einer unerkannten Krise des Patienten zu stehen und zu handeln, was als Identifizierungsangebot auf die Patienten zurückwirkt. Umgekehrt ist es aber wesentlich, in den Supervisionen immer neu zu hinterfragen, inwieweit Probleme eines einzelnen Mitarbeiters oder mehrerer Mitarbeiter untereinander, unabhängig von den Patienten, in besonderer Weise die von uns wahrgenommene Dynamik des Verhaltens des Patienten prägen. Diese beiden hier umrissenen Aspekte wirken nie isoliert voneinander; situationsabhängig kann der eine oder andere Aspekt überwiegen. Psychoanalytisch gesehen geht es hier um Übertragungs- und Gegenübertragungsprobleme in einer zweifachen Perspektive.

Die haltenden und erkenntnisfördernden Funktionen der Supervision für ein therapeutisches Team schlagen sich wesentlich darin nieder, daß Supervision hilft, gerade mit psychotischen und ichstrukturell gestörten Patienten Abgrenzung und Einlassung zwischen Patienten und Therapeuten (bzw. dem therapeutischen Team) immer wieder neu herzustellen und zu sichern, und von mal zu mal das Spektrum an Entwicklungsmöglichkeiten der Patienten in den Grenzen abzustecken, innerhalb derer ein therapeutisches Team selbst mit den Patienten gemeinsam zu einem emotionalen

Wachstumsprozeß im Sinne einer neuen, unvorhersehbaren Erfahrung fähig ist. Was heißt das? Die Patienten können nur ein Stück neuer Kindheit und neuer Jugend in den therapeutischen Objektbeziehungen mit ihren Bezugspersonen entwickeln, indem das therapeutische Team mit ihnen probehandelnd ein Stück neuer Mutter- und Vaterschaft entfaltet. In den Supervisionen müssen wir folglich oft einen komplizierten Weg gehen, mittels dessen es uns oft erst allmählich gelingt, ein Stück konstruktiver therapeutischer Illusionierung zu entwickeln, was zur ausschlaggebenden Orientierung unserer jeweils weiteren Arbeit wird. Unter konstruktiver therapeutischer Illusionierung verstehe ich das sehr bestimmte und leidenschaftliche Glaubenkönnen an die weitere Entwicklung des Patienten, insbesondere auch dann, wenn wir Rückschläge ohne Kränkungen ertragen müssen, oder aber wenn sichere Entwicklungsmöglichkeiten des Patienten vorübergehend unendlich ungewiß erscheinen. An dieser Stelle in der Supervision ist der Punkt gekennzeichnet, an dem der Umgang mit freien Einfällen und Phantasien nach dem Muster der Seminare Michael Balints (Nedelmann, C. und Ferstel, H., 1989) wesentlich dazu beiträgt, alternative variierende und insbesondere ganz neue Formen des Umgehens des therapeutischen Teams mit dem Patienten in Zusammenhang mit erwartbaren und unvorhersehbaren Äußerungs- und Beziehungsangeboten der Patienten zu formulieren.

Supervision sichert immer wieder eine neue Spannung zwischen Abgrenzung, relativer Durchlässigkeit der Ich-Grenzen und konstruktiver Illusionierung in der Gegenübertragungskompetenz der Behandelnden. Diese wird dadurch besonders einfühlbar, daß der psychoanalytische Supervisor keinen der Patienten selber behandelt, sondern als Außenstehender in die Einrichtung kommt. Er sollte aber mit den besonderen Übertragungs- und Gegenübertragungsproblemen und funktionellen Regressionen im Rahmen von Rund-um-die-Uhr-Betreuungen psychotischer Patienten persönlich vertraut sein.

Meine Art, Supervision zu machen, schließt aus, Anordnungen zu geben oder therapeutischen Teams meinen Stil aufzuzwingen. Mitarbeiter eines Teams sollten ihre eigenen Stile entwickeln können. Ich bin mir im klaren, daß ein nicht depressiv-abhängiges Arbeitsklima innerhalb der Supervisionen sich fruchtbar wieder auf die Patienten überträgt insofern, als nur ein unaufdringliches lebendiges Supervidieren einen unaufdringlichen therapeutischen

Stil im Umgang mit dem Patienten zuläßt. Obwohl ich wichtige Argumente entfaltet habe, Supervision und analytisches Arbeiten nicht künstlich auseinanderzuhalten, so unterscheidet sich meine Supervisionsarbeit doch wesentlich von jener Selbsterfahrung, die wir aus individuellen Psychoanalysen, Psychotherapien bzw. aus Gruppenpsychotherapien oder Selbsterfahrungsgruppen kennen. Supervisionen sind m. E. immer nur in Bindung an die besondere Beziehung mit den Patienten Selbsterfahrungen. Unabhängig davon treiben wir in den Supervisionen keine Selbsterfahrung, da das zu einer Labilisierung der Ich-Grenzen der Beteiligten untereinander führen könnte, die sich von den Patienten unzulässig weit entfernen würden, bzw. es bestünde sogar die Gefahr, daß die Zentrierung auf die Dynamik der Probleme der Patienten verlorengehen würde. Dies ist der Grund, warum ich eine an der Arbeit Michael Balints und Wilfried Bions orientierte Arbeit der Supervision einer psychoanalytischen Selbsterfahrungsgruppe zwingend vorziehe. Insofern sind meine Supervisionen schwerpunktmäßig eine Einheit von Training und praxisnaher Forschung und nur in dieser Verbindung so etwas wie eine institutionalisierte Therapie der Therapeuten.

Gerade die Behandlung psychotischer Patienten stellt, wie in der Psychoanalyse überhaupt, eine Einheit von Forschung und Behandlung dar, insofern als sich die Patienten und ihre Therapeuten tagtäglich in einem handfesten Erkenntnisprozeß und Kampf um die Wahrheit befinden. Die Supervision ist sowohl die Reflexion dieses Erkenntnisprozesses als auch dessen systematisches Korrektiv. Nicht zuletzt die Erzeugung von handlungsrelevanter Theorie in unmittelbarer Bindung an die Daten erfahrener Betreuer-Kind-Beziehung und deren prognostizierbare Zukunftsperspektive ist das, was wir praxisnahe Forschung in der Supervision nennen können.

Wenn praxisnahe Forschung in der Supervision in einer Psychiatrie wirksam wird, transformiert sich in vielfältiger Weise ein institutionenbezogener therapeutischer Ansatz der Behandlung von Patienten in einen personenbezogenen Behandlungsansatz mit ganzen Personen. Kein reiner Diagnostikboom, noch ein Boom spezieller therapeutischer Techniken für die Behandlung von »Syndromen«, Symptomen und/oder Krankheiten hat hier Platz, sondern das besondere Begegnungsgeschehen von Personen, die einen gemeinsamen sozialen Ort, der zunächst einmal Psychiatrie heißen kann, aber nicht immer heißen muß, finden und erfinden. In dieser Perspektive trägt psychoanalytische Supervision dazu bei, sich von Hybris und Ohnmacht des Heilens zugunsten qualifizierteren Helfens und zu qualifizierender Hilfesysteme weiterzuentwickeln. Denn zu Helfen gibt es in der Psychiatrie immer sehr viel, zu Heilen außerordentlich wenig. Diese Perspektive gegen den Geist des Medikozentrismus hat die psychoanalytische Sozialarbeit gegen eine medikozentrisch reduzierte, durch Kirchenbildung seelenblind gewordene und überdies verbeamtete Psychoanalyse in Deutschland in Schutz genommen. Dieser Problemzusammenhang ist immer wieder neu thematisch, weil auch sehr fortschrittliche psychoanalytische Institutionen immer wieder hart daran arbeiten müssen, eine lebendige Arbeit nicht in Bürokratisierungen ersticken zu lassen; es bleibt ein ständiges Problem aller Supervisionen, immer wieder zur Schaffung eines Raumes in Institutionen beizutragen, in dem Neues und Unvorhersehbares Platz hat und nicht verstellt wird. Gegen dieses Verstellen richtet sich ein Verständnis von Analyse des Rahmens in Behandlungen, bei dem z. B. in einer Psychiatrie für jeden einzelnen Patienten die gesamte Institution immer wieder neu erfunden wird, damit sich der Rahmen der Institution an die Entwicklungsmöglichkeiten des Patienten anpaßt und nicht umgekehrt diesen vorfindlichen Rahmenbedingungen bloß unterwirft. Psychoanalytische Supervisionen in psychiatrischen Institutionen haben darauf zu achten und so viel Phantasie an die Macht zu bringen, daß die Institutionen nicht zu Fetischen erstarren, an die sich die Patienten scheinbar klammern, weil sie sie nicht mehr loswerden, sondern brauchbare Übergangswelten für Menschen mit Krisen werden, die sich dem Leben nähern. Gebrauchbare und distanzierungsfähige Übergangswelten ermöglichen uns, den Terror individueller Interaktionen und verdinglichender Institutionen in Objektbeziehungen aufzulösen: Hier ist der Scheitelpunkt der Überwindung der narzißtischen Kälte einer Welt von bloßen Dingen und Ereignissen beim Namen genannt, die wir überwinden können, solange wir nicht restlos von ihr durchschlagen sind. Im Lichte dieser Theorie bewährt sich die Vorstellung der psychoanalytischen Schule Lacans, derzufolge keine Supervision außer der Psychoanalyse selber möglich sei.

Zur Zeit supervidiere ich in einer großen Psychiatrie Ost-Berlins einen Bereich, in den ich erst nach drei Jahren des geduldigen Michzurverfügungstellens hineingelassen wurde. In diesem

Bereich leben sogenannte »fehlplazierte« Menschen mit geistigen Behinderungen und psychischen Erkrankungen, die zum Teil bis zu vier Jahrzehnten auf engstem Raum mit wenig Betreuung und oft länger als ein Jahrzehnt angekettet gelebt haben. Die Betreuer dieser Menschen sind vielfach so hospitalisiert und zunächst einmal so sprachlos wie die Patienten, denen sie in gewisser Weise im Laufe der Jahrzehnte immer ähnlicher wurden. Es war und ist bisher nicht möglich gewesen, so Supervision zu machen, wie dies in anderen Klinikbereichen wie z. B. der Akutpsychiatrie der Fall ist. Ich mußte meine ganze Kompetenz als Supervisor den besonderen Verhältnissen dieses Bereiches anpassen, weil sonst in dafür angesetzten Besprechungen über Patienten mit Namen Supervision kein Mitarbeiter den Mund aufgekriegt hätte. Ich sollte und soll selber regelmäßig jeden einzelnen dieser Patienten kennenlernen.

Wenn ich dann von diesen Begegnungen erst einmal berichte und zeige, daß ich mich dem Erleben der Patienten stellen kann und einen Glauben zu entfalten vermag, auch und gerade wenn mir unter Umständen extremer Verzweiflung jegliches Wissen fehlt und ich mich auch nur auf mein Nichtwissen verlassen kann, um existent, liebend und wach zu sein, dann fangen einzelne Mitarbeiter an, zu sprechen, und allmählich sprechen alle in einer Supervision, in dem die selbstanalytischen Fähigkeiten der einzelnen Mitarbeiter gefördert und weiterentwickelt werden, jeder Mitarbeiter anfängt zu begreifen, was »vor sich geht«, der Prozeßcharakter der Beziehungsgeschichten bewußt wird in Termini von beschreibbaren Stadien der Entwicklung und – wenn alles gut geht – neue Perspektiven radikal utopischer Art, die den Mangel als Möglichkeitsraum erschließen, zugänglich werden, d. h. daß der Zwang zur Wiederholung durchschlagen wird. Ich lerne im Kontext dieser besonderen Supervisionserfahrung in vertieftem Maße, daß es nie zu spät ist, zu helfen. Ich kann mich darüber freuen, daß einige Jahre lang verstummte Patienten jetzt wieder anfangen zu sprechen, und daß die Supervision für die Mitarbeiter ein probehandelndes Lernen am Modell wird, über das sie zunehmend mehr begreifen, nicht wie viel muß diesen gepeinigten Menschen an besserer Therapie und Pädagogik zur Linderung ihres Leidens zugemutet werden, sondern wie wenig, um sie nach ihren eigenen Möglichkeiten angemessen zu fördern.

Daß über die Befreiung solcher Patienten und solcher Betreuer nicht unmittelbar nur Wohlbefinden ausgelöst wird, sondern erst recht der Alp der Erinnerung einsetzt und gerade erlittene Entbehrungen besonders schmerzlich spürbar werden läßt, führt dazu, daß die Supervision eine Behälterfunktion für die Institution als Ganzes einnehmen muß, über die solches neues Leiden geteilt und ertragen wird. Die Einheit von Supervision und Psychoanalyse bewährt sich an dieser Stelle als Einübung ins Unglücklichsein als Voraussetzung dafür, des verstellten Glücks inne zu werden, d. h. nie erfahrenes Glück zu erahnen.

Literatur

Becker, St. (1990): Die Supervision der Behandlung psychotischer Jugendlicher. In: Lempp, R. (Hrsg.) (1990): *Die Therapie der Psychosen im Kindes- und Jugendalter*, Bern.

Becker, St. (1990): *Objektbeziehungspsychologie und katastrophische Veränderung*. Tübingen.

Bion, W. R. (1976): *Seven Servants*. New York.

Ekstein, R., Wallerstein, R. (1958): *The teaching and learning of psychotherapy*. New York.

Freeman, Th.; Cameron, J. L., Mc Ghie, A. (1969): *Studie über chronische Schizophrenie*.

Freud, S. (1909): *Analyse der Phobien eines fünfjährigen Knaben*. GW VIII.

Lempp, R. (Hrsg.) (1990): *Die Therapie der Psychosen im Kindes- und Jugendalter*. Bern.

Nedelmann, C., Ferstel, H. (Hrsg.) (1989): *Die Methode der Balintgruppen*. Stuttgart.

Hartmut Kleefeld

Die Entwicklung der Supervision an der Abteilung für Kinder-und Jugendpsychiatrie Tübingen aus der Sicht des Pflegepersonals

Betrachtet man die Geschichte der Supervision an der Abteilung für Kinder- und Jugendpsychiatrie aus der Perspektive des Pflegepersonals, so trafen zu Beginn der Entwicklung – die ich aus meiner Sicht im Jahre 1974, das heißt ein Jahr vor ihrer tatsächlichen Etablierung 1975, beginnen lassen möchte[1] – zwei Kräfte aufeinander, die letztlich nach einiger Zeit zu einem – wie ich meine sehr praktikablen und fruchtbaren – Konzept für die Arbeit auf einer jugendpsychiatrischen Station heranreiften: Auf der einen Seite stand Stephan Becker, damals noch in Ausbildung befindlicher Psychoanalytiker, der als Psychologe mit viel Elan neue (und für manche zu neue) Wege der Schulpsychiatrie entwickeln wollte. Auf der anderen Seite stand ein Team junger Krankenschwestern, Erzieherinnen und Pfleger, die mit vielen Rahmenbedingungen ihrer Arbeit, mit dem gewohnten Alltagsablauf auf der Station und mit den festgefahrenen hierarchischen Strukturen sehr unzufrieden waren. Auch auf dieser Seite gab es also einen deutlichen Veränderungswillen.

Von der Gruppe des Pflegepersonals vorgeschlagene Veränderungen des Stationsalltags scheiterten jedoch oft an deren mangelndem Gewicht und Durchsetzungsfähigkeit.[2] Die Realisierung neuer Ideen war nur in wenigen Einzelfällen möglich und zudem abhängig davon, daß diese Ideen von einem aufgeschlossenen Arzt oder Psychologen unterstützt wurden.

Die damals noch bestehende, erst später als Folge der angedeuteten Umorientierungen aufgehobene Beschränkung der Abteilung auf einen rein diagnostischen Klinikbetrieb, bewirkte eine hohe Fluktuation der Patienten. Beziehungen wurden zwar angeknüpft – hier war der individuelle Stil gefragt –, mußten aber oft schon nach zwei Wochen wieder abgebrochen werden, da der Jugendliche zur »Therapie« verlegt wurde. Geprägt war der Stationsalltag damals von eher neurotisch gestörten Patienten, nur ab

51

und zu tauchte ein Autist oder ein Psychotiker auf, der nach einer kurzen diagnostischen Phase jedoch wie eine »heiße Kartoffel« fallengelassen und in ein Landeskrankenhaus überwiesen wurde.

Es bleibt einer noch zu schreibenden Studie vorbehalten, die Einflüsse der »68er-Bewegung« auf die Krankenpflege zu erforschen und zu bewerten. In der Studentenstadt Tübingen machte der Einfluß der »68er« auf alle Bereiche des bundesdeutschen Lebens auch vor den Türen des Krankenhauses nicht halt. Diskutiert wurden grundsätzliche Fragen nach der krankmachenden Gesellschaft und nach der Ganzheitlichkeit der Pflege und der Medizin überhaupt. In psychiatrischen und pädagogischen Veranstaltungen an der Universiät wurden die herrschenden Verhältnisse vehement und provokativ in Frage gestellt. Zu »Kultbüchern« der »Psychoszene« wurden H. E. Richters »Die Gruppe« und die Schizophrenietheorie von G. Jervis.[3] Konkreter, praktischer orientierte Diskussionen drehten sich in den übrigen medizinischen Disziplinen um Fragen der Zimmerpflege und der psychischen Betreuung am Krankenbett. Für die Jugendpsychiatrie stellte sich vorrangig die konkrete Frage danach, was zu tun wäre, um den schwächsten, den autistischen und psychotischen Kindern und Jugendlichen ein Behandlungsangebot und einen Ort der Sicherheit anbieten zu können.

An diesem historischen Punkt trafen die beiden oben genannten Kräfte aufeinander: der Supervisor (Stephan Becker) und die Gruppe der Betreuer, der Krankenschwestern, Erzieherinnen und Pfleger. Hatten letztere eher praktische Ideen für den Umgang mit den Patienten (sie verbrachten ja auch die meiste Zeit mit ihnen), so brachte der Supervisor den theoretischen Hintergrund mit, um diese Ideen zu interpretieren. Im Zusammenwirken beider Kräfte konnten nach gewissen Anfangsschwierigkeiten die Ideen beider Seiten umgesetzt werden.

Bevor diese Umsetzung aber möglich wurde, mußte der Supervisor noch einige Hürden nehmen: zwar konnte er den Mitarbeitern damit imponieren, daß er die Frage aufwarf, ob ein Betreuer auch seine eigenen Kinder auf diese Station bringen würde. (Diese Frage halte ich auch heute noch für einen wesentlichen Orientierungspunkt für das eigene Handeln). Aber mit seinen theoretischen Ausführungen stieß der Supervisor zunächst doch eher auf Unverständnis und Skepsis.

Die Kluft zwischen Theorie und Praxis konnte jedoch nach einiger Zeit der gemeinsamen Stationsarbeit und der gemeinsamen Infragestellung der bestehenden Klinikstruktur zunehmend überbrückt werden: Nachdem der Supervisor in der ersten Behandlung eines autistisch-psychotischen Jugendlichen ganz praktisch »mit Hand angelegt« hatte, wurde er auch von den eher praktisch orientierten Mitarbeiter/innen akzeptiert.

Es war damals noch durchaus ungewöhnlich, wenn ein Arzt oder Psychologe – außer zu therapeutischen Einzelstunden oder zu Visiten – auf der Station präsent war. Die »Therapie« fand zudem hinter verschlossenen Türen statt, die Mitarbeiter der Station waren davon ausgeschlossen. Die Jugendlichen wurden von ihnen zur Therapie ins Arzt- oder Psychologenzimmer gebracht und dort wieder abgeholt, um auf der Station beschäftigt, oft auch, um nach der Therapie beruhigt zu werden.

Der Supervisor inszenierte mit seinem »Handanlegen« eine Art von »Therapie zum Mitmachen«: Er zeigte, daß es bei der Therapie autistisch-psychotischer Jugendlicher nicht um theoretisches Wissen geht (etwa in der Form: Der Kollege XY aus M. hatte bei diesem Krankheitsbild Erfolg mit einer Serie von 12 Elektroschocks und hochdosierten Psychopharmaka ...), sondern um eine Form reflektierten Handelns, die den folgenden Fragen nachging: Was hast Du im Kontakt mit einem Jugendlichen gedacht und gefühlt? Hast Du eine Idee, was in ihm vorgeht? Was meinst Du, was man tun könnte?

Der gemeinsame Kampf gegen die Klinikstruktur, die als knöchern und unflexibel erlebt wurde, formierte den Zusammenhalt des Teams. Sicherlich manchmal auch durch den Überhang eines »Wir-Gefühls« über sachlichere Formen der Auseinandersetzung. Dieser Überhang wurde zudem begünstigt durch die Aufteilung in eine »Therapiestation« und eine »Regelstation«.

Bei den vielen Teamwechseln, die ich in meiner 16jährigen Tätigkeit an der Abteilung Kinder- und Jugendpsychiatrie miterlebt habe, war es regelmäßig so, daß für eine bestimmte Zeit das Feindbild außerhalb der Gruppe untergebracht werden mußte, um das Entstehen eines Teams zu schützen. Glücklicherweise war dies aber immer nur ein Durchgangsstadium, welches mal kürzer und mal länger andauerte.

Prof. Lempp schreibe ich einen Hauptanteil am Gelingen dieser Gratwanderung zu: Als ärztlicher Direktor der Klinik zeigte er ein großes Vertrauen in die Fähigkeiten der Mitarbeiter. Aufgrund dieses Vertrauens stand er in diesen, manchmal sehr kritischen Zeiten immer zu seinem klaren Ja zur Weiterführung des Projektes Supervision. Dieses Vertrauen auf die Fähigkeiten auch des nicht-akademischen Personals und die – vermittels der Supervision erreichte – Aufwertung der vormals von therapeutischen Überlegungen ausgeschlossenen Berufsgruppen, waren die wesentlichen Bedingungen der intensiven therapeutischen Arbeit mit schwierigsten Jugendlichen, wie sie in der Folgezeit auf der »Station 3« geleistet wurde.

Die »intrinsische Motivation«, wie sie heute in der Wirtschaft[4] als Garant für die Erzielung von Spitzenleistungen gesehen wird, blühte in dieser Zeit der Innovation seit 1975. Platz greifen konnte sie jedoch nur unter der Leitung des menschlich integren und souveränen Klinikdirektors. Bei seinen sonntäglichen Rundgängen durch die Klinik war seine erste Frage beispielsweise immer, wie es dem Betreuer gehe und ob seine Familie gesund sei. Wenn die Station ruhig war, konnte man gemeinsam auch über allgemeine Themen diskutieren. Er gab den Betreuern das Gefühl, für eine gemeinsame Sache zu arbeiten. Ich bin der Überzeugung, daß diese grundsätzliche Wertschätzung durch den ärztlichen Direktor der Motor für die meisten kreativen Ideen und für das im Gesundheitswesen wohl ziemlich einmalige Engagement der Betreuer war.

Zurück aber zur Supervision und zum Supervisor Stephan Bekker, dem anderen Motor der Entwicklung: Er hatte zunächst wegen seines höchst engagierten, teilweise sehr drängenden Auftretens durchaus auch beim Betreuungspersonal mit Vorurteilen zu kämpfen (seine Form des Engagements blieb bis zum Ende seiner Tätigkeit im Jahre 1990 häufiger Konfliktstoff). Im Laufe der Zeit bewirkte sein Engagement für die Sache aber einen zuversichtlichen Glauben an die Möglichkeit der Behandlung von schwerst gestörten Patienten: In dem durch die Autorität von Professor Lempp geschützten Rahmen der Stationen und in den Supervisionen konnte ein Raum entstehen, in dem versucht wurde, Verrücktheit nicht zu unterdrücken, sondern sie zuzulassen und sie als eine mögliche Form menschlicher Existenz zu begreifen – unter Berücksichtigung der Grenze natürlich, daß niemand verletzt werden darf. Ich verweise auf einige Veröffentlichungen über unsere Arbeit.[5]

»Die« Supervision differenzierte sich im Laufe der Zeit und

erzeugte ein ganzes Umfeld von haltenden und reflektierenden Veranstaltungen.

Der erste Schritt war die Einrichtung einer *Balintgruppe* für die Betreuer. Mit ihr wurde – zunächst unter Ausschluß der Ärzteschaft – ein Ort eingerichtet, an dem während der Arbeitszeit über die Behandlungen gesprochen werden konnte. Der anfängliche Ausschluß der Ärzte war dadurch begründet, daß diese eine eigene Balintgruppe hatten, von der wiederum die Stationsmitarbeiter ausgeschlossen waren.

Im Interesse der gemeinsamen Teamarbeit und mit zunehmender Sicherheit der Betreuergruppe konnten die Ärzte recht bald einbezogen werden. Die Balintgruppe war ein Ort der freien Phantasie, Entscheidungen über Therapien wurden nicht getroffen.

Parallel dazu traf sich das Team zu *Konzeptbesprechungen*. Hier wurden in monatlichen Abständen neue Ideen zur Arbeit diskutiert und über den Stationsalltag und den Umgang mit den Patienten reflektiert. War dies zunächst eine Freizeitveranstaltung, so konnten später auch diese Besprechungen als Dienstzeit angerechnet werden.

Dazu enstand eine regelmäßige, abteilungsinterne *Fortbildung für die Betreuer*. Erstmals fand eine gezielte Fortbildung für das Pflegepersonal statt. Die Hemmung der Betreuer wegen des Wissensvorsprungs der Ärzte und Psychologen verringerte sich dadurch, das Selbstbewußtsein der Erzieherinnen, Schwestern und Pfleger nahm zu.

Einen Ausbau von Fortbildung und Konzeptbesprechung stellten die sogenannten *Stationswochenenden* dar. Das Team der Betreuer fuhr einmal im Jahr für ein Wochenende zusammen weg. Thema waren meist sowohl konzeptuelle als auch theoretische und therapeutisch-praktische Fragen. Durch die gemeinsamen Wochenenden ergab sich außerdem die Möglichkeit, sich persönlich besser kennenzulernen. Bis heute noch stellt dieses Wochenende eine wichtige Stütze der Teamarbeit dar.

Als Folge der Balintgruppenarbeit wurde ein vorhandenes *Bezugspersonensystem* ausgebaut und differenziert. Jeweils ein Arzt oder Psychologe und zwei Mitarbeiter des Teams bildeten nun das therapeutische Behandlungsteam eines Jugendlichen. Nach Möglichkeit wurden Teams gebildet, die eine gute Mischung aus erfahrenen Mitarbeitern und »Neulingen« darstellten. Drei Personen waren notwendig, um dem Anspruch zu genügen, möglichst jeden Tag dem Patienten eine Bezugsperson anzubieten.

Dieses Behandlungsteam erhielt wöchentlich eine *Einzelfallsupervision*. Die drei »Bezugspersonen« konnten hier ihre Erlebnisse mit dem Patienten reflektieren und neue Behandlungsstrategien erfinden. Supervisionsfokus waren und sind die Gefühle und Einfälle der Supervisanten im Zusammensein mit dem Patienten. Eine klare Ablehnung aller Tendenzen des Teams, die Einzelfallsupervisionen als Selbsterfahrungsgruppe der Betreuer zu mißbrauchen, scheint mir auch heute noch in Anbetracht des oben genannten Fokus sinnvoll. Nur durch diese Ablehnung können die schwer wahrnehmbaren Übertragungsphänomene der psychotischen Jugendlichen erkenn- und reflektierbar gehalten werden.

Die Erkenntnisse und Reflexionen der Einzelfallsupervision konnten dann in den *Gesamtrahmensupervisionen* und in der *Balintgruppe vertieft werden*. An den beiden wöchentlichen Gesamtrahmenkonferenzen nahmen im Unterschied zur Balintgruppe auch die Oberärzte, die Lehrer und der ärztliche Direktor teil.

Im Laufe der Zeit und im Zuge der Qualifizierung des Betreuerteams verschwammen die künstlichen Grenzen zwischen Balintgruppen, Einzel- und Gesamtrahmensupervisionen immer mehr. In der Balintgruppe wurde anfänglich immer auf die Regelmäßigkeit der Gruppenzusammensetzung Wert gelegt. Die Erfahrung zeigte jedoch, daß umso besser wechselnde Teilnehmerzusammensetzungen integriert werden konnten, je stabiler und erfahrener das Team wurde.

Sicherlich hatte der damalige Pioniergeist auch negative Begleiterscheinungen: Seien es nun Ausgrenzungstendenzen gegenüber »Andersdenkenden« oder gewisse Formen der Selbstüberschätzung bezüglich der Kraft des Teams. Mancher Betreuer mußte schmerzlich am eigenen Leib die Grenzen der Arbeit erfahren und erkennen, daß Anspruch und Realität nicht immer nah beieinanderliegen. Auch die damalige Intensität des Gruppendrucks möchte ich aus heutiger Sicht als zu hoch bezeichnen. Die Teilnahme an den Besprechungen war auch in den dienstfreien Zeiten Pflicht, fehlende Mitarbeiter wurden zuhause angerufen. Die Teilnahme an den abendlichen Fortbildungen und Konzeptbesprechungen wurde ebenso unerbittlich eingefordert. Kurz, wer in dieser Zeit auf der Station 3 arbeiten wollte, mußte jung, dynamisch und ohne Beziehung oder Hobby sein.

Ich beanspruche für Brigitte Bach, Günther Märkle, Paul Krautwald und mich den Hauptanteil bei der praktikablen Realisierung
eines therapeutischen Modells, das die Kraft hat, zwischen den
Belangen der schwer gestörten Patienten und den Bedürfnissen
der Betreuer, zwischen idealen Ansprüchen und realistischen
Möglichkeiten, auch auf der Basis einer gewerkschaftlichen Orientierung des Pflegepersonals, zu vermitteln.

Ich habe die Anfangszeit der Einrichtung der Supervision in
unserer Abteilung etwas ausführlicher aus der Sicht des Pflegepersonals beschrieben, um folgende generalisierende Thesen zu illustrieren, die ich auf der Basis von 16 Jahren eigener Erfahrung mit
Supervision zusammenfassend aufstelle:

- Die Einrichtung einer Supervision genügt nicht, um die Qualität
  der Arbeit auf einer Station zu verbessern. So notwendig Supervision als Arbeitsinstrument besonders in einer Kinder-und
  Jugendpsychiatrie ist, so notwendig sind auch die obengenannten förderlichen Rahmenbedingungen dieser Arbeit.
- Eine Supervision kann nur dann fruchtbar sein, wenn es möglich
  ist, im Team offen und ehrlich miteinander zu reden.
- Eine »von oben« verordnete, nicht von der »Basis« gewünschte
  und akzeptierte Supervision ist zum Scheitern verurteilt.
- Supervision kann Fortbildung nicht ersetzen.
- Um Supervision angstfrei zu gestalten, sollte der Supervisor
  nicht in einer Vorgesetztenfunktion stehen.
- Der Supervisor sollte jedoch eine gewisse Erfahrung mit dem
  Umfeld der Supervision (hier: mit einem Universitätsklinikum)
  besitzen: Die freie Phantasie muß sich mit den Gegebenheiten
  der Institution zu einem realistischen therapeutischen Agieren
  verbinden.
- Betreuer/innen brauchen das Gefühl, daß der Supervisor ihre
  Arbeit oder zumindest die Probleme mit derselben aus eigener
  Erfahrung kennt. Absolute »Theoretiker« haben hier keine
  Chance: Wer nicht selbst in psychotischen Übertragungen
  gestanden hat, kann solche auch schwer supervidieren.

Gelingt es, ein Umfeld zu schaffen, in dem Supervision im
beschriebenen Sinne gedeihen kann, so gewinnt auf jeden Fall der
Patient. Supervision hat aber auch eine präventive, psychohygieni-
sche Funktion für die Pflegeberufe: Sie kann in hohem Maße vor
dem Burn-Out Syndrom schützen.[6]

Was bei mir nach langjähriger Tätigkeit im jugendpsychiatrischen Bereich gewachsen ist, ist Respekt vor der Störung des Patienten, aber auch vor den Grenzen der Behandlungsmöglichkeiten schwerster seelischer Störungen, wie ich sie in dieser Zeit erlebt habe. Trotz der Anerkennung der Grenzen der Behandlungsmöglichkeiten, ist in mir aber auch die Zuversicht und das Wissen gewachsen, daß ein ehrlich gemeintes Beziehungsangebot selbst beim schwerst-gestörten Patienten auf eine Resonanz stößt, auf eine Resonanz, die nicht verlorengeht, auch wenn das Angebot oft nicht den erwünschten Erfolg zeigt.

Anmerkungen

1 Obwohl ich erst im Jahre 1978 konkret in den Pflegedienst der Abteilung Kinder- und Jugendpsychiatrie, Station 3, eintrat, erlebte ich die Entwicklung um die Etablierung der Supervision von 1974 an hautnah mit: Über intensive persönliche Kontakte mit den damaligen Kollegen und über die Teilnahme an Teamgesprächen in meiner Position als engagiertes Gewerkschaftsmitglied, sowie durch die Tätigkeit meiner Frau.

2 du Bois, R. (1982): Zum Strukturwandel der Abteilung für Kinder- und Jugendpsychiatrie Tübingen. In: *Acta paedopsyciat. 48*
Kleefeld, Hartmut (1987): *Ein erprobter Weg in der Arbeit auf jugendpsychiatrischen Stationen.* Nicht veröffentlichter Vortrag an der Jugendpsychiatrie Nürnberg.

3 Die Auseinandersetzungen über das Verständnis von Psychosen oder die Entstehung psychischer Krankheiten war Inhalt vieler Diskussionen, die auch durch die damalige gewerkschaftliche Betriebsgruppe aktiv gefördert wurde.
Richter, H. E. (1972): *Die Gruppe*, Hamburg.
Jervis, G. (1978): *Kritisches Handbuch der Psychiatrie*, Frankfurt.
Dörner, K./Plog, U. (1978): *Irren ist menschlich*, Wunstorf.

4 Untersuchungen wirtschaftlicher Spitzenunternehmen haben gezeigt, daß diejenigen Unternehmen eine Topstellung erreichten, die in der Lage waren, eine Idee vorzugeben und die Mitarbeiter verantwortlich einzubeziehen. Beispielsweise kommen in japanischen Betrieben durchschnittlich über 60 mal mehr Verbesserungsvorschläge als in deutschen Unternehmen. Eine Motivation »von innen heraus« wirkt sich förderlich auf die Arbeitsleistung aus und reduziert dadurch die Fehler auf ein Minimum.
Bennis, W./Nanus, B. (1990): *Führungskräfte*, Frankfurt.
Peters, Th.-J./Watermann, R.(1982): *Auf der Suche nach Spitzenleistungen*, Landsberg.

5 Becker, S. (1981): Das Pflegepersonal als Therapiefaktor. In: Lempp, R.: *Adoleszenz*, Bern.
du Bois, R., Günter, M., Kleefeld, H. (1987): Der betreuerische Alltag in der Langzeitpsychotherapie. In: Lempp, R. (1982): *Reifung und Ablösung*, Bern.
Heinzmann, B. et. al. (1983): Bedeutung und Veränderungsprozesse des Alltags

bei stationärer Psychotherapie in: *Zeitschrift für Kinder- und Jugendpsychiatrie, Bern.*

Günter, M. et. al. (1985): *Das Betreuerteam einer Jugendlichenstation als Thera- piefaktor in Rotthaus. Psychotherapie mit Jugendlichen.* Verlag modernes Lernen, Bd. 3, Dortmund.

Koller, D. (1990): Status oder Kompetenz. In: Lempp: *Die Therapie der Psycho- sen im Kindes- und Jugendalter,* Bern.

Kleefeld, H. (1990): Begleitungen bei psychotischen Patienten. In: *Lempp, R. Die Therapie der Psychosen im Kindes- und Jugendalter,* Bern.

Zimmermann, B., Kleefeld, H., Nonnenmann, H., Geissendörfer, C. (1989): Aus der Behandlung eines autistischen Jugendlichen. In: *psychosozial 39.*

6 Eine wissenschaftlich begleitete Untersuchung an der Akademie für Pflegebe- rufe in Heidelberg (F&U), die der dortige Kurs der PflegedienstleiterInnen 1992–1993 erstellte, zeigt als signifikantes Ergebnis u. a., daß Supervisionsange- bote bezüglich des Burn-out Syndroms präventive Wirkung haben. Allerdings wußten von 460 befragten Personen in Krankenhäusern und Alten- und Pflege- heimen 14 % nicht, was Supervision ist, 16 % nahmen ein vorhandenes Supervi- sionsangebot nicht an, und 54 % der Befragten hatte kein Supervisionsangebot. Gehring, U. + PDL-Kurs 1/92: *Studie zum Burn-Out Syndrom.* Leistungsnach- weis an der Akademie für Pflegeberufe F&U Heidelberg Noch nicht veröffentlicht.

Rolf Denker

Freud inauguriert die psychoanalytische Supervision

Die Therapie der Pferdehysterie des »kleinen Hans« als Modellfall schon 1908

I. Zum Stand der Dinge: Heutige Einschätzungen der Möglichkeiten und Aufgaben psychoanalytischer Supervision

Wer die in der aktuellen Diskussion immer wieder herangezogenen Veröffentlichungen zur Supervision durchsieht, wird gewiß bald überrascht sein, darin eine ganze Skala der Einschätzungen vom Sinn und Zweck von Supervision angesprochen zu finden: Von der Skepsis, auch nur in der Einzelsupervision in Worten überhaupt alles das fassen zu können, was gesagt werden müßte, bis zur Supervision ganzer Institutionen.

Lacan-Anhänger neigen z.T. zu dieser zweiflerischen Auffassung und reden von der »Kastration« des Wesentlichen in der Metasprache der Signifikantenketten, in denen Verdichtung und Verschiebung, Metapher und Metonomie, vorherrschen. Sie unterliegen der durch Lacan vielleicht selbst schon nahegelegten Fehlinterpretation Freuds in der Leitthese: Das Unbewußte sei wie eine Sprache organisiert. Meist wird das sogar noch verkürzt: Das Unbewußte ist eine Sprache. Franzosen haben da besondere Schwierigkeiten in der Tradition von Descartes. Das, was sie als das Unbewußte gerade noch gelten lassen können, ist eigentlich im engeren Sinne das Vorbewußte, das sprachfähig ist. Das läßt sich sehr gut auch im Denken von Sartre nachweisen, wenn er vom »präreflexiven cogito« spricht.

Stellt die Skepsis gegenüber der Supervision die Minimaleinschätzung dar, gibt es andererseits auch das Maximalprogramm, das die Supervision von der Einzelanalyse bis zur höchsten Stufe der Leitung einer Institution, die Verwaltung eingeschlossen, reichen läßt, da schließlich vom vorhandenen Budget abhänge, wie viel für den einzelnen Patienten bzw. Pflegefall aufgewendet werden könne.

Dabei gehört zur Maximalforderung, wenn auch im utopischen Idealfall, daß die gesamte Institution für jeden Neuzugang neu erfunden werden müßte, nicht aber umgekehrt, daß der Neue solange behandelt wird, bis er sich willfährig der immer schon geltenden Ordnung der Einrichtung und ihren eingespielten Regeln und Ritualen angepaßt hat.

Einig sind sich aber so gut wie alle im Bereich der Psychoanalyse Tätigen, daß die Einzelsupervision und die Gruppen- respektive Teamsupervison unabdingbar in wechselseitiger Verschränkung zentrales Herzstück gerade der psychoanalytisch ausgerichteten Sozial- und Pflegearbeit sein müssen. Im Sinne solcher Maximalforderungen arbeitete Bruno Bettelheim mit allen Mitarbeitern in der Orthogenic School, wo täglich immer wieder, oft bis spät in die Nacht hinein, spontan solche »Konferenzen« stattfanden, in denen die jeweils Beteiligten (bis zur letzten Putzhilfe, wenn nötig) sich mit dem Leiter rückkoppeln konnten. (Ich verweise auf den bemerkenswerten Gesprächs-Band: Bruno Bettelheim (1993): *Erziehung zum Leben.* Gespräch mit Ingo Hermann, bes. S. 78–83, Göttingen.)

Derartige Konzeptionen mögen orthodoxere Psychoanalytiker wahrscheinlich überraschen, denn allgemein gilt die Supervision mit ihren spezifischen Methoden und Anwendungen bei ihnen bis heute leider immer noch nicht als kreatives Produkt der psychoanalytischen Schulen.

In vielen Veröffentlichungen wird über den eigentlichen Ursprung der Supervision und ihre Namensgebung gerätselt. Nach Ernst Federn stammt sie aus amerikanischer Praxis anderer Tätigkeitsbereiche und wurde beim Export nach Europa völlig verändert. Für ihn steht sie auch immer noch in engem Zusammenhang mit den »Kontrollanalysen« im Ausbildungsgang werdender Therapeuten und dient besonders zur Abstützung noch unerfahrener Kräfte, bildet für sie ein »Netz« zum Schutze vor dem Absturz in die sonst mögliche Fehlbehandlung.

Überraschend war für mich außerdem, daß in allen einschlägigen Handbüchern und Lexika zur Psychoanalyse ein Stichwort »Supervision« nicht vorkommt, obwohl sie seit vielen Jahren in der psychoanalytischen Ausbildung und der täglichen Arbeit eine gewichtige Rolle spielt.

II. Freud praktiziert das erste
psychoanalytische Supervisonsverfahren

Noch nachdenklicher muß das stimmen, wenn man bedenkt, daß Sigmund Freud selbst bereits eine Dokumentation über seine erste modellhafte Supervison mitlieferte, als er 1909 im ersten »Jahrbuch für psychoanalytische und psychopathologische Forschungen« (Berlin und Leipzig) als ersten Beitrag dieses Bandes die später so berühmt gewordene »Therapie der Pferdephobie des kleinen Hans« veröffentlichte.

Gestützt auf einen entsprechenden Hinweis von Stephan Becker und einen höchst wichtigen Essay von Hermann Argelander unter dem Titel »Die Struktur der Beratung unter Supervision« (Psyche Heft 1, 1980, S. 54–77) bekräftige und verstärke ich die dort bereits jeweils formulierte These, daß Freud, wenn schon nicht als Erfinder der Supervision zu gelten hat, sie jedoch in der Therapie des »kleinen Hans« im Rahmen einer pschoanalytischen Therapie modellhaft und beispielgebend entwickelte und in den »Glossen« und der »sonstigen Sauce« (Freud im einem Brief an C. G. Jung vom 05.08.1908) fortlaufend mitkommentierte, ohne ihr allerdings einen Namen zu geben oder auch nur auf das Originelle des »Plans der Behandlung« eigens hinzuweisen, weil für ihn zu der Zeit andere Themen zu sehr im Vordergrund standen, allgemein die Neurosenlehre und die Sexualtheorie des Kindes betreffend. Stephan Becker äußerte sich so: »Die sogenannte Behandlung des »kleinen Hans« durch Freud war ja keine Psychoanalyse des Fünfjährigen durch Freud, sondern eine Supervision des Vaters, deren Wirkung auf den kleinen Hans zu einem Ziel führte, das mit der Psychoanalyse übereinstimmte.«

Hermann Argelander formulierte es seinerzeit bereits äußerst prägnant, nachdem er festgestellt hatte, daß in dieser bahnbrechenden Veröffentlichung durch Freud gleich zwei sensationelle psychoanalytische Neuerungen publiziert wurden, nämlich die erste direkte Kinderanalyse und das Supervisionsverfahren. Er schreibt:»Die historisch bedeutsame Tatsache, daß die psychoanalytische Methode hier zum ersten Mal an einem Kind erprobt wurde, drängt verständlicherweise bedeutsame Tatsachen in den Hintergrund, daß bei dieser Gelegenheit eine neue Methode in Form der Supervision angewandt wurde« (a.a.O. S. 54f.).

In seiner Einleitung zu dieser Veröffentlichung, an der er

»schwer gearbeitet habe« (an C. G. Jung am 05.08.1908), schrieb Freud zur Methode selbst nur knapp folgendes: »Ich habe zwar den Plan der Behandlung im ganzen geleitet und auch ein einziges Mal in einem Gespräche mit dem Knaben persönlich eingegriffen; die Behandlung selbst hat aber der Vater des Kleinen durchgeführt, dem ich für die Überlassung seiner Notizen zum Zwecke der Veröffentlichung zu ernstem Danke verpflichtet bin.« (GW VII S. 243. Wenn ich im folgenden nur eine Seite (S.) angebe, handelt es sich immer um die »Analyse der Phobie eines fünfjährigen Knaben«.)

Am Ende des ersten Absatzes heißt es: »Nur die Vereinigung der väterlichen und der ärztlichen Autorität in einer Person, das Zusammentreffen des zärtlichen Interesses mit dem wissenschaftlichen bei derselben, haben es in diesem einen Falle ermöglicht, von der Methode eine Anwendung zu machen, zu welcher sie sonst ungeeignet gewesen wäre« (S. 241).

Auch Anna Freud hat in ihrem Vorwort zu einer Neuausgabe (1980 als Fischer-Taschenbuch) dieser exemplarischen Einzelfallstudie zwar auf die besondere Bedeutung dieser Behandlung auf der Schwelle zur Entwicklung einer eigenständigen psychoanalytischen Kindertherapie nachdrücklich hingewiesen, nicht aber auf die neuartige Methode der indirekten Kinderanalyse auf dem Umweg über einen anderen Behandelnden, hier den Vater, Material zu erschließen, das bis dahin nur aus der umständlichen Anamnese von neurotisch erkrankten Erwachsenen ermittelt wurde.

Ich möchte nun in den nachfolgenden Ausführungen argumentativ den Beweis liefern, daß sich die zuvor aufgestellte These von Freud als dem eigentlichen »Erfinder« der psychoanalytischen Supervision überzeugend erhärten läßt. Daß Freud in der Therapie der Pferdephobie des »kleinen Hans« zusammen mit dessen Vater die erste psychoanalytische Supervision musterhaft praktiziert und dokumentiert hat, gilt trotz des Umstandes, daß er nicht den genauen Wortlaut der Gespräche mit dem Vater ebenso dokumentierte wie der Vater seine mit seinem Sohn Hans, sondern nur seine »Glossen« mit der »sonstigen Sauce« nach Beendigung der Therapie, nachdem der Vater ihm seine Aufzeichnungen überließ, die er jeweils Freud mitteilte, wenn er in den Unterredungen mit seinem Sohn Hans neues Material aufgespürt hatte. Die »schöne Mutter«, wie Freud sie immer wieder einmal nennt (z. B. S. 348), wird nur über diese Berichte mit einbezogen, ist nicht selbst Gesprächspartnerin.

Freud hat den Jungen, den er sehr mochte, nur einmal zusammen mit seinem Vater in seiner Ordination gesprochen und dabei der Therapie eine entscheidende Wendung durch »einen spontanen Einfall« gegeben, wie er stolz vermerkt, als er Hans entlockt, daß er wohl auch aggressive Regungen gegen den Vater hegt, ebenso wie dieser gegen ihn, was, ob der Zweifel des Vaters, der »kleine Hans« Freud bestätigt, indem er den Vater auf dessen Frage, »ob er ihn je geschimpft oder geschlagen habe«, mit der er sich selbst mit dem Stichwort »geschlagen« verrät, daran erinnert, daß er ihm noch gerade am gleichen Vormittag einen Schlag versetzt habe, als er seinem Vater mit dem Kopf in den Bauch gerannt sei (S. 277).

Freud war aber in diesem Setting kein reiner »Externer«, denn er kannte die »schöne Mutter« schon aus der Zeit vor der Ehe mit dem Vater aus einer von ihm mit ihr durchgeführten Hysterie-Therapie, und der Vater, übrigens der bekannte Musikschriftsteller Max Graf (1873–1958, detaillierte Lebensdaten und Bibliographie. In: Elke Mühlleitner (1992): *Biographisches Lexikon der Psychoanalyse*, Die Mitglieder der Psychologischen Mittwoch-Gesellschaft und der Wiener Psychoanalytischen Vereinigung 1902–1938, Tübingen), hatte bei Freud schon Vorlesungen gehört und war, bevor er als Korrespondent der »Frankfurter Zeitung« nach Paris ging, von 1904 bis 1909 Mitglied der berühmten »Mittwoch-Gesellschaft«. Freud war auch gelegentlich in der Familie zu Besuch. Er kannte also das Umfeld und die Lebensbedingungen aller handelnden Personen aus eigener Anschauung recht gut.

Aber er war auch nicht eindeutig »Interner« während der ganzen Zeit der Analyse, weil er, von der einen Ausnahme des Besuches von Vater und Sohn in seiner Praxis abgesehen, nie in der Familie zugegen war.

III. Die supervidierte psychoanalytische Therapie des »kleinen Hans« in ihrem Verlauf

Ich will nicht zu ausführlich auf die Bedeutung dieser zu recht berühmt gewordenen und doch bisher nicht vollständig gewürdigten Publikation für die psychoanalytische Neurosen-Theorie eingehen. Sie ist oft beschrieben, interpretiert, kritisiert und sonstwie fortgeschrieben worden; nicht nur in Einzelstudien, sondern auch innerhalb von Biographien, z. B. bei Ernest Jones, Oscar Mannoni, Peter Gay usw. Stellvertretend für alle verweise ich auf die nicht unkritische Arbeit von Gemma Jappe und Wolfgang Loch aus dem Jahr 1974 unter dem Titel »Die Konstruktion der Wirklichkeit und die Phantasien. Anmerkungen zu Freuds Krankengeschichte des »Kleinen Hans«, die Alexander Mitscherlich zum 65. Geburtstag gewidmet wurde. (*Psyche Heft 1*, 1974, S. 1–31, mit einer, wie bei Loch üblich, langen Liste auch zum Thema gehörender Literatur.)

Die Konstellation ist, wie im obigen Freud-Zitat schon ausgesprochen, in Kürze so: Freud kennt den »kleinen Hans« bereits aus der Zeit vor seiner Erkrankung. Er brachte ihm z. B. ein Geschenk zu seinem dritten Geburtstag und war immer sehr angetan von dem aufgeweckten Knaben. Er erfährt immer wieder Neues über dessen Entwicklung und dann über die unerwarteten Auffälligkeiten, die den Vater veranlassen, die Sprechstunde Freuds aufzusuchen. Freud übernimmt aber nicht selbst die Therapie, sondern verabredet mit dem Vater, der ja psychoanalytisch nicht uninformiert ist, daß dieser die »Behandlung« übernimmt und Gespräche mit dem Sohn führt und Freud immer wieder, wenn nötig, Bericht erstattet. So geschieht es auch. Diese Berichte mit jeweiligen Deutungsansätzen werden von Freud »glossiert« (Brief an C. G. Jung am 05.08.1908), »bestätigt« (S. 293 u. 302), »korrigiert« (S. 270 u. 318), »kritisiert« (S. 299) usw. Es wird aber auch manches »verabredet« (S. 263), »vorhergesagt« (S. 309), »verschwiegen« (S. 309 f.) usw. Es werden auch neue Vorschläge für die weitere Behandlung gemacht und der Vater dahingehend ermahnt, nicht zu vorschnell das Material zu deuten. Im Sinne seiner immer einmal wieder reformulierten Grundregel von der »gleichschwebenden Aufmerksamkeit« des Therapeuten, heißt es hier, nicht ohne energische Kritik am voreiligen Vater, im Kontext:

»Der Vater fragt zu viel und forscht nach eigenen Vorsätzen, anstatt den Kleinen sich äußern zu lassen. Dadurch wird die Analyse undurchsichtig und unsicher. Hans geht seinen eigenen Weg und leistet nichts, wenn man ihn von diesem ablocken will [...] Dem Leser, der selbst keine Analyse gemacht hat, kann ich nur den Rat geben, nicht alles sogleich verstehen zu wollen, sondern allem, was kommt, eine gewisse unparteiische Aufmerksamkeit zu schenken und das Weitere abzuwarten« (S. 299).

Kritiker der Behandlung meinten später, der Vater habe seinen

Sohn suggestiv manipuliert, vor allem dahingehend, nichts Negatives über ihn als liebenden Vater zu äußern. Freud weist diesen Vorwurf energisch zurück (S. 338ff.). – Nicht zuletzt mit dem Argument, daß der Junge öfters die Absichten des Vaters durchschaut habe und dann den Gesprächen gewitzt (S. 361) eine andere Richtung gab, die sich nachträglich als therapeutisch relevanter herausstellen sollte, z.B. als er die aggressiven Handlungen des Vaters ihm gegenüber vor Freud äußert, der Vater habe das wohl vergessen, daß er ihn doch am Vormittag des gleichen Tages gerade erst geschlagen habe usw.

Die Kooperation ist offensichtlich: Der Vater »spielt selbst die Rolle des Arztes« (S. 356), führt also die »therapeutischen« Gespräche mit dem Sohn. Er berichtet Freud darüber und berät sich mit ihm. Die »schöne Mutter« ist nur als ganz wichtige Abwesende anwesend, Freud würdigt die Berichte mit deutlichen Interpretationshinweisen und Anregungen fürs weitere Vorgehen. Der Sohn weiß übrigens von diesen Berichten an Freud, ermuntert den Vater sogar dann und wann, etwas aufzuschreiben, um es, nach den »scherzhaften Prahlereien« (S. 278) im Selbstbekenntnis Freuds vor dem Jungen, dem gottähnlich Allwissenden mitzuteilen. Es sei vielleicht für den Professor wichtig, um ihn von seiner »Dummheit« zu heilen. Freud hatte leichtfertig dieses Schlagwort eingeführt, obwohl er an anderer Stelle betont:
»Die Neurose sagt nichts Dummes, so wenig wie der Traum. Wir schimpfen immer dann, wenn wir nichts verstehen. Das heißt, sich die Aufgabe leicht machen« (S. 263). Das Verfahren hat zweifellos auch viel von der Methode einer Balint-Gruppe, wenn man zugesteht, daß Freud dabei als Ein-Mann-Gruppe die Psychoanalyse repräsentiert. Sonst ist eindeutig eine Einzelsupervision konstelliert, in welcher der Vater als der Behandelnde das Setting mit dem Sohn als Behandeltem gestaltet und Freud immer nachträglich die einzelnen Berichtsphasen glossierend spiegelt und mit dem Vater durchspricht. Für Hans ist Freud mit der einen schon angesprochenen Ausnahme der immer mitanwesende große Abwesende, für den er seither viel Sympathie äußert. Freud ist selbst davon überzeugt, um es noch einmal im Wortlaut zu wiederholen, daß nur »die Vereinigung der väterlichen und der ärztlichen Autorität in einer Person, das Zusammentreffen des zärtlichen Interesses mit dem wissenschaftlichen bei derselben, es in diesem Falle ermöglicht haben«, eine »Heilung« zu erzielen (Einleitung, S. 241).

Hocherfreut schreibt er nach Beendigung der Therapie in einem Nachsatz zum Brief an C. G. Jung vom 19.05.1908: »P. S. Mein fünfjähriger Patient ist durch die PA von seiner Phobie glatt geheilt.« Bei genauerem Hinsehen vereinigt eigentlich nicht der Vater allein die angelobten Eigenschaften von väterlicher Zärtlichkeit und medizinischem Fachwissen, sondern durch die Supervisionskonstellation kooperieren Freud und der Vater, als ob sie zu dieser idealen Person im Sinne einer »Verdichtung« vereint wären. Der Vater muß andererseits dem Sohn gegenüber eine komplizierte Doppelrolle einnehmen. Da ist er einerseits in der Tat der zärtliche Vater, andererseits aber der behandelnde, von Freud dazu ernannte »Laien-Therapeut« in Vertretung eines ausgebildeten Analytikers (S. 356).

Nach Freud sind in der Zeit der Therapie vier Rätsel zu lösen und für die jeweilige Lösung die einzelnen »Beweisstücke« beizubringen, die erklären, wie aus der »Verdrängung« mit ihren diffusen Ängsten eine diese Ängste erledigende »Verurteilung« wird, bei gleichzeitiger »Sublimation«. Dazu wird von Freud in einer sehr wichtigen Fußnote angemerkt:

»Der Vater hat sogar beobachtet, daß gleichzeitig mit dieser Verdrängung ein Stück Sublimierung bei ihm eintritt. Er zeigt vom Beginne der Ängstlichkeit an ein gesteigertes Interesse für Musik und entwickelt seine hereditäre musikalische Begabung« (S. 369). Sicher spielt bei dieser erwachenden Liebe zur Musik aus der in Ängste verwandelten Verdrängung der allzu zärtlichen Neigungen gegenüber der »schönen Mutter« der bekannte Musikwissenschaftler-Vater eine wesentliche Rolle.

An dieser Stelle kann es denn auch den Unwissenden endlich verraten werden. Ursprünglich sollte diese Therapie als die vom »Kleinen Herbert« publiziert werden und wurde es auch teilweise. Denn Herbert hieß der Sohn eigentlich. Der »kleine Hans« war nämlich Herbert Graf (1903–1973), der bekannte österreichische Opernregisseur, der nach einer erfolgreichen Karriere in Europa und Philadelphia, Pennsylvania, von 1936 bis 1949 Regisseur am Metropolitan Opera House, New York City, war; dann in Philadelphia am Curtis Institute, zuletzt in Zürich.

Die ersten beiden Rätsel will Hans aus Wißbegier und frühreifer sexueller Neugier lösen.

1. Wie kommt ein Kind zur Welt? oder: Was ging bis zur Geburt seiner jüngeren Schwester Hanna und mit derselben mit seiner

»schönen Mutter« vor sich? und 2. Welche Rolle spielte der Vater dabei?

Die erste Frage wird nach Freud von Hans intuitiv gelöst, die zweite aber nicht, weil er in seiner infantilen Sexualtheorie – wie alle Kinder in dem Alter – befangen bleibt, die von der eingeschlechtlichen Vorstellung eines Penis, ob groß oder klein, für alle Lebewesen ausgeht. Freud kritisiert deshalb abschließend den Vater, der es nicht für angebracht hielt, oder zu gehemmt war, dem Sohn das noch fehlende Stück an Aufklärung über die Geschlechtsunterschiede und den Geschlechtsakt usw. zu geben. Die schwierigeren zwei Rätsel haben aber Freud und der Vater zu lösen. Nämlich:

1. An welchem Punkt die triebhaft onanistische Sexualbetätigung und die Sehnsucht nach Intimität, um mit der »schönen Mutter« zu »schmeicheln« (S. 348), in die Angst vor der Kastration umschlägt? – Schon gleich nach der entsprechenden Drohung durch die Mutter? – und

2. warum die Angsthysterie, nicht Phobie, weil sie nicht ins Somatische konvertiert, sondern im Psychischen verbleibt und zunächst in Angst umschlägt und sich dann als Furcht ausgerechnet von allen großen Tieren mit großen »Wiwimachern« eine bestimmte Sorte Pferd als Zugtier vor Spann- oder Möbelwagen als Objekt nimmt, das bei einer schnellen Kurvenwende mitsamt dem Wagen umfallen und ihn oder den Vater erdrücken könnte. Da äußert sich außer der eigenen Todesfurcht der heimliche Todeswunsch gegen den Vater, der Hans beim »Schmeicheln« mit der »schönen Mutter« bedrohlich im Wege ist. Wie sich herausstellt, ist in seinen sadistischen Wünschen gerade auch die Mutter mit dem Pferd gemeint, die er züchtigen möchte, weil sie ihm mit der Kastration drohte und weil mit der Geburt der kleinen Schwester Hanna notwendigerweise sich die Zuwendung schon rein zeitlich verringern mußte. Freud äußert sich in diesem Zusammenhang kritisch zur Aggressionstheorie von Alfred Adler: »Ich kann mich nicht entschließen, einen besonderen Aggressionstrieb neben und gleichberechtigt mit den uns vertrauten Selbsterhaltungs- und Sexualtrieben anzunehmen. Es scheint mir, daß Adler einen allgemeinen und unerläßlichen Charakter aller Triebe, eben das ›Triebhafte‹, Drängende in ihnen, was wir als die Fähigkeit, der Motilität Anstoß zu geben, beschreiben können, zu einem besonderen Triebe hypostasiert habe.«

Freud war während der Ausarbeitung dieser Publikation noch zu sehr in seinem ersten Angst- und Triebkonzept befangen, als daß er der Aggression die notwendige Aufmerksamkeit zuteil werden lassen konnte. In einer Neuauflage 1923 macht er zu diesem Thema eine interessante Fußnote, in der er, wie zuvor zitiert, auf Alfred Adler hinweist, der schon 1908 einen grundlegenden Beitrag zur Aggressionstheorie mit dem Titel: »Der Aggressionstrieb im Leben und in der Neurose« geschrieben hatte. (In der Zeitschrift: *Fortschritte der Medizin*, 1908, Nr. 19. – Abgedruckt in Alfred Adler (1973): Heilen und Bilden, S. 53 ff., Frankfurt.) Er ging davon aus, daß alles Triebgeschehen von einem gewissen aggressiven Impetus mitgesteuert würde, der sich situationsbedingt verstärkt, wenn der angestrebten Bedürfnisbefriedigung Hindernisse entgegenstehen. Er konzipierte eine erste Frustrations-Aggressionshypothese. Freud hat sein Triebkonzept mindestens dreimal geändert und lange auch ein ähnliches Konzept, wenn auch für jeden Trieb gesondert, vertreten. Später hat er dann, metaphysisch belastet – und sicher auch aus Affront gegen den abtrünnigen Adler – einen eigenständigen Todestrieb angenommen. Er schreibt in dieser Anmerkung dazu:

»Ich habe seither auch einen ›Aggressionstrieb‹ statuieren müssen, der nicht mit dem Adlerschen zusammenfällt. Ich ziehe es vor, ihn ›Destruktions‹ – ›Todestrieb‹ zu heißen (›Jenseits des Lustprinzips‹, ›Das Ich und das Es‹). Sein Gegensatz zu den libidinösen Trieben kommt in der bekannten Polarität von Lieben und Hassen zum Ausdruck. Auch mein Widerspruch gegen die Adlersche Aufstellung, die einen allgemeinen Charakter der Triebe überhaupt zu Gunsten eines einzigen beeinträchtigt, bleibt aufrecht.«

Ich habe schon vor Jahren in mehreren aufeinander bezogenen Abhandlungen nachweisen können, daß dieses letzte Triebkonzept Freuds nicht in die Logik seiner gesamten Metapsychologie paßt und sich außerdem nicht wissenschaftlich erhärten läßt. (Rolf Denker (1975): Aufklärung über Aggression, 5. Aufl., Stuttgart. Angst und Aggression, Stuttgart 1974. Aggression im Spiel, Stuttgart 1976. Darin jeweils weitere Literatur.)

Die Pferde werden für Hans so wichtig, da er sie immer wieder am Ferienort erlebte und auch daheim, weil gleich gegenüber beim Zollhof die Pferde vor vollbeladenen Wagen ein- und ausfuhren. Zudem gehörten Pferdespiele zu seinen beliebtesten Kinderspielen, wobei einmal der liebe Fritzl bei zu hoher Spielgeschwindigkeit stürzte und sich dabei eine heftig blutende Wunde zuzog. In der ländlichen Sommerfrische wurde er auch gewarnt, daß Pferde beißen könnten. Das Unglück von Fritzl war für Freud möglicherweise der Schlüssel zum Todeswunsch gegen den Vater: Er möge schlimmer wie dieser stürzen und verbluten. – 13 Jahre später hat Freud Hans noch einmal als frischen und aufgeweckten Jüngling gesehen, der sich an die ganze Krankengeschichte nicht mehr erinnern konnte, bis auf dieses Vorkommnis im Ferienort. Was seine Wichtigkeit nachträglich bestätigt (vgl. Nachschrift zur Analyse des Kleinen Hans. 1922. Stud. Ausg. Bd. VII S. 123).

Gleichzeitig vermutet Freud im phantasierten Fallen der Pferde eine Metapher für die Niederkunft der Mutter. Wahrscheinlich manifestiert sich die Furcht vor dem Pferdeunglück, als einmal die Mutter mit ihm in die Stadt ging, um für ihn eine Weste zu kaufen.

Den Angelpunkt für den Umschlag von dem vom Vater ewig wiederholten »Storchenmärchen« (S. 361), das Hans längst unglaubwürdig findet, sehe ich in der Erinnerung an eine Darstellung in einem seiner Bilderbücher, das er selbst herbeiholt (S. 308). Dort ist auf einer für ihn wichtigen Seite ein Haus dargestellt, auf dessen Giebel eine Storchenfamilie nistet. In dem roten Schornstein sah Hans eine Reisekiste, so wie sie von der Familie auf den Ferienreisen benutzt wurde und in der für ihn auch möglicherweise die kleine Hanna war, bevor sie geboren wurde. Solche Kisten spielen, wie dem Leser sicherlich erinnerlich, auch eine große Rolle bei den vollgeladenen Pferdewagen. Auf diesem Bild ist aber unten eine Schmiede, vor der gerade ein Pferd beschlagen wird. Ich hatte eventuell das gleiche Kinderbuch. Ich erinnere mich daran, daß ein Schmied einen Hinterhuf hochhielt und sich ein anderer mit einer großen Zange mit einem noch glühenden neuen Hufeisen näherte. Das Pferd wird »beschlagen«. – Auch Freud entgeht hier übrigens das »Schlagen« im »beschlagen«. –

Vermutlich geht in der Erinnerung an dieses ganzseitige Bild des vom Vater strapazierten »Storchenmärchens« mit seiner Rolle bei der Geburt in die Pferdephantasie über. Es würde meiner Bekräftigung der Bilder im Unbewußten gemäß sein. Hans findet für das bisher »Unfaßbare« gewisse neue »bildliche Vertretungen« (S. 355). Bei Freud heißt es nämlich, das Unbewußte ist dem Inhalt nach »gleichsam in einer Bilderschrift gegeben«, deren Zeichen einzeln in die Gedankensprache zu übertragen sind (GW II/III S. 283f. und 5. Vorlesung). Das steht nicht zufällig in der »Traumdeutung«, die es mit unseren Träumen und deren »Bildern und Visionen« zu tun hat, die sich nach Freud z.T. in Symbolen verdichten, die der besonderen interpretatorischen Sorgfalt bedürfen. Deshalb ist jeder Traum wie ein Rebus, und zu erraten wie solche Bilderrätsel, die sich aber rational (auf)-lösen lassen. Diese Schicht der »Bilder und Visionen« ist ursprünglicher als die der Sprache und deshalb die Tiefenschicht des Unbewußten, der das besondere Interesse des Analytikers gilt (S. 354).

Nachdem jedenfalls das Pferdephobie-Rätsel gelöst und Hans entsprechend aufgeklärt ist, schwindet diese Phobie (Hysterie) alsbald und Hans findet als »kleiner Ödipus« (S. 254, 332) eine phantastische Lösung für den Mutter-Vater-Sohn-Konflikt, indem er die »schöne Mutter« heiratet und mit ihr viele Kinder hat, die er so lieben kann, wie er eigentlich weiterhin geliebt sein möchte. Der Vater wird zum Trost mit seiner eigenen Mutter verheiratet. Ihm soll es ja nicht schlechter gehen, doch ist er gleichzeitig als Rivale entmachtet.

Die Geschichte dieser »glatten Heilung« kann nicht auch schon als Erledigung des Ödipuskonfliktes gelesen werden. Sie beschreibt eher eine Vorstufe zu seiner späteren Bewältigung. Freud nennt den »kleinen Hans« zwar schon Ödipus, aber die kategoriale Bestimmung des Ödipuskonfliktes bzw. des »Ödipuskomplexes« erfolgte erst 1910 (vgl. »Über einen besonderen Typus der Objektwahl beim Manne«, GW VIII S. 73). In Briefen an C.G. Jung spricht er allerdings mehrfach von der »Idee eines Kernkomplexes der Neurose«, von der er ganz »obsediert« sei. Erstmals am 11.12.1908, und noch einmal im Brief vom 25.01.1909 mit ausdrücklichem Bezug auf die »Geschichte des kleinen Hans«:

»Ich setze da große Hoffnungen auf einen Kernkomplex der Neurose, von dem die zwei größten Widerstände ausgehen: die Angst vor dem Vater und der Unglauben gegen die Großen, beide voll auf den Arzt übertragbar. Ich glaube überhaupt, wir werden noch mehr finden, was dann der Technik zugute kommen wird.«

1910 heißt es dann schließlich: »Er (der Knabe – R.D.) beginnt die Mutter selbst im neugewonnenen Sinne zu begehren und den Vater als Nebenbuhler, der diesem Wunsche im Wege steht, von neuem zu hassen; er gerät, wie wir sagen, unter die Herrschaft des Ödipuskomplexes.«

Anna Freud betont in ihrem Vorwort zur Neuausgabe (1980) die Bedeutung dieser Kinderanalyse auf dem Wege zur Entwicklung einer eigenständigen Kinderpsychoanalyse und -therapie. In ihren Vorlesungen gibt sie ausführliche Beispiele dafür, welche umständlichen Umwege der Kinderanalytiker gehen muß, um erst einmal die Sympathie und damit die Gesprächsbereitschaft eines Kindes zu erreichen.

Freud hat die Verdienste seiner Tochter Anna und die von Melanie Klein bei der Entwicklung der Kinderanalyse in seiner »Selbstdarstellung« gebührend gewürdigt, aber weder er selbst noch die Tochter haben beizeiten erkannt, daß in der »Geschichte des kleinen Hans« eine ganz neue Methode kreiert wurde, die neben der Traumdeutung einen zweiten »Königsweg« zur Psyche eröffnet, den wir nachträglich zweifellos mit dem Kennwort »Supervision« benennen dürfen. Und ferner dürfen wir noch einmal zusammenfassend Freuds Pionierarbeit dabei herausstellen:

Freud hat in seinen »Glossen« mit »sonstiger Sauce« so ganz nebenbei in seiner Veröffentlichung der »Geschichte des kleinen Hans«, wenigstens in der Geschichte der Psychoanalyse, in den Jahren 1906 bis 1909 das heute für die Einzel- und Gruppenanalyse so unverzichtbare indirekte Verfahren der »Supervision« erfunden.

IV. Zwölf Leitgesichtspunkte der psychoanalytischen Supervision im Sinne Freuds

Ich denke, es lassen sich aus der Sicht des Supervisions-Historikers, ohne dem äußerst inhaltsreichen Text Gewalt anzutun, aber auch ohne den Ehrgeiz auf Vollständigkeit – anders detailliert als in den sehr zustimmungsfähigen allgemeinen Ausführungen bei Argelander, der diese Publikation im Hinblick auf Supervisionen mit Studenten in Beratungskonstellationen hin auswertet –, folgende zwölf Punkte aus dem Modellfall der supervisionsgeleiteten Therapie des »Kleinen Hans« zusammenstellen, die bei einer psychoanalytisch supervidierten Therapie, Pflege oder Sozialarbeit wichtig sind, wobei die Aufeinanderfolge nicht in allen Punkten gleich zwingend sein muß. Die ausgewählten Belege sind als die jeweiligen »Beweisstücke« zu würdigen.

1. Kontaktaufnahme wegen gewünschter Therapie.
Erstinterview

Januar 1908:
»Geehrter Herr Professor! Ich sende Ihnen wieder ein Stückchen Hans, diesmal leider Beiträge zu einer Krankengeschichte. Wie Sie daraus lesen, hat sich bei ihm (Hans) in den letzten Tagen eine nervöse Störung entwickelt, die mich und meine Frau sehr beunruhigt, weil wir kein Mittel zu ihrer Beseitigung finden konnten. Ich erbitte mir die Erlaubnis, Sie morgen ... zu besuchen, habe aber ... das verfügbare Material schriftlich aufgezeichnet« (S. 258).

Zur leichteren Orientierung hier die Lebensdaten des »kleinen Hans«:

1903 (April) Geburt des kleinen Hans.
1906 (Lebensalter 3 – 3 3/4 Jahre) Erste Berichte.
 (3 1/4 – 3 1/2 Jahre) (Sommer) Erster Aufenthalt in Gmunden
 (3 1/2 Jahre) Kastrationsdrohung.
 (3 1/2 Jahre) (Oktober) Geburt von Hanna.
1907 (3 3/4 Jahre) Erster Traum.
 (4 Jahre) Umzug in eine neue Wohnung.
 (4 1/4 – 4 1/2 Jahre) (Sommer) Zweiter Aufenthalt in Gmunden, Episode mit dem beißenden Pferd.
1908 (4 3/4 Jahre) (Januar) Episode mit dem umfallenden Pferd. Ausbruch der Phobie.
 (5 Jahre) (Mai) Ende der Analyse.
 (August) Manuskript fertig. »Analyse der Phobie eines fünfjährigen Knaben. (»Der kleine Hans«)
1909 Veröffentlichung im Jahrbuch psychoanalytische und psychopathologische Forschung Bd. 1 (1), S. 1–109

2. Das Arbeitsbündnis: Verabredung des Therapie-Settings
unter Supervision

»Ich habe zwar den Plan der Behandlung im ganzen geleitet und auch ein einziges Mal in einem Gespräche mit dem Knaben persönlich eingegriffen; die Behandlung selbst hat aber der Vater des Kleinen durchgeführt ... ich meine, es wäre einer anderen Person überhaupt nicht gelungen, das Kind zu solchen Bekenntnissen zu bewegen; die Sachkenntnis, vermöge welcher der Vater die Äußerungen seines 5jährigen Sohnes zu deuten verstand, hätte sich nicht ersetzen lassen, die technischen Schwierigkeiten einer Psychoanalyse in so zartem Alter wären unüberwindbar geblieben. Nur die Vereinigung der väterlichen und der ärztlichen Autorität in einer Person, das Zusammentreffen des zärtlichen Interesses mit dem wissenschaftlichen bei derselben, haben es in diesem einen Falle ermöglicht, von der Methode eine Anwendung zu machen, zu welcher sie sonst ungeeignet gewesen wäre« (S. 243).

Im Hinblick auf die Kinderanalyse können wir Freud eher recht geben, nicht aber im Hinblick auf die Einmaligkeit in der Anwendung der Methode. Es müßte eigentlich eher heißen: im Hinblick auf die Erstmaligkeit der Anwendung dieses ungewöhnlichen, weil neuen »Plans der Behandlung«.

3. Hypothese zur neurotischen Erkrankung

Pferdephobie: »Die Furcht, *daß ihn auf der Gasse ein Pferd beißen werde* ... « (S. 258). Hintergrund: Die »gesteigerte Zärtlichkeit für die Mutter ist es, die in Angst umschlägt, die wie wir sagen, der Verdrängung unterliegt ... Diese, verdrängter erotischer Sehnsucht entsprechende, Angst ist zunächst wie jede Kinderangst objektlos, noch Angst und nicht Furcht. Das Kind kann nicht wissen, wovor es sich fürchtet und wenn Hans ... nicht sagen will, wovor er sich fürchtet, so weiß er es eben noch nicht« (S. 261). Später benennt er das Objekt: »Furcht, daß ihn ein Pferd beißen werde« (S. 262).

Vermutung: »So könnte man meinen, das Pferd sei nur ein Ersatz für die Mama,« die ihm mit Kastration drohte usw. Später stellt sich dann heraus, daß das Pferd auch für den Vater steht: »Wir wissen, daß dieses Stück der Angst Hansens doppelt gefügt ist: Angst vor dem Vater und Angst um den Vater« (S. 280). – Ambivalenzkonflikt. –

4. »Verabredung« mit dem Behandelnden bezogen auf den »Plan der Behandlung« des Supervisors

»Ich verabrede mit dem Vater, daß er dem Knaben sagen solle, das mit den Pferden sei eine Dummheit, weiter nichts. Die Wahrheit sei, daß er die Mama so gern habe und von ihr ins Bett genommen werden wolle. Weil ihn der Wiwimacher der Pferde so sehr interessiert habe, darum fürchte er sich jetzt vor den Pferden. Er habe gemerkt, es sei unrecht, sich mit dem Wiwimacher, auch mit dem eigenen, so intensiv zu beschäftigen, und das sei eine ganz richtige Einsicht. Ferner schlug ich dem Vater vor, den Weg der sexuellen Aufklärung zu betreten. Da wir nach der Vorgeschichte des Kleinen annehmen durften, seine Libido hafte am Wunsche, den Wiwimacher der Mama zu sehen, so solle er ihm dieses Ziel durch die Mitteilung entziehen, daß die Mama und alle anderen weiblichen Wesen, wie er ja von der Hanna wissen könne, einen Wiwimacher überhaupt nicht besitzen. Letztere Aufklärung sei bei passender Gelegenheit im Anschlusse an irgend eine Frage oder Äußerung von Hans zu erteilen« (S. 263 f.).

Konsensus: »Arzt und Patient, Vater und Sohn, treffen sich also darin, der Onanieangewöhnung die Hauptrolle in der Pathogenese des gegenwärtigen Zustandes zuzuschreiben« (S. 266).

5. Leitlinien, – nicht nur – für Therapien unter Supervision

Bei Freud ist sehr oft von der »gleichschwebenden Aufmerksamkeit des Analytikers« die Rede. Die allersprechendsten Ausführungen dazu finden sich für mich in seinem Beitrag: »Die Psychoanalyse als Deutungskunst«:

»Die Erfahrung zeigte bald, daß der analysierende Arzt sich dabei am zweckmäßigsten verhalte, wenn er sich selbst bei *gleichschwebender Aufmerksamkeit* seiner eigenen unbewußten Geistestätigkeit überlasse, Nachdenken und Bildung bewußter Erwartungen möglichst vermeide, nichts von dem Gehörten sich besonders im Gedächtnis fixieren wolle, und solcher Art das Unbewußte des Patienten mit seinem eigenen Unbewußten auffange. Dann merkte man, wenn die Verhältnisse nicht allzu ungünstig waren, daß die Einfälle des Patienten sich gewissermaßen wie Anspielungen an ein bestimmtes Thema herantasteten, und brauchte selbst nur einen Schritt weiter zu wagen, um das ihm selbst Verborgene zu erraten und ihm mitteilen zu können. Gewiß war diese Deutungsarbeit nicht streng in Regeln zu fassen und ließ dem Takt und der Geschicklichkeit des Arztes einen großen Spielraum, allein wenn man Unparteilichkeit mit Übung verband, gelangte man in der Regel zu verläßlichen Resultaten, d. h. zu solchen, die sich durch Wiederholung in ähnlichen Fällen bestätigten« (GW XIII S. 215).

Freud spricht auch gelegentlich von der Stellwand, auf die das Geäußerte projiziert wird, wie bei einer Camera obscura: »Der Arzt soll undurchsichtig für den Analysierten sein und wie eine Spiegelplatte nichts anderes zeigen, als was ihm gezeigt wird« (GW VIII S. 384. Walter Benjamin geht darauf in seinem Essay »Kleine Geschichte der Photographie« ausführlich ein. Ebenso Gabriele Röttger-Denker 1989 u. 1990). Aus unserem Text möchte ich drei Passagen zitieren, die mir besonders wichtig erscheinen:

5.1. »Wir wollen ... uns zunächst das mitgeteilte Material beschauen. Es ist gar nicht unsere Aufgabe, einen Krankheitsfall gleich zu ›verstehen‹, dies kann erst später gelingen, wenn wir uns genug Eindrücke von ihm geholt haben. Vorläufig lassen wir unser Urteil in Schwebe und nehmen alles zu Beobachtende mit gleicher Aufmerksamkeit hin« (S. 259).

Von ausgesprochen sprachfixierten Analytikern wird meist vernachlässigt, daß jedes Gespräch – auch im analytischen Setting – nicht nur aus Wörtern besteht, sondern auch aus Körperzeichen, Tonlagen, Mimik, Weinen und Lachen usw., wodurch jeweils ein besonderes Klima entsteht, das weitere Informationen ermöglicht und im günstigen Fall das Unbewußte des Einen mit dem des Anderen zur Resonanz bringt.

5.2. Die Voreiligkeit könnte auch zu falschen Deutungen führen: »Übrigens wieder eine gute Mahnung daran, daß man das aus dem Unbewußten Auftauchende nicht mit Hilfe des Vorhergegangenen, sondern des Nachkommenden zu verstehen hat« (S. 301).

5.3. »Es ist aber nicht der therapeutische Erfolg, den wir an erster Stelle anstreben, sondern wir wollen den Patienten in den Stand setzen, seine unbewußten Wunschregungen bewußt zu erfassen. Dies erreichen wir, indem wir auf Grund der Andeutungen, die er uns macht, mit Hilfe unserer Deutekunst den unbewußten Komplex mit *unseren Worten* vor sein Bewußtsein bringen. Das Stück Ähnlichkeit zwischen dem, was er gehört hat, und dem, was er sucht, das sich selbst, trotz aller Widerstände, zum Bewußtsein durchdrängen will, setzt ihn in den Stand, das Unbewußte zu finden. Der Arzt ist ihm im Verständnisse um ein Stück voraus; er kommt auf seinen eigenen Wegen nach, bis sie sich am bezeichneten Ziel treffen. Anfänger in der Psychoanalyse pflegen diese beiden Momente zu verschmelzen und den Zeitpunkt, in dem ihnen ein unbewußter Komplex des Kranken kenntlich geworden ist, auch für den zu halten, in dem der Kranke ihn erfaßt. Sie erwarten zu viel, wenn sie mit der Mitteilung dieser Erkenntnis den Kranken heilen wollen, während er das Mitgeteilte nur dazu verwenden kann, mit dessen Hilfe den unbewußten Komplex in seinem Unbewußten, *dort wo er verankert* ist, aufzufinden« (S. 354; vgl.: GW XIII S. 215).

6. Krise

Der Vater erbittet eine Konsultation in Freuds Ordination zusammen mit dem Sohn. Der Vater ist ärgerlich aggressiv gegen Freud gestimmt, weil die Behandlung keine Fortschritte zeitigt: »Die Konsultation war kurz. Der Vater knüpfte daran an, daß trotz aller Aufklärungen die Angst vor den Pferden sich noch nicht gemindert habe« (S. 276).

Freud versteht die Enttäuschung und kommentiert sie auch selbstkritisch: »Wir mußten uns auch eingestehen, daß die Beziehungen zwischen den Pferden, vor denen er sich ängstigte, und den aufgedeckten Regungen von Zärtlichkeit wenig ausgiebige waren.«

Er läßt sich jetzt aber nicht auf eine Erörterung mit dem Vater ein, um dem den offensichtlichen Wunsch auszureden, selbst die weitere Behandlung von Hans zu übernehmen oder des Vaters aus der Konstellation mit dem Sohn herrührende, auf ihn übertragenen Aggressionsneigungen durchzuarbeiten. Freud sorgt dadurch für die strikte Einhaltung des verabredeten Settings und wendet sich direkt an den Sohn.

Er hat nämlich dann, als er Vater und Sohn so vor sich nebeneinander sitzen sieht, spontan einen entscheidenden Einfall: Es ...»schoß mir ein weiteres Stück Auflösung durch den Sinn, von dem ich verstand, daß es gerade dem Vater entgehen konnte,« daß nämlich die »Angstpferde« auch für den Vater stehen, weil Hans sich vor dem Vater als Rivalen bei der Mutter fürchten muß, und weil der ihn noch am gleichen Vormittag geschlagen hatte. Der Vater hatte das selbstgerecht verdrängt und wohl auch nicht gerne hören mögen, daß sich die Feindseligkeit des Sohnes erst recht gegen ihn richten könnte. Freud erfährt das im direkten Dialog mit Hans und bekräftigt danach noch einmal, daß er es bemerkenswert findet, daß der Vater »dieses Detail nicht in den Zusammenhang der Neurose aufgenommen hatte; er verstand es aber jetzt als Ausdruck der feindseligen Disposition des Kleinen gegen ihn, vielleicht auch als Bedürfnis, sich dafür eine Bestrafung zu holen.« Freud gibt dazu eine wichtige Ergänzung in der Fußnote: »Der Knabe wiederholte diese Reaktion gegen den Vater später in deutlicherer und vollständigerer Weise, indem er dem Vater zuerst einen Schlag auf die Hand gab und dann dieselbe Hand zärtlich küßte« (S. 277).

Ein weiterer spezieller zusätzlicher Krisenanlaß: Ein vorübergehendes Nachlassen der Therapiezuversicht, der Kommunikationsanspannung, usw., Stichwort: »langweilig-werden«:

»Die Analyse macht wenig Fortschritte; ihre Darstellung fürchte ich, wird dem Leser bald langweilig werden. Indes, es gibt in jeder Psychoanalyse solche dunklen Zeiten« (S. 289). – Da muß man durch, wie es im heutigen Jargon so treffend heißt.

Es gibt aber nicht nur »dunkle« Krisen-Zeiten, sondern auch förderliche, möglicherweise durchs Lachen begünstigt. In einer guten Analyse kommt auch dem Humor eine aufklärende Rolle zu: So durch Freuds »scherzhaften Prahlereien« von seiner Gottähnlichkeit, mit denen er bei Hans bleibendes Vertrauen gewinnt (S. 278). Er fragt Hans auch »scherzend, ob seine Pferde Augengläser tragen, was er verneinte, dann ob sein Vater Augengläser trage, was er gegen alle Evidenz wiederum verneinte . . . « (S. 277). – Oder wenn der »drollige Knirps« (S. 276) Hans den Vater mit seinen unglaublichen Storchenphantasien »auf den Arm nimmt«. – Und wenn der Vater Freud »belustigt mitteilt«, daß Hans mit ihm jetzt »eher familiär verkehrt« (S. 375).

7. Neue Ausrichtung des »Plans der Behandlung«

Freud gewinnt das bleibende Zutrauen des Knaben durch seine »scherzhaften Prahlereien« von gottähnlicher Allwissenheit. (s. o.) Das heißt entschlüsselt aber auch richtig, daß der Supervisor immer dem von ihm Supervisierten mindestens um eine Nasenlänge voraus sein muß und auch sein kann, weil er die längere Therapie-Erfahrung hat und weil er auch vom Fach hoffentlich mehr weiß. Denn wie Goethe richtig sagte: »Was man weiß, sieht man erst.« Hören wir dazu wiederum Freud selbst: »Auf dem Heimgange fragte Hans den Vater: ›Spricht denn der Professor mit dem lieben Gott, daß er alles vorher wissen kann?‹ Ich wäre auf diese Anerkennung aus Kindermund außerordentlich stolz, wenn ich sie nicht durch meine scherzhaften Prahlereien selbst provoziert hätte.«

Freud wiederholt mehrfach, daß dieses Gespräch mit der Aufdeckung der zentralen Rolle des Vaters bei Hans die therapeutische Wende eingeleitet hat: »Ich erhielt von dieser Konsultation an fast täglich Berichte über die Veränderung im Befinden des kleinen Patienten. Es stand nicht zu erwarten, daß er durch meine Mitteilung mit einem Schlage angstfrei werden könnte, aber es zeigte sich, daß ihm nun die Möglichkeit gegeben war, seine unbewußten Produktionen vorzubringen und seine Phobie abzuwickeln. Er führte von da an ein Programm aus, das ich seinem Vater im vorhinein mitteilen konnte« (S. 278). Die erste Erfolgsmeldung durch den Vater: »Am 2. April ist die *erste wesentliche Besserung* festzustellen. Während er bisher nie zu bewegen war, für längere Zeit vors Haustor zu gehen, und immer, wenn Pferde kamen, mit allen Zeichen des Schreckens zurück ins Haus rannte, bleibt er diesmal eine Stunde vor dem Haustore, auch wenn Wagen vorüberfahren, was bei uns ziemlich häufig vorkommt. Hie und da läuft er, wenn er von ferne einen Wagen kommen sieht, ins Haus, kehrt jedoch sofort um, als ob er sich anders besinnen würde. Es ist jedenfalls nur ein Rest von Angst vorhanden und der Fortschritt seit der Aufklärung nicht zu verkennen« (ebd.).

8. Kritik am Behandelnden

Vier Beispiele:

8.1. »Wir wollen uns weder die begreiflichen Sorgen noch die ersten Erklärungsversuche des Vaters zu eigen machen, sondern uns zunächst das mitgeteilte Material beschauen...« (S. 259).

8.2. »Es war bemerkenswert, daß er dieses Detail nicht in den Zusammenhang der Neurose aufgenommen hatte...« (S. 277), weil es den Vater selbst betraf im Sinne einer narzißtischen Kränkung. Es entging seiner Wahrnehmung wegen seines »blinden Flecks«.

8.3. Freud ging die Aufklärung von Hans nicht weit genug: »Hätte ich allein die Verfügung darüber gehabt, so hätte ich's gewagt, dem Kinde auch noch die eine Aufklärung zu geben, welche ihm von den Eltern vorenthalten wurde. Ich hätte seine triebhaften Ahnungen bestätigt, indem ich ihm von der Existenz der Vagina und des Koitus erzählt hätte, so den ungelösten Rest um ein weiteres Stück verkleinert und seinem Fragedrang ein Ende gemacht. Ich bin überzeugt, er hätte weder die Liebe zur Mutter noch sein kindliches Wesen infolge dieser Aufklärungen verloren und hätte eingesehen, daß seine Beschäftigung mit diesen wichtigen, ja imposanten Dingen nun ruhen muß, bis sich sein Wunsch, groß zu werden, erfüllt hat. Aber das pädagogische Experiment wurde nicht so weit geführt.« (S. 375 f.)

In einer Sitzung der Mittwochsgesellschaft am 12.05.1909, also fast genau ein Jahr nach Beendigung der Analyse des kleinen Hans, wurde über Kinder-Aufklärung diskutiert und auch die von Freud kritisierte unvollständige Aufklärung von Hans durch den Vater angesprochen. Nachträglich gesteht der Vater dieses Versäumnis ein. Er meint jetzt, »man hätte dem Knaben doch auch das letzte Stück sagen müssen mit einer gewissen Deutlichkeit; es fehle ihm nun verschiedenes und er verlange vom Vater immer Erklärungen von Naturereignissen etc. – Mit der Zeit werde sich das summieren und eine Antwort erheischen. Von den Eltern hat er sich in sexualibis losgelöst« (Protokolle . . . Bd. II, S. 211).

8.4. Freud bemängelt am behandelnden Vater, der Hans insistierend fragt, wo er »die Dummheit gekriegt« hat, aber dessen mehrfach wiederholte Äußerung der spielenden »Kinder vor dem Haustore« nicht zu deuten weiß. Hans: »Weil sie immer gesagt haben: ›wegen dem Pferd‹ und ›wegen dem Pferd‹ (er betont das »wegen« – notiert der Vater – R. D.), und so hab' ich vielleicht, weil sie so geredet haben ›wegen dem Pferd‹, hab' ich vielleicht die Dummheit gekriegt.«

Freud erläutert in seinem Kommentar, Hans meine nicht, daß er damals die »Dummheit gekriegt« habe, sondern im Zusammenhang damit. Freud tadelt den Vater, weil er aus dem wiederholt geäußerten und dadurch betonten »wegen« nicht das ähnlich klingende Wort »Wagen« heraushört. »Man darf nie daran vergessen, um wieviel dinglicher das Kind die Worte behandelt als der Erwachsene, wie bedeutungsvoll ihm darum Wortgleichklänge sind.« Er wertet das als eine Panne, wenn er in der nächsten Fußnote hinzufügt: »Es ist da nämlich nichts anderes zu holen als die Wortanknüpfung, die dem Vater entgeht. Ein gutes Beispiel von den Bedingungen, unter denen die analytische Bemühung fehlschlägt« (S. 293 f.).

9. Beendigung der Therapie

In einer letzten protokollierten Phantasie montiert ein Installateur dem kleinen Hans recht wundersam einen größeren Penis an.

Freud kommentiert: »Ich setze abschließend hinzu: Mit der letzten Phantasie Hansens war auch die vom Kastrationskomplex stammende Angst überwunden, die peinliche Erwartung ins Beglückende gewendet. Ja, der Arzt, Installateur usw. kommt, er nimmt den Penis ab, aber nur um einen größeren dafür zu geben« (S. 335). An anderer Stelle heißt es: »Mit dieser Phantasie schließen Krankheit und Analyse berechtigter Weise ab« (S. 363).

Und der Vater bemerkt zum guten Schluß: »In den nächsten Tagen nimmt die Mutter wiederholt das Wort, um ihrer Freude über die Herstellung des Kleinen Ausdruck zu geben« (S. 334).

Und in der »Epikrise« heißt es zu den Folgen der Gesundung: »Die einzigen Folgen der Analyse sind vielmehr, daß Hans gesund wird, sich vor Pferden nicht mehr fürchtet, und daß er mit seinem Vater, wie dieser belustigt mitteilt, eher familiär verkehrt. Aber was der Vater an Respekt etwa einbüßt, gewinnt er an Vertrauen zurück« (S. 375).

10. Rückbesinnung

»Nachtrag des Vaters eine Woche später: »Geehrter Herr Professor! Ich möchte die Krankengeschichte Hansens noch durch folgendes ergänzen ...« (S. 334). Es folgen sieben Punkte.

11. Selbstkritik

Beispiele: Die »scherzhaften Prahlereien« von der Gottähnlichkeit (S. 278). Das Reden von der Neurose als einer »Dummheit«, das von Hans übernommen wird. Freud dazu später: »Aber die Neurose sagt nichts Dummes, so wenig wie der Traum« (S. 263).

Freud bedauert nachträglich, daß er dem Vater nicht erklärt hatte, »daß ein Kind ein ›Lumpf‹ (Exkrement – R.D.) für die infantile Sexualtheorie sei, so daß Hans den Exkrementalkomplex passieren werde. Aus dieser meiner Nachlässigkeit entsprang die zeitweise Verdunkelung der Kur« (S. 309f.).

Von Stephan Becker wird gern darauf hingewiesen, daß die Übersicht, die der Supervisor haben soll, auch etwas mit Übersehen (nicht sehen) zu tun hat. Unsere menschliche Wahrnehmung bleibt immer selektiv, trotz aller selbstgefälligen Gottähnlichkeit. Dieses Manko bietet aber auch Chancen. Erst das Übersehen (im Sinne von Nichtwahrnehmen) ermöglicht den Überblick (im Blick auf das gestalthafte Ganze). Außerdem bleiben die Lücken nicht immer schwarze Löcher. Möglicherweise eröffnen sich aus ihnen kreative, unerwartete Einfälle und Einsichten, wenn auch das Zentrum selbst leer erscheint. Freud weist unter Berufung auf W. Stekel auch darauf hin, daß jeder Analytiker trotz gründlicher »psychoanalytischer Purifizierung« in der Lehranalyse noch ungelöste Verdrängungen in sich birgt, die einem »blinden Fleck« entsprechend seine Wahrnehmung beeinträchtigen (GW VIII 382, vgl. dazu Gabriele Röttger-Denker 1989, S. 54ff.).

Freud äußert einen ähnlichen Schlußgedanken: Nämlich, »daß alles Wissen Stückwerk ist, und daß auf jeder Stufe ein ungelöster Rest bleibt« (S. 335). Mit Bezug speziell auf die wissenschaftliche Forschung heißt das auch, daß sich aus diesem Rest, wenn er sich weiter aufklären läßt, möglicherweise Korrekturen für die Theorie ergeben. Das bedeutet immer auch schöpferische Weiterbildung.

»Nur solche Gläubige, die von der Wissenschaft einen Ersatz für den aufgegebenen Katechismus fordern, werden dem Forscher die Fortbildung oder selbst die Umbildung seiner Ansichten verübeln. Im übrigen mag uns ein Dichter (Rückert in den Makamen des Hariri) über die langsamen Fortschritte unserer wissenschaftlichen Erkenntnis trösten:

›Was man nicht erfliegen kann, muß man erhinken ... Die Schrift sagt, es ist keine Sünde zu hinken‹« (GW XIII S. 69).

12. Epikrise

Zusammen mit dem Endurteil über diesen Krankheitsfall im Abschlußkapitel seiner Krankengeschichte erörtert Freud auch Resultate für die Wissenschaft:

»Nach drei Richtungen werde ich nun diese Beobachtung von der Entwicklung und Lösung einer Phobie bei einem noch nicht fünfjährigen Knaben zu prüfen haben:

erstens, inwieweit sie die Behauptungen unterstützt, die ich in den »Drei Abhandlungen zur Sexualtheorie«, 1905, aufgestellt habe;

zweitens, was sie zum Verständnis der so häufigen Krankheitsform zu leisten vermag;

drittens, was sich ihr etwa zur Aufklärung des kindlichen Seelenlebens und zur Kritik unserer Erziehungsabsichten abgewinnen läßt« (S. 336).

Freud behauptet im Schlußabschnitt, wider bessere frühere Einsicht, »ich habe aus dieser Analyse, streng genommen, nichts Neues erfahren, nichts, was ich nicht schon, oft in weniger deutlicher und mehr vermittelter Weise, bei anderen im reifen Alter behandelten Patienten hatte erraten können« (S. 377).

Dabei hatte er früher erklärt, und wir können ihm nur recht geben, daß diese erste Analyse eines Kindes die theoretischen Annahmen bestätigt, ja beweist, die er aus den Erwachsenenanalysen nur mühsam zusammenbuchstabieren konnte. Für ihn hat dieser exemplarische Fall darum ausdrücklichen Beweischarakter.

Wir fügen hinzu, daß dieser für ihn einmalige Fall in Anwendung einer speziellen Methode aus unserer Sicht der Modellfall für die streng geregelte Durchführung der ersten Supervision war, die heute aus unserer aller Arbeit in therapeutischen, pflegerischen und pädagogischen Arbeitsbereichen nicht mehr wegzudenken ist. Freud lobte seinerzeit in der Antwort auf einen Brief von Ernest Jones (vom 01.06.1909), daß er die Bedeutung dieser Schrift sogleich erkannte. Viele Psychoanalytiker sind zu dieser Einsicht bis heute nicht recht fähig.

Freud schrieb am Schluß des Mittelteils, daß die »vom Kastrationskomplex stammende Angst überwunden, die peinliche Erwartung ins Beglückende geendet« wurde (S. 335). Im Brief an C. G. Jung vom 19.05.1908 ist von der »glatten Heilung« die Rede.

Er spricht auch von der (Wieder)-»Herstellung« der Gesundheit und vom »therapeutischen Erfolg« (S. 354) und vom »gesund« werden (S. 375). Aber es gibt auch eine Schiefgesundheit (nach Goethe), d. h. es bleibt ein ungelöster Rest aus der Vorerkrankung, der bestenfalls kompensatorisch verschoben wird. Z. B. wenn einer an der rechten Hand beschädigt wurde und nun lernt, fast gleich geschickt – oder sogar noch geschickter –, mit der linken Hand zu hantieren.

Eigentlich leistet der Therapeut nur Hilfe zur Selbsthilfe. Der letzte Ruck muß vom »inneren Arzt« (Paracelsus) des Behandelten selbst ausgehen. Ziel aber müsse es nach Freud sein, »das Individuum mit der geringsten Einbuße an seiner Aktivität kulturfähig und sozial verwertbar zu machen« (S. 376f.).

Anderswo wird das auf die etwas liebenswürdigere Formel gebracht, den Einzelnen, »arbeits-, liebes- und genußfähig« zu machen, etwa im Sinne von Wilhelm Reichs Leitspruch: »Liebe, Arbeit und Wissen sind die Quellen unseres Daseins. Sie sollen es auch regieren.« (Wilhelm Reich, Die sexuelle Revolution. Zur charakterlichen Selbststeuerung des Menschen. Frankfurt 1969, Motto.)

Literatur

Adler, Alfred (1973): *Heilen und Bilden*. Neuausgabe, Frankfurt.

Argelander, Hermann (1980): Die Struktur der Beratung unter Supervision. In: *Psyche, Heft 1*, S. 54–77.

Becker, Stephan (1990): *Objektbeziehungspsychologie und katastrophische Veränderung*. Zur psychoanalytischen Behandlung psychiotischer Patienten, Tübingen.

Benjamin, Walter (1963): *Das Kunstwerk im Zeitalter seiner technischen Reproduzierbarkeit*, Frankfurt.

Bettelheim, Bruno (1993): *Erziehung zum Leben*. Gespräch mit Ingo Hermann in der Reihe »Zeugen des Jahrhunderts«, Göttingen.

Bettelheim, Bruno (1993): *Themen meines Lebens*. Essays zur Psychoanalyse, Kindererziehunng und das jüdische Schicksal, München.

Bion (1971): *Erfahrung in Gruppen und andere Schriften*, Stuttgart.

Denker, Rolf, Ballstaedt, Steffen-Peter (1976): *Aggression im Spiel mit Anleitungen zu Gruppen und Gesellschaftsspielen*, Stuttgart.

Denker, Rolf (1974): *Angst und Aggression*, Stuttgart.

Denker, Rolf (1975): *Aufklärung über Aggression*, 5. Aufl., Stuttgart.

Denker, Rolf (1992): *Hiob – oder die Schwere des Glücks*, Tübingen.

Denker, Rolf (1985): *Selbst-Bild als Fremdentwurf. Aufsätze zur Philosophie von Kant bis Bloch*, Tübingen.

Freud, Anna (1987): *Die Schriften*, Frankfurt.

Freud, Sigmund (1980): *Analyse der Phobie eines fünfjährigen Knaben*. Falldarstellung »Der kleine Hans«, Vorwort von Anna Freud, Frankfurt.

Freud, Sigmund, Jung, Carl Gustav (1974): *Briefwechsel*, Frankfurt.

Freud, Sigmund (1960): *Briefe 1873–1939*, 2. Aufl., Frankfurt.

Freud, Sigmund (1940–1968): *Gesammelte Werke*, (Abk.: GW), Frankfurt.

Freud, Sigmund (1969): *Studienausgabe*, Frankfurt.

Gay, Peter (1989): *Eine Biographie für unsere Zeit*, Frankfurt.

Jones, Ernest (1962): Sigmund Freud. Leben und Werk. Bern, Stuttgart.

Lacan, Jacques (1973ff): *Schriften*, Olten.

Loch, Wolfgang (1974): Jappe, Gemma: Die Konstruktion der Wirklichkeit und die Phantasien, Anmerkungen zu Freuds Krankengeschichte des »Kleinen Hans«. In: *Psyche, Heft 1*, S. 1–31.

Mannoni, Oscar (1971): *Freud*, Reinbek.

Mühlleitner, Elke (1992): *Biographisches Lexikon der Psychoanalyse*. Die Mitglieder der Psychologischen Mittwochgesellschaft und der Wiener Psychoanalytischen Vereinigung 1902–1938, Tübingen.

Nunberg, Hermann, Federn, Ernst (1981): *Protokolle der Wiener psychoanalytischen Vereinigung*, 4 Bände, Frankfurt.

Pühl, Harald, Schmidbauer, Wolfgang (Hg.) (1993): *Supervision und Psychoanalyse*, Frankfurt.

Reich, Wilhelm (1969): *Die sexuelle Revolution*. Zur charakterlichen Selbststeuerung des Menschen, Frankfurt.

Röttger-Denker, Gabriele (1989): *Personengedichte Paul Celans*. Ihre Interpretation im Kontext seiner Reden, Tübingen.

Röttger-Denker, Gabriele (1989): *Roland Barthes zur Einführung*, Hamburg.

Schur, Max (1977): *Sigmund Freud*. Leben und Sterben, Frankfurt.

Scobel, Walter Andreas (1991): Was ist Supervision? Göttingen 3. Aufl.

Winnicott, D. W. (1971): *Die therapeutische Arbeit mit Kindern*, München.

Winnicott, D. W. (1980): *Piggle. Eine Kinderanalyse*, Stuttgart.

Ross A. Lazar

Einige Hauptaspekte von W. R. Bions Modell der Gruppe und ihre Anwendung in der Supervision und Beratung sozialer Institutionen

»It should be kept in mind that Bion's conception of human science is phenomenological and, as will be clear in his later work, mystical. The *widening of consciousness*, and thus of *observation and thought*, is his aim, not proof and explanation« (Meltzer, 1978, S. 10).

Einleitung

In diesem Kapitel will ich die Hauptthesen aus Bions Modell der Gruppe und deren Dynamik vorstellen und in Zusammenhang mit meinen Erfahrungen als Supervisor und Berater von verschiedenen professionellen Gruppen bringen. Insbesondere werde ich seine Formulierungen zur Gruppenmentalität, Gruppenkultur und deren Beziehung zum Einzelnen präsentieren und seine Ausführungen zu den von ihm als Grundannahmen bezeichneten Phänomenen der unbewußten Gruppendynamik erläutern. Schließlich werde ich auf seine Definition der Arbeits-Gruppe und den zwei Variationen von Führung in Gruppen, die Führung der Arbeits-Gruppe und die Führung der Grundannahme-Gruppe, eingehen. Beispiele aus meiner Praxis der Supervision und Beratung in sozialen Institutionen sollen Bions Ideen veranschaulichen.

Die Entstehung von Bions Modell der Gruppe

Während seiner Zeit als Militärpsychiater hat Bion die ersten Beobachtungen und »Experimente« im Rahmen von Gruppentherapien gemacht, die später zur Formulierung dieses Modells führten. Diese Gruppentherapie wurde als Teil eines Rehabilitationsprogramms für Kriegsneurotiker am Northfield Hospital in England angeboten. Später setzte er seine gruppentherapeutische Arbeit an der Tavistock Clinic fort, wo zusätzlich zu den therapeutischen Gruppen sogenannte »study groups« initiiert wurden. Diese auf »Gruppenerfahrung pur« anstatt auf Therapie ausgerichteten Gruppen waren für jede/n Interessierte/n zugänglich. Denn dieses Modell ist keineswegs nur für therapeutische Gruppen gültig und beinhaltet auch kein gruppentherapeutisches Konzept per se. Vielmehr ist es eine allgemeine Theorie der Gruppe und der Elemente des Gruppenlebens, die Bion im Laufe der Jahre als Leiter solcher Gruppen zusammengetragen hat.

Das Buch *Experiences in Groups*, in dem er die Ergebnisse dieser Gruppenerfahrungen niederschrieb, ist 1961 erschienen, obwohl ein Großteil der Gruppenarbeit bereits einige Jahre vorher (in und nach dem 2. Weltkrieg) stattgefunden hat. Interessanterweise ist dieses Buch mit dem deutschen Titel *Erfahrungen in Gruppen*[1] schon 1971 als erstes und über lange Zeit einziges Buch Bions in deutscher Sprache erschienen.

Dieses Buch handelt also nicht von einer bestimmten Art von Gruppentherapie, ist auch nicht als »Handbuch« zu verstehen, das der Evaluierung oder Klassifizierung von Gruppenphänomenen dient. Vielmehr ist es ein Buch über »groupness«, über die *Essenz* von Gruppen im menschlichen Leben und bildet damit eine Art Hintergrunds- und Basiswissen für *jegliche* Art von Arbeit in und mit Gruppen.

Die Unabdingbarkeit der Gruppe im menschlichen Leben: Der Einzelne und seine Gruppe

Ausgehend von Aristoteles' Bezeichnung des Menschen als »politischem Wesen«, interpretiert Bion diese Aussage in Hinblick auf seine Gruppentheorie folgendermaßen: »Die Gruppe ist für das erfüllte psychische Leben eines Menschen unerläßlich – genauso wie für die Tätigkeitsbereiche des Wirtschaftslebens und des Krieges, bei denen das besonders offenkundig ist« (Bion, 1971, S. 39). An einer anderen Stelle macht Bion diese Tatsache klar, indem er auf die Beziehung eines Eremiten zur Gruppe, von der er sich fernhält, hinweist. Gäbe es die Gruppe nicht, könnte der Eremit sich von ihr nicht isolieren – also könnte er ohne seine Gruppe gar kein Eremit sein!

Bion behauptet weiter, daß »jeder, der irgendwie Kontakt mit der Realität hat, ständig die Einstellung seiner Gruppe zu ihm selbst bewußt oder unbewußt abschätzt« (Bion, 1971, S. 31). Diese zwei Tatsachen zusammengenommen heißen also:

a) Wir befinden uns ständig in Beziehung zu irgendeiner Gruppe, ob wir es merken oder nicht; und

b) wir überprüfen ständig unsere Beziehung zu dieser, unserer Gruppe, um zu sehen, wie wir im Moment ihr gegenüber dastehen.

Und nun kommt ein weiterer wesentlicher Punkt von Bions Gruppenverständnis zum Ausdruck, und zwar seine Auffassung von der Beziehung zwischen Individuum und Gruppe. Er sieht die Person immer als ein Element der Gruppe, als Teil des Ganzen, ein Baustein, aus dem die Gruppe gebaut ist, aber gleichzeitig als abgegrenzte Einheit, die gewissermaßen »in Opposition zur Gruppe« steht. Das heißt, Bion versteht diese Beziehung *dyadisch*. Es gibt die zwei Elemente, »*die Person*« und »*die Gruppe*«, die in ständig sich wandelndem und dynamischem Spannungsfeld zueinander stehen. Dem Interessenskonflikt zwischen den Bedürfnissen des Einzelnen und der Gruppe kommt hier eine besondere Bedeutung zu. Die Fähigkeit, die eigene Position gegenüber der »Gruppe-als-Ganzes« einigermaßen realistisch einschätzen zu können, ist für Bion von grundsätzlicher Wichtigkeit. »Die Art und Weise, wie Menschen in einer Gruppe zu diesen Beurteilungen gelangen [ist] von großer Bedeutung für die Gruppe, denn von den Urteilen, die sich die Einzelnen bilden, hängt das Blühen oder Welken des gesellschaftlichen Lebens der Gruppe ab« (ebd.).

Dieses Einschätzungsvermögen sieht Bion auch unter dem Aspekt des *Lernens aus Erfahrung*, und er merkt an, daß hier eine der Hauptquellen von Verleugnung und Widerstand liegt, die verhindert, daß aus den eigenen unmittelbaren Erfahrungen in der Gruppe gelernt wird. Dazu sagt er: »Selbst wenn die meisten Mitglieder unverkennbare Beweise dafür gesehen haben, daß ihr Verhalten von einer bewußten oder unbewußten Einschätzung der Einstellung der Gruppe zu ihnen selbst geprägt wird, sagen sie, sie wußten nicht, was die übrigen in der Gruppe über sie denken, und sie glaubten auch nicht, daß irgend jemand anders das wisse.« Dahingegen sagt er, »kann der Einzelne *besser* aus seiner Erfahrung Nutzen ziehen [d. h. aus diesen Erfahrungen in und mit der Gruppe *lernen*] wenn er, während er größere Treffsicherheit in der Einschätzung seiner Stelle im affektiven Feld gewinnt, zur gleichen Zeit auch fähiger wird, die Tatsache hinzunehmen, daß selbst seine erhöhte Treffsicherheit kläglich hinter seinen Bedürfnissen [zu verstehen wie er in bezug auf die Gruppe im Moment dasteht, Anm. d. Verf.] zurückbleibt« (Bion, 1971, S. 32).

Allerdings ist Bion in diesem Punkt etwas pessimistisch. Denn für ihn ist die Gruppe ein äußerst konservatives Gebilde, das in erster Linie nur das eine Ziel vor Augen hat, nämlich *sich selbst zu erhalten* – und zwar möglichst ohne jegliche Spannung. Aus diesem Grund ist jedes Lernen, das aus der Beziehung des Einzelnen zur Gruppe erfolgt, und damit jede Möglichkeit zur Veränderung in hohem Maße unerwünscht. Sie ist, meint Bion, sogar von der Gruppe-als-Ganzes *gehaßt*. Deshalb versucht die Gruppe-als-Ganzes dieses Lernen nach Möglichkeit zu umgehen, zu verleugnen oder zu unterbinden.

Die »Gruppenmentalität« – Anonyme Beiträge zum Gruppengeschehen

Ein Mechanismus, den die Gruppe gerne anwendet, um dem Lernen aus Erfahrung zu entkommen, erkannte Bion in der weitverbreiteten Tendenz der Gruppe, sich durch »*anonyme Äußerungen*« zu verständigen. Um die Quelle solcher Äußerungen zu orten, führt Bion hier sein Konzept der *Gruppenmentalität* ein. Er schreibt:

> »... Was der Einzelne in der Gruppe sagt oder tut, beleuchtet sowohl seine eigene Persönlichkeit wie seine Auffassung von der Gruppe; manchmal beleuchtet es das eine mehr, das andere weniger. Manche Äußerungen bringt er anstandslos als die seinen vor; andere hingegen würde er lieber anonym vorbringen. Wenn die Gruppe eine Möglichkeit zu anonymen Äußerungen bieten kann, ist der Grund zu einem funktionsfähigen System der Ausflüchte und Verleugnungen gelegt... Wir werden das psychische Leben der Gruppe genau untersuchen müssen, um zu sehen, in welcher Weise die Gruppe eine Möglichkeit zu diesen anonymen Beiträgen bietet. Ich werde eine *Gruppenmentalität* als das *Sammelbecken* voraussetzen, *in das die anonymen Beiträge einfließen und durch das die Impulse und Wünsche, die in diesen Beiträgen liegen, befriedigt werden.* Jeder Beitrag zu dieser Gruppenmentalität muß sich auf die anderen anonymen Beiträge der Gruppe stützen können oder mit ihnen im Einklang stehen. Ich würde erwarten, daß die Gruppenmentalität eine Uniformität aufweist, die im Gegensatz steht zu der Vielfalt des Denkens in der Mentalität der Individuen, die zur Bildung der Gruppenmentalität beigetragen haben. Die Gruppenmentalität, wie ich sie angenommen habe, wäre den erklärten Zielen der einzelnen Gruppenangehörigen entgegengesetzt« (Bion, 1971, S. 36). [Hervorh. d. Verf.]

Mit dieser Idee einer Gruppenmentalität und der Vorstellung einer sog. »proto-mentalen«[2] Quelle alles Psychischen (einer Art »Ursuppentheorie« der Psyche) erläutert Bion ein Phänomen, das in jeder Gruppe vorkommt, und das wir alle gut kennen. Plötzlich ereignen sich in einer Gruppe wie von selbst unmögliche Dinge ... »und keiner war's«! Mit anderen Worten, machen sich anscheinend anonym und personenunabhängig Stimmungen, Meinungen, ja sogar Handlungen in der Gruppe breit (die, wie Beispiele aus Rostock, Mölln, Solingen, Hoyerswerda, Sachsenhausen und jüngst Lübeck wieder deutlich gezeigt haben, bis zu Brandstiftung und Mord reichen können)[3], ohne daß irgend jemandem eine persönlich zu verantwortende Einzelaktion eindeutig zugeordnet werden kann. Dieser Mechanismus, der in jeder größeren Gruppe mehr oder weniger wirksam ist, gibt Hinweis auf die Quelle des Irrationalen, ja teilweise Wahnhaften, das in solchen Gruppen zum Ausdruck kommen kann. Und auch die »sympathischen« Reaktionen (im Sinne von sympathisch-vibrierenden Saiten) mancher Gruppenmitglieder gegenüber Phänomenen wie z. B. psychosomatischen Symptomen, Selbstmorddrohungen, offen oder verdeckt psychotischem Verhalten und Denkstörungen, oder die unbewußte Identifikation mit anderen extremen psychischen Zuständen, bis hin zu Perversionen oder Dekompensationen, haben ebenso ihre Wurzeln im Sammelbecken der Gruppenmentalität.

Weiterhin meint Bion, daß die Uniformität und Anpassung an die anderen anonymen Beiträge alles, was auf dieser Ebene des Gruppengeschehens passiert, *individuumfeindlich* macht. Das unterschiedliche und differenzierte Denken des Einzelnen z. B. hat unter dem Druck des anonymen, genormten Denkens, das die Gruppe als Ganzes unter Aufrechterhaltung der Anonymität implizit akzeptiert, nachzugeben. Daraus folgt, daß die Gruppenmentalität, die dadurch entsteht, *gegen* die geäußerten Meinungen und Ziele des Einzelnen wirkt und *für* die geäußerten Meinungen und Ziele derjeniger, die zum maximalen Gruppenzusammenhalt beitragen, egal, was sie für Ziele verfolgen oder was dadurch mit den Einzelnen passiert.

Daraus ergibt sich ein gewisser Widerspruch. Denn wie soll es sein, daß das »erfüllte« Leben für das Individuum nur in Beziehung zu einer Gruppe möglich sein soll, wie es oben heißt, wenn zugleich der Einzelne in seiner Individualität von der Gruppenmentalität so beschnitten wird. Dieses Paradoxon ist wohl eine der Hauptquellen von Spannung in der menschlichen Gesellschaft, und jeder Mensch, jede Gruppe muß damit umgehen lernen, um den Erhalt von beiden zu ermöglichen. Um dies zu tun und um nicht ständig damit beschäftigt sein zu müssen, entwickelt die Gruppe das, was Bion *Gruppenkultur* nennt.

Frustration und Befriedigung der Wünsche des Einzelnen mittels Gruppenkultur

Das Problem schildert Bion wie folgt: »Das auffälligste Gefühl, das die Gruppe empfindet, ist ein Gefühl der Frustration – eine unangenehme Überraschung für den Einzelnen, der kommt, um Befriedigung zu suchen...es [liegt] im Wesen einer Gruppe, einige Wünsche zu befriedigen und andere nicht ... Mit anderen Worten, in diesem Bereich, den ich einstweilen als die Gruppenmentalität abgegrenzt habe, möchte ich die Ursachen dafür suchen, daß die Gruppe dem Einzelnen kein erfülltes Leben bietet. Man wird bemerken, daß die Situation paradox und widersprüchlich ist...«. Die Lösung des Dilemmas sieht Bion in der Fähigkeit der Gruppe, Einzelbedürfnisse doch zu befriedigen, und zwar durch die Herausbildung einer, wie er sagt, »*charakteristischen Gruppenkultur*« (Bion, 1971, S. 39).

Das Wort »Gruppenkultur« benützt er im »äußerst weiten Sinne«. Zu ihr wird die *Struktur* gerechnet, die sich die Gruppe jeweils gibt, die *Beschäftigungen*, denen sie nachgeht, und die *Organisationsform*, die sie annimmt«. Es geht also ständig um das Wechselspiel zwischen diesen von Bion als »Dreiheit« bezeichneten Elementen der Gruppe: von individuellen Bedürfnissen, Gruppenmentalität und Gruppenkultur, wobei er die Gruppenkultur definiert als »eine Funktion des Gegensatzes zwischen den Wünschen des Einzelnen und der Gruppenmentalität« (Bion, 1971, S. 48).

Für den unwahrscheinlichen Fall, daß dies dem Leser nun allzu klar erscheint, warnt uns Bion, daß »die Wirksamkeit der Gruppenkultur oder dessen, was ich die »Gruppenmentalität« genannt habe, nur hin und wieder klar und deutlich hervortritt. Überdies wird nüchternes Denken durch den Umstand erschwert, daß man selbst in der emotionellen Situation drinsteckt.« (Bion, 1971, S. 42). Bevor wir die Anwendung seiner Ideen in den sog. »Grundannahmen« weiterverfolgen, soll ein Beispiel aus meiner Arbeit Bions Sicht der Gruppe bis hierher nachvollziehbarer machen.

Ein Team sucht Kohäsion

Neulich ging ich zu einem regelmäßigen Supervisionstermin zu einem Team, in dem ich seit mehreren Jahren als Supervisor tätig bin. Wir treffen uns 14-tägig, hauptsächlich zur Fallsupervision von Patienten, die sich in suizidalen oder sonstigen Lebenskrisen befinden. Gelegentlich aber werden bei Bedarf Aspekte aus dem Leben des Teams und der Institution besprochen. Als die Gruppensitzung beginnt, wird bemerkt, daß das Team ›zum ersten Mal seit langer Zeit wieder vollständig anwesend‹ sei. Sieben klinische Mitarbeiter – Psychologen und Ärzte – und die Sekretärin der Einrichtung nehmen regelmäßig an den Supervisionen teil.

Nachdem zuerst über ein Geburtstagsfest eines der Mitarbeiter witzelnd erzählt wird, werden, wie üblich, die Problemfälle der letzten Zeit zur Diskussion angemeldet. Eine junge Ärztin, das neueste Teammitglied, meldet zwei Fälle an, eine ältere Kollegin einen Fall. Daraufhin sagt ein männlicher Psychologe, ein »senior member« des Teams, er wolle etwas besprechen, das nicht mit der Fallarbeit zu tun habe, sondern mit dem Team als solchem. Er habe nämlich das Gefühl, daß es dem Team in letzter Zeit an »Kohäsion« mangele, und er fürchte, es drifte mehr auseinander, als er für gutheißen könne. Er wolle gern von den anderen Teammitgliedern hören, ob sie das auch so erleben, bzw. wie sie die Atmosphäre im Team erleben und einschätzen. Weiterhin meint er, es fehle etwas an »›A‹ (Name der Einrichtung) – Team*kultur*« (sein eigenes Wort), und das vermisse er zunehmend. Als Evidenz dafür zitiert er u.a. die Tatsache, daß der einmal im Jahr stattfindende traditionelle Skitag dieses Jahr auf so wenig Interesse stieß, was ihn sehr enttäuscht habe.

Nun wird festgestellt, daß das Team doch nicht vollständig sei, weil der Geschäftsführer fehle. Eine komplizierte Debatte entsteht, ob dieser dazugeholt werden soll, ob er überhaupt da sei, ob man ihn eigentlich überhaupt brauche, um die Diskussion zu führen, ob er Zeit habe zu kommen, usw. Da mindestens einer der angemeldeten klinischen Fälle eine gewisse Dringlichkeit fordert, wird beschlossen, zuerst diesen Fall zu besprechen, um dann anschließend den Geschäftsführer zu holen und in der verbleibenden Stunde der Supervisionszeit die Situation im Team zu besprechen.

Über den Patienten, ein schwieriger Fall von chronischer

Depression bei mehrfach gescheiterten Therapieversuchen mit großer Suizidgefahr und verworrenen Grenzen zwischen behandelnden Ärzten und Institutionen, wird von der jungen Ärztin berichtet. Es ist eine gewisse Aufteilung in der Haltung dem Patient gegenüber zwischen den männlichen und den weiblichen Teammitgliedern zu erkennen, was auch von mir angesprochen wird. Das Team scheint mir aber trotz der Schwere des Falles und der latenten Unruhe durch die angekündigte Teamdiskussion durchaus arbeitsfähig zu sein. Der Fall wird so weit besprochen und geklärt, bis die Kollegin das Gefühl hat, mit ihm weiter arbeiten zu können. Es folgt eine kleine Pause, während der Geschäftsführer geholt wird, woraufhin die Diskussion des Problems »Teamkohäsion« (bzw. »Teamkohärenz«, wie es der Geschäftsführer verstanden hat) beginnt.

Als erstes entsteht ein gewisses »Fingerhakeln« zwischen dem Psychologen, der das »Team«-Thema eingebracht hat und dem Geschäftsführer. Letzterer fühlt sich in seinem Vormittagsplan gestört und versteht zunächst die Wichtigkeit seiner Teilnahme nicht. Die Diskussion zwischen den beiden wird etwas heftig, indem beide zugeben, daß sie sich manchmal gegenseitig nerven. Bald aber betonen beide, daß sie eigentlich kein Problem mehr miteinander haben. Sie nerven sich zwar, haben sich aber seit einiger Zeit viel besser darüber verständigen und die Situationen, die zwischen ihnen zu Reibereien führten, klären können. Zum Schluß betonen beide, daß sie miteinander eigentlich gar keine Probleme mehr hätten.

Die Diskussion wird nun von verschiedenen Teammitgliedern aufgenommen, wobei praktisch alle sich gegenseitig in dem Eindruck bestätigen, das Team funktioniere z. Z. recht gut. Die Atmosphäre sei angenehm »entspannt, unkompliziert und offen«, das Gleichgewicht zwischen privaten und arbeitsbedingten Kontakten sei eigentlich ganz richtig. Dagegen protestiert allerdings die junge Ärztin, die den Fall vorgestellt hat, und zwar mit dem Einwand, das Team bzw. manche Mitglieder hätten bei der Vorbereitung des Geburtstagssketches für das vorher erwähnte Geburtstagsfest ungenügend Engagement gezeigt.

Eine ältere Kollegin erwidert, das sehe sie gar nicht so. Sie vertraue auf den Zusammenhalt der Gruppe, das habe sie hier gelernt. Auf das Team könne man sich auf jeden Fall verlassen! Sie sei allerdings nicht bereit, noch mehr Privatzeit für das Team zu opfern. Daraufhin entsteht eine lange Diskussion darüber, wieviel Privatkontakt und Nähe notwendig, erwünscht und praktikabel sei. Allgemein entsteht der Eindruck, daß die meisten Teammitglieder mit der momentanen und seit einiger Zeit vorherrschenden Teamatmosphäre recht zufrieden sind, ohne daß in mir der Eindruck entsteht, es handele sich hier hauptsächlich um Beschwichtigung bzw. Verleugnung, auch wenn mir die schnelle, für mein Gefühl etwas vorschnelle Auflösung des ursprünglichen Konfliktes zwischen dem Psychologen und dem Geschäftsführer am Anfang der Diskussion in unguter Weise nachgeht.

Schließlich wird dem Psychologen, der das Team-Thema ursprünglich angesprochen hat, erklärt, daß offensichtlich nur er dieses Gefühl von Kohäsionsmangel im Team habe, und dies wohl durch die Tatsache zu begründen sei, daß er in letzter Zeit des öfteren nicht da gewesen sei. Alle, die kontinuierlich anwesend gewesen seien, würden sich wohl fühlen und fänden die Gruppenatmosphäre ganz in Ordnung. Der Psychologe akzeptiert diese Erklärung weitgehend und meint zum Schluß, daß er sich wohl einfach wieder in das Team hineinfinden müsse.

Zum Stichwort »sich ins Team hineinfinden« äußern sich dann spontan die beiden anderen Team-»Novizen«, ein junger Psychologe und eine andere junge Ärztin. Beide erzählen, wie schwierig es am Anfang gewesen sei, sich zum Team zugehörig zu fühlen. Das sei aber seit einiger Zeit schon viel besser geworden. Wie es ihm jetzt nach seinem langen Urlaub auf einem anderen Kontinent in diesem Punkt ergehen werde, weiß der junge Psychologe zum Zeitpunkt des Gesprächs allerdings noch nicht. Einige andere Wortmeldungen bestätigten weiterhin den allgemeinen Tenor der Diskussion, ... die Atmosphäre in der Gruppe sei im Grunde gut, der Umgang miteinander, sowohl privat wie professionell, passend und befriedigend. Man komme gern in die Arbeit und arbeite gern zusammen. Lediglich könnte man sich überlegen, den Skitag abzuschaffen, weil er offensichtlich nicht so recht erwünscht sei, und er gehöre wohl einer anderen Ära in der Geschichte der Einrichtung an. Auch wenn das für manchen traurig sein mag und einen Verzicht bzw. einen Verlust bedeute, müsse akzeptiert werden, daß das Team mit anderen Leuten und anderen Zeiten sich ändert.

Die Supervisionssitzung geht dem Ende zu. Für den Moment zumindest scheinen alle mit dem Ergebnis des Gespräches zufrieden zu sein. Aber kurz vor Schluß meldet sich die erste junge Ärztin mit einem heftigen Beitrag von etwa folgendem Inhalt: »Ich muß jetzt was sagen, sonst platze ich bald. Ich verstehe das nicht, ich kann es gar nicht glauben, wie hier alle wie aufeinander verschworen reagieren! Hier wird geleugnet, was nur geht.« Alle Konflikte, alle Aggressionen, alle Differenzen und Streitigkeiten, als dürfte man sie gar nicht haben. Ich halte es nicht aus, finde es ganz und gar unglaublich, wie hier miteinander und mit Konflikten umgegangen werde. »Ich bin ganz baff, wie G und P (Geschäftsführer und Psychologe) am Anfang sich gekappelt haben ... und plötzlich war das wie weggeblasen. Ihr tut gerade so, als dürfe man nicht miteinander streiten ... das kann ich gar nicht glauben!«

Nach kurzem betroffenen Schweigen melden sich verschiedene »alte« Teammitglieder mit Aussagen wie »Das klingt, als gäbe es ein Gesetz, daß man jeden Konflikt bis ins letzte Detail verfolgen, klären, lösen muß.« »Warum reicht es nicht, Differenzen einfach anzusprechen, damit man weiß, daß es sie gibt ... man muß sie nicht restlos zu klären versuchen. Außerdem geht das ja gar nicht.« An dieser Stelle lautet meine Intervention etwa folgendermaßen: Die »Älteren« wollen demonstrieren, daß die Teamkultur hier eben so sei. Die »Bloßstellung« der jungen Ärztin vergleiche ich mit dem Kind aus dem Andersen Märchen »Des Kaisers Neue Kleider«. Daraufhin bestätigen die anderen beiden »Neuen«, daß sie lange gebraucht hätten, bis sie das Geschehen im Team nicht mehr so unverständlich, so verleugnend und verwirrend erlebten ... d.h. bis sie sich sagen konnten, »Aha, so machen die das hier!«. Diese Erkenntnis wird aber mit einigem Schrecken aufgenommen, als klar wird, daß das »Nichtwissen«, das »Nicht-verstehen-können«, daß also eine gewisse Mystifizierung der Beziehungen und Geschehnisse in der Gruppe anscheinend immer an das jüngste Teammitglied übertragen wird. Dieses Mitglied hat es als eine Art *rites du passage* so lange zu tragen und zu ertragen, bis der nächste »Neue« ihn ablöst. Die Parallele zur Rolle des Jüngsten als dem Unerfahrenen, Naiven und Uninformierten innerhalb einer Familie wird hier deutlich.[4]

Diskussion

Diese Supervisionssitzung liefert Beispiele für die Phänomene, die Bion in der oben beschriebenen »Dreiheit« darzustellen versucht, nämlich die *Gruppenmentalität*, die *Gruppenkultur* und die *Bedürfnisse des Einzelnen*. Ich fange mit dem Letzten an, denn die Bedürfnisse des Einzelnen sind für jeden sicherlich am einfachsten zu erkennen und nachzuvollziehen.

Das Bedürfnis des ersten Psychologen, über die Kohäsion im Team zu sprechen, wird von der Gruppe so interpretiert, als sei es nur sein *individuelles Bedürfnis* und nicht ein Anliegen des Teams insgesamt. Die junge Ärztin meldet eine Reihe eigener Anliegen an, angefangen mit ihrem Bedürfnis nach Supervision für ihren schwierigen Fall, über die Klage von mangelndem Engagement der Teammitglieder bis hin zu ihrem heftigen Unwohlsein über das vermeintliche Ausweichen vor Konflikten, das in ihren Augen ein unakzeptabler, zumindest fragwürdiger Teil der »Teamkultur« ist.

Der Geschäftsführer will ungestört seinen privaten wie professionellen Aufgaben nachgehen können; die ältere Kollegin will nicht zu viel von ihrer eigenen Privatzeit für private Unternehmungen mit dem Team hergeben; der junge Psychologe fragt sich, wie er sich und seine vielfältigen privaten Erlebnisse, die er auf seiner weiten Reise gemacht hat, mit der Arbeit im Team und der Teamkultur in Einklang bringen soll. Und es ist naheliegend, ja nur logisch, anzunehmen, daß jedes andere Teammitglied seinen eigenen Katalog an privaten Wünschen und Bedürfnissen dem Team gegenüber hat, auch wenn sie hier nicht zur Sprache gekommen sind.

Aber wie Bion sagt, stehen solche Wünsche in einer gewissen Spannung zur Gruppenmentalität, zum kleinsten gemeinsamen Nenner, den die Gruppe braucht, um als Gruppe bestehen zu bleiben. Dieser mehr atmosphärisch wahrzunehmende Aspekt der Gruppe kommt, wie Bion sagt, anonym zustande und ist aus diesem Grund auch schwer zu dokumentieren. Es gibt aber einige Hinweise in dieser Supervisionssitzung, die ich hier zusammentragen will.

Es ist zum Beispiel davon die Rede gewesen, daß »vieles unter der Oberfläche« im Team laufe bzw. wurde eine gewisse »Spannung im Team« erwähnt. Etwas spezifischer wurde von einer »Intimität ohne Boden« gesprochen. Andererseits ist aber auch von einem großen Gefühl des »Zusammenhalts« bzw. von »Zuverlässigkeit« die Rede gewesen. Nun, wenn man berücksichtigt, welch schwerwiegende Fälle, welch schmerzhafte Einzelschicksale von diesem Team ständig behandelt werden, und infolgedessen wieviel Streß, wieviel Angst und Elend, wieviel Verzweiflung und Hoffnungslosigkeit gemeinsam ausgehalten werden muß, um seine Aufgabe erfüllen zu können, braucht man sich nicht zu wundern, wenn die hier herrschende Gruppenmentalität den Mitgliedern das Gefühl geben muß, eine stabile, sichere, zuverlässige, belastbare, freundliche und wohlwollende Gruppe zu sein. Diese Gruppenmentalität muß also als Garant dafür dienen, daß ganz gleich welche Belastungen, ob von innen oder von außen, auf das Team einstürzen, die *Gruppe* (jedoch nicht unbedingt der jeweilige *Einzelne*!) diese Belastungsproben überleben kann und weiter funktionsfähig bleibt. Dieser Punkt wird weiter ausgeführt, wenn ich später die Charakteristika der »Arbeits-Gruppe« (engl. »work group«) erläutere.

Welche Art von *Gruppenkultur* ist also in unserem Beispiel entwickelt worden, um nach Bions Gruppenmodell als *Mediator* zwischen dem Diktat der Gruppenmentalität und den Bedürfnissen der Einzelnen zu dienen? Bion nennt drei Elemente einer Gruppenkultur: Die momentane *Struktur*, die die Gruppe annimmt, die *Beschäftigung*, der sie nachgeht, und ihre *Organisationsform*.

Die *Organisationsform*, die die Gruppe in der geschilderten Sitzung annimmt, könnte man die eines »erweiterten Teams« (klinische Mitarbeiter plus Sekretärin plus Geschäftsführer) nennen. Auf der Organisationsebene ist wichtig zu erwähnen, daß »das Team« sich von einem anderen wichtigen Gremium abgrenzen muß, und zwar vom »Vorstand«, denn die ganze Einrichtung ist als eingetragener Verein organisiert. Da verschiedene, vor allem ältere Mitarbeiter nicht nur Mitglieder im Verein sind, sondern auch z. T. dem Vorstand angehören, sitzen Arbeitgeber und Arbeitnehmer gewissermaßen am selben Tisch, und manche Teammitglieder müssen beide Funktionen in ihrer Person vereinbaren, während andere nur die Rolle des Arbeitnehmers bzw. Mitarbeiters innehaben. Das Ganze wird weiter kompliziert durch die Tatsache, daß die Mitarbeiter die Wahl haben, Mitglieder des Vereins zu werden und damit im erweiterten Sinne zu einem Teil der »Trägerschaft« bzw. zum eigenen Arbeitgeber zu werden.

Diese Konstellation, die heutzutage so häufig unter den semiprivaten sozialen Einrichtungen zu finden ist, bringt einen ganzen Komplex an Vorteilen wie auch Problemen mit sich, die ich aber hier nicht erläutern kann. Hier genügt es festzustellen, daß die Organisationsform dieser Gruppe eine komplexe ist, die von relativ durchlässigen Grenzen und einer gewissen Unklarheit bzw. Widersprüchlichkeit in den Rollen gekennzeichnet ist.

Die *momentane Struktur* (im Gegensatz zur permanenten Organisationsform), die die Gruppe sich in dieser Sitzung gibt, ist die einer egalitären Gesprächsrunde, die non-hierarchisch und wenig rollenspezifisch strukturiert ist. Ihre gefühlsmäßige (sentient) Struktur scheint aber hauptsächlich vom Alter, von der Länge der Mitgliedschaft im Team, vom Geschlecht und von den unterschiedlich ausgebildeten privaten Beziehungen untereinander dominiert zu sein. Diese Struktur läßt einen gewissen Grad an Intimität und Nähe zu und bildet die Grundlage für das Entstehen und Erkennen von Konfliktfeldern innerhalb der Gruppe, sorgt aber gleichzeitig dafür, daß weder der Grad an Intimität und Nähe, noch die Sprengkraft vorhandener Konflikte den Zusammenhalt und die Fortdauer der Gruppe ernsthaft gefährden.

Was die Art der *Beschäftigungen* betrifft, denen die Gruppe in dieser Sitzung nachgeht, reichen sie vom »Plaudern« über das vorangegangene Fest bis hin zur ernsthaften Auseinandersetzung mit der Erkenntnis einer sehr destruktiven und belastenden gruppendynamischen Tatsache, nämlich daß die Gruppe dazu tendiert, die »Jungen«, die neu hinzugekommenen Gruppenmitglieder über Gebühr mit ungeliebten Anteilen der Gruppenmentalität zu belasten. Dazwischen ist in dieser Sitzung weiterhin Raum für Arbeit, Streit, Witzeln und Lachen, für einen gewissen Austausch über die Vergangenheit, für Reflexion über die Gruppendynamik des Teams und für die Beschäftigung mit der Befindlichkeit und dem persönlichen Standort der Teammitglieder.

Die Gruppe beschäftigt sich in dieser Sitzung allerdings *nicht* mit der systematischen Aufarbeitung alter Konflikte, ob persönlicher, struktureller oder geschichtlicher Art. Sie beschäftigt sich auch nicht ernsthaft mit den großen Unterschieden zwischen den Mitgliedern, ob es um das Alter, das »Dienstalter«, um geschlechtliche oder hierarchisch-strukturelle Unterschiede (Vereinsmitglied bzw. Vorstandsmitglied vs. »normal Angestellte/r«-Status) oder um die unterschiedlichen Grade von Freundschaft, von Intimität, Ablehnung und Distanzierung geht. Diese werden – mehr oder weniger – zur Kenntnis genommen, dann aber dabei belassen. In dieser Weise scheint die Gruppe über alle drei Faktoren der Gruppenkultur, durch ihre *Struktur*, ihre *Organisationsform* und ihre *Beschäftigungen* ihren gruppendynamischen Prozeß so zu steuern, daß die Gratwanderung zwischen den Bedürfnissen der Einzelnen und dem Diktat der Gruppenmentalität mehr oder weniger erfolgreich gelingen kann.

Bions drei Grundannahmen und deren Gegenpart – die »Arbeits-Gruppe«

Die drei Grundannahmen: Abhängigkeit, Kampf/Flucht und Paarbildung

Im Laufe seiner langjährigen Erfahrung in und mit Gruppen konnte Bion immer wieder beobachten, daß Gruppen im Grunde drei Hauptstrategien verfolgten, um ihr Überleben zu garantieren. »... was für eine Grundannahme hat eine Gruppe dann in bezug auf Menschen, die in einer Gruppe zusammenkommen?« fragt Bion. Seine Antwort: »Die Grundannahme ist hier, daß die Menschen als Gruppe zusammenkommen, um die Gruppe zu erhalten« (Bion, 1971, S. 45). Die drei »Techniken der Selbsterhaltung« oder Grundannahmen (engl. »basic assumptions«), wie Bion sie bezeichnete, heißen *Abhängigkeit*, (*D*ependency = ba*D*); *Kampf/Flucht* (*F*ight/*F*light = ba*F*) und *Paarbildung* (*P*airing = ba*P*). Dem gegenüber stellt Bion die »differenzierte« oder »entwickelte« Gruppe, die er später die »Arbeits-Gruppe« nennt. Für eine kurze, brauchbare Definition dieser Termini zitiere ich aus R. D. Hinshelwoods Dictionary of Kleinian Thought:

I. Aus der *Grundannahme Abhängigkeit* entsteht eine Gruppe, deren Mitglieder sich, allerdings oft enttäuscht an die weisen Worte des Gruppenführers klammern, als würden sie annehmen, alles Wissen, Gesundheit und Leben sei in ihm zu finden und nur über ihn für jedes Mitglied zu erlangen.

II. In der *Grundannahme Kampf-Flucht* versammeln sich die Mitglieder um den aufregenden und gewaltsamen Gedanken, daß es einen Feind gibt, den es zu identifizieren gilt, und daß die Mitglieder in einer konformistischen Phalanx von ihrem Führer entweder *gegen* diesen Feind oder aber in *Flucht vor ihm* geführt werden. Ein solcher Feind kann die »Neurose« selbst in einer therapeutischen Gruppe sein oder ein Mitglied der Gruppe selbst oder ein entsprechendes feindliches Objekt außerhalb der Gruppe (ein äußerer Feind).

III. die *Grundannahme Paarbildung* schließlich erfüllt die Gruppe mit einer geheimnisvollen Art von Hoffnung, oft mit konkreter Paarbildung zwischen zwei Mitgliedern oder auch zwischen einem Mitglied und dem Führer/der Führerin auf der Verhaltensebene, als teilten alle denselben Glauben, daß irgendeine großartige neue Idee (oder ein Individuum) aus dem Koitus dieses Paares entstehen wird (ein messianischer Glaube), Hinshelwood, S. 225, [Übers. d. Verf.] [Hervorh. d. Verf.].

Eine dieser Grundannahmen hat immer Vorrang. Sie können sich innerhalb kürzester Zeit abwechseln oder über sehr lange Zeiträume in einer bestimmten Gruppe konstant bleiben (siehe »spezialisierte Arbeits-Gruppen« unten). Niemals treten sie jedoch zur gleichen Zeit mehrfach auf. Die Beteiligung an der im Moment vorherrschenden Grundannahme wird bestimmt von dem, was Bion, in Anlehnung an chemische Reaktionen, »Valenzen« nennt und findet auf der »proto-mentalen« Ebene (siehe Fußnote 1 oben) statt. Sie werden weder gedacht noch geplant noch wahrnehmbar phantasiert und weiten sich im Nu auf tief unbewußter Ebene aus. Wenn die Gruppenmentalität als der *Container*[5] aller Beiträge der Gruppenmitglieder fungiert, bilden die Grundannahmen einen wesentlichen Teil des »*Contained*«. Sie bestehen aus »intensiven Gefühlen frühen Ursprungs«, die aus der protomentalen »Ursuppe« entstehen, und sind elementar. Von daher wird die jeweilige Gruppenkultur immer in hohem Maße von der momentan vorherrschenden Grundannahme maßgeblich beeinflußt. Grinberg u. a. drücken den Einfluß, den die Grundannahme auf die Gruppenkultur ausübt, folgendermaßen aus:

> »Die in der Gruppe vorhandenen emotionalen Impulse, die Grundannahmen, drücken die gemeinsame omnipotente oder magische Phantasie aus, wie sie ihre Ziele erreichen oder ihre Wünsche befriedigen kann. Diese durch ihren irrationalen Inhalt (content) charakterisierten Impulse werden als sehr stark und real empfunden, was sich im Verhalten der Gruppe ausdrückt. Es ist wichtig, darauf hinzuweisen, daß die Grundannahmen unbewußt sind und oft im Gegensatz zu den bewußten, rationalen Meinungen der Gruppenmitglieder stehen« (Grinberg, 1993, S. 23).

Die Grundannahmen dienen also als Äquivalent für omnipotente Phantasien auf der Ebene der Gruppe-als-Ganzes und bieten entsprechend omnipotente, magische Lösungen für die Schwierigkeiten der Gruppe an. Sie bestehen aus Gefühlszuständen, die »dazu neigen, die Frustration, die aus Lernen durch Erfahrung erwächst, *zu vermeiden*, wenn Lernen Anstrengung, Schmerz und Kontakt zur Realität bedeutet« (Grinberg, 1993, S. 24).

Verbindungen zu anderen Aspekten psychoanalytischer Theoriebildung und zur Entwicklung der individuellen Persönlichkeit

Grinberg, Meltzer und Bion sehen wichtige Parallelen zwischen den Grundannahmen und anderen psychoanalytischen Modellvorstellungen auf verschiedenen psychischen Ebenen. Bion deutet auf die Verbindung zu den Formulierungen M. Kleins über Partialobjekte, psychotische Ängste und primitive Abwehrmechanismen (insbesonders die der projektiven Identifizierung) hin, während Grinberg in der neuesten Version seiner *Einführung* E. Gaburris Analogie zu den »drei Mustern« des psychoanalytischen Modells nach Freud zitiert.

> »Nach Gaburri ist die Analogie zwischen den drei Grundannahmen und den drei Mustern (pattern), die das psychoanalytische Denken als Urphantasie eingeführt (established) hat, überzeugend: Die Urphantasie der Verführung (Vertrauen) ist vergleichbar mit der Grundannahme der Abhängigkeit, die Urphantasie der Kastration (Verfolgung) kann mit der Grundannahme von Kampf/Flucht verglichen werden, und die Urphantasie der Urszene (Hoffnung) würde der Grundannahme der Paarbildung entsprechen.« (Grinberg, 1993, S. 30)

D. Meltzer wiederum betont zwar auch die Verbindung zwischen der Grundannahme Paarbildung und der Urszenenphantasie, sieht aber die anderen beiden Grundannahmen im engeren Bezug zur Gedankenwelt Melanie Kleins als zu Freud. Die Grundannahme Abhängigkeit bringt Meltzer zum Beispiel vielmehr mit der Beziehung zur Brust als Partialobjekt in Verbindung, während er die Kampf/Flucht-Gruppe mit Kleins Formulierung von Spaltung-und-Idealisierung auf Grund paranoider, verfolgender Ängste assoziiert (Meltzer, 1978, S. 15). Mir scheint aber insgesamt, daß die Phänomene, die Bion in diesen drei Basisformulierungen von Gruppenmustern erfaßt hat, so umfangreich, so komplex und gleichzeitig so fundamental sind, daß sie viele parallele Teilformulierungen zulassen, ohne an Aussagekraft zu verlieren. Im Gegenteil, sie eröffnen uns einen Schatz an möglichen Gedanken über die verschiedenartigsten Beziehungen und Verbindungen zwischen der Entwicklung der Psyche des Einzelnen und der Evolution der sozialen Gruppe.

101

Weitere allgemeine Aspekte von Grundannahme-Gruppen und deren Erscheinungsformen

Jedes Gruppenmitglied nimmt an der momentan vorherrschenden Grundannahme teil, ob es will oder nicht. Dies passiert automatisch und ist unvermeidlich. Dazu braucht es keinerlei besondere Vorerfahrung und auch keine besondere seelische Reife. Im Gegensatz zur Arbeitsgruppe braucht es auch keine Fähigkeit zur Kooperation, sondern lediglich die unbewußte Bereitschaft und instinktive Neigung, an den psychischen Strömungen der Grundannahme-Gruppe zu partizipieren. Diese Neigung kennzeichnet Bion mit dem Begriff »Valenz« und vergleicht es mit dem Tropismus der Pflanzenwelt. Mit anderen Worten, das Gruppenmitglied, das »Valenzen frei« hat für bestimmte unbewußte Strömungen in der Gruppe, fängt diese auf, seine emotionalen Freiräume werden von ihnen besetzt und er wird zum »Grundannahme-Führer« einer bestimmten Grundannahme in der Gruppe. Da alle Gruppenmitglieder prinzipiell die Fähigkeit haben, an allen Grundannahmen mehr oder weniger teilzuhaben, breitet sich die Grundannahme und ihre spezifische Gruppenmentalitätsvariante unverzüglich aus. Die Gruppenmitglieder drehen sich emotional in die entsprechende Richtung, so wie sich Sonnenblumen nach der Sonne richten oder Wurzeln nach der nächstliegenden Wasserader suchen.

Damit soll klar zum Ausdruck gebracht werden, daß Grundannahme-Gruppen *immer* auf diese primitive und der äußeren Realität ferne Art und Weise funktionieren. Und, wie Grinberg et. al. schreiben, »Die Zähigkeit, mit der eine Gruppe an diesen primitiven Methoden haftet, entspricht der Intensität der Gefühle und den Mechanismen der projektiven Identifikation, die sie benützt, um sich gegen psychotische Ängste zu verteidigen« (Grinberg, 1993, S. 29). Je hartnäckiger die Grundannahme-Gruppe an diesen primitiven und unrealistischen Gefühlen festhält, desto weniger sind die Gruppe und deren einzelne Mitglieder in der Lage, zu wachsen, sich zu entwickeln, sich zu ändern, sprich *aus Erfahrung zu lernen*. Einsicht, der Hebel jeglicher Veränderung in der Gruppe, wird abgelehnt und als Feind bekämpft. Weiterhin, sagt Bion, wird die *Sprache* in der Grundannahme-Gruppe ihrer symbolischen, kommunikativen Qualitäten beraubt. Sprachliche Mitteilungen können deshalb nicht mehr als Vehikel von Probehandlungen dienen, sondern werden zu konkreten »Dingen-an-sich«, wie beim Psychotiker.[6] Und da die Grundannahme-Gruppe, wie das Unbewußte selbst, keinerlei Vorstellung von Zeit hat, toleriert sie keinerlei Frustration, was wiederum, laut Grinberg, die Möglichkeit der Symbolbildung und der symbolischen Verwendung von Sprache ausschließt.

Und schließlich »gibt es zwischen Grundannahmen keinen direkten Konflikt, sondern nur Übergänge von dem einen Zustand zum anderen, die sich entweder glatt vollziehen oder durch den Eingriff der differenzierten Gruppe herbeigeführt werden. Sie stehen nicht im Konflikt miteinander; sie lösen einander ab. Ein Konflikt ergibt sich nur an der Berührungsstelle zwischen der Grundannahme und der differenzierten Struktur« (Bion, 1971, S. 70).

Nach all dem Pessimistischen, das die Eigenschaften von Grundannahme-Gruppen charakterisiert, könnte man eigentlich jegliche Hoffnung aufgeben, daß jemals etwas Vernünftiges aus einer Menschengruppe entstehen kann. Da aber die Geschichte der Menschheit diesen Eindruck immerhin teilweise widerlegt, müssen wir uns zum besseren Verständnis dieser Tatsache der »differenzierten« oder »Arbeits-Gruppe« zuwenden. Hier zeigt uns Bion, wie die Grundannahme-Gruppenmentalität zugunsten von Räson und Realität anstatt Magie und Omnipotenz überwunden werden kann und wie es Gruppen dadurch schaffen, Arbeit zu leisten und Einsichten zu erlangen, um schließlich ihre Ziele verfolgen zu können, sich ihren Aufgaben zu widmen und ihrer Funktion in der Gesellschaft gerecht zu werden.

Die Arbeits-Gruppe und die spezialisierte Arbeits-Gruppe

Die Arbeits-Gruppe

Arbeits-Gruppen erfordern Kooperation und Anstrengung. Um dies zu leisten, bedarf es einer gewissen emotionalen Reife und Übung (engl. »training«). Weitere Voraussetzungen für die Beteiligung an der Arbeits-Gruppe sind Realitätsbezug, Frustrationstoleranz und die Fähigkeit, seine Gefühle zu beherrschen. Grinberg et. al. schreiben: »Die Ebene, auf der die Arbeits-Gruppe funktioniert, schließt zur Bewältigung der vorgenommenen Aufgabe eine rationale und wissenschaftliche Herangehensweise mit ein. Es wird ein Führer ausgewählt, der besonders effizient erscheint, die Voraussetzungen dafür zu schaffen, daß eine solche Herangehensweise erfolgen kann. Die möglicherweise mühevolle Aufgabe fördert Wachstum und Reife in der Gruppe und ihren Mitgliedern.« Arbeits-Gruppen bedienen sich, im Gegensatz zu Grundannahme-Gruppen, der verbalen Kommunikation, bevor sie handeln. Durch die notwendige und vorhandene Frustrationstoleranz können neue Ideen generiert werden, die zu diesen Handlungen führen, anstatt daß sie »vergöttlicht«, »verleugnet« oder »ausgeschieden« werden müssen. »Das Nebeneinander von Grundannahme-Gruppe und Arbeits-Gruppe führt zu einem permanenten Konflikt, der in der Gruppe stets wiederkehrt. Die Aktivität der Arbeits-Gruppe wird durch die Grundannahme-Gruppe gespalten. Der Neigung, sich zu differenzieren, steht die Neigung zu Regression entgegen« (Grinberg, 1993, S. 31).

Dieser Konflikt kann verschiedene Formen annehmen. Es kann ein Konflikt zwischen Individuum und Gruppe sein, zwischen Subgruppe und Subgruppe, zwischen Idee und Gruppe oder aber zwischen der Arbeits-Gruppe und der Grundannahme-Gruppe. Die Grundannahme-Gruppe wendet sich stets gegen die neue Idee und versucht sie zu bekämpfen. Die Arbeits-Gruppe und das Individuum müssen sich mühevoll diesem Sog widersetzen. »Als Person in der Arbeits-Gruppe ist der Einzelne Gefühlen von Einsamkeit, Isolation und Schmerz ausgesetzt, die Wachstum und Entwicklung unvermeidlich begleiten« (Grinberg, 1993, S. 32).

Die spezialisierte Arbeits-Gruppe

Die Struktur der menschlichen Gesellschaft hat immer dafür gesorgt, daß bestimmte spezialisierte Untergruppen als Behälter, bzw. als »Container« für die Grundannahmen der Allgemeinheit zur Verfügung stehen. Bion benennt drei solche Gruppen, nämlich: die *Kirche* (Abhängigkeit), die *Armee* (Kampf/Flucht) und die *Aristokratie* (Paarbildung). Es ist die Aufgabe solcher spezialisierten Arbeits-Gruppen, bestimmte Grundannahmen bzw. Anteile der Grundannahmen so zu institutionalisieren, daß ihr irrationaler, störender und progressionsfeindlicher Einfluß minimiert wird (d.h. »contained«), damit der Teil der gesellschaftlichen Arbeit, der mit dieser Grundannahme assoziiert ist, relativ ungestört bleiben kann. Gleichzeitig muß die spezialisierte Arbeits-Gruppe die Gefahr bannen, daß die Grundannahme, die sie »containen« soll, in Handlungen umgesetzt wird. »Denn Grundannahmen werden in dem Maße gefährlich, in dem versucht wird, sie in Handeln umzusetzen« (Bion, 1971, S. 115). Die spezialisierte Arbeits-Gruppe muß also nicht nur die Grundannahme in Sicherheit bewahren, sondern sie auch in Arbeit umwandeln, ohne sie als legitime und notwendige unbewußte Strömung zu negieren oder sonst abzublocken. Diese Gratwanderung, mit Kontakt auf beiden Seiten, zum einen zur Grundannahme und zum anderen zur Realität, zur Aufgabe und zum geeigneten Handeln, ist die Funktion der Arbeits-Gruppe im allgemeinen und der spezialisierten Arbeits-Gruppe im besonderen.

Merkmale der Spannung zwischen der Grundannahme-Gruppe und der Arbeits-Gruppe

Die Grundannahme-Gruppe haßt also den Prozeß der Entwicklung. Sie haßt das Erfahrungslernen schlechthin und glaubt nicht an seinen Wert. Sie sehnt sich nach einer Alternative, die jedem Einzelnen in der Gruppe die Möglichkeit bietet, ohne Einübung und ohne Entwicklung, nur aus dem Instinkt heraus, genau zu wissen, wie man in der Gruppe leben und sich bewegen soll, ohne irgendetwas dafür tun zu müssen. Sie sucht die Regression und die Möglichkeit, »die Identität des Einzelnen in der Herde aufgehen« zu lassen (Bion, 1971, S. 65). Es ist ein ständiger Kampf innerhalb der Arbeits-Gruppe um die Erhaltung ihrer »sophisticated« Struktur. Bion sieht diesen Kampf in der menschlichen Situation verwurzelt. Versucht man sich ganz und gar der Grundannahme zu verpflichten, wird man von dem »trockenen Intellektualismus« und von dem Versuch, dem Leben Sinn zu geben, verfolgt. Wer sich dagegen gänzlich der »sophisticated« Sicht zu verpflichten sucht, wird von seiner Ahnung tiefgründig unbewußter emotionaler Bewegungen verfolgt. Den Weg aus diesem Dilemma weist der sog. »Arbeits-Gruppenführer« bzw. die »Arbeits-Gruppenführung« (engl. »work group leader« »work group leadership«), die nicht unbedingt von einem einzelen Gruppenmitglied verkörpert sein muß.

105

Arbeits-Gruppenführung gegenüber Grundannahme-Gruppenführung

Bions Gedanken über Führung bilden ein äußerst spannendes und weitreichendes Thema für sich. Ich will es hier nur streifen, bevor ich zu meinem nächsten Beispiel komme.

Der Führer/die Führung der Arbeits-Gruppe

Über die Eigenschaften des Arbeits-Gruppenführers hat Bion verhältnismäßig wenig zu sagen, obwohl das wenige, was er sagt, besonders treffend erscheint. Sein Modell hierfür stammt, wie für so vieles andere, aus seinen Erfahrungen beim Militär in den beiden Weltkriegen.[7] Er spricht vom »erfahrenen Offizier«, der auf Grund eigener Erfahrungen seiner Fehler bewußt wird; der die Integrität seiner Männer respektiert und »weder ihren guten Willen noch ihre Feindseligkeit fürchtet« (Bion, 1971, S. 8). Darüber hinaus muß er wissen, »was es heißt, Autorität in einer Situation auszuüben, in der die Menschen um ihn herum sich seiner Autorität nur dann fügen können, wenn sie sehen, daß er ihr gewachsen ist« (ebd.). Mit anderen Worten, um eine Arbeits-Gruppe erfolgreich führen zu können, bedarf es im wesentlichen dreier Eigenschaften: *Erfahrung, Kontakt mit der äußeren Realität* und *Autorität in der Gruppe*. Hinzu kommt einerseits Kenntnis der Primäraufgabe der Gruppe[8] und andererseits die Fähigkeit, trotz des Soges der Grundannahme-Gruppenmentalität einen klaren Kopf zu behalten.

Die Führung der Grundannahme-Gruppe

Zur Führung der Grundannahme-Gruppe hat Bion wesentlich mehr zu sagen, und hier ist seine treffende Brillanz und vernichtende Skepsis bemerkenswert. Das liegt sicherlich zum Teil daran, daß es – hier wie in so vielen anderen Bereichen – viel interessanter ist, über Teufel zu schreiben als über Engel. Auf jeden Fall gibt er dem Spruch »jede Gruppe sucht sich die Art von Führung aus, die sie braucht und die sie verdient« neue Substanz und zusätzliche Bestätigung.

In einer vielzitierten und ziemlich erschreckenden Passage stellt Bion fest:

> »Auf der Suche nach einem Führer verfällt die Gruppe, wenn möglich, auf einen paranoiden Schizophrenen oder hochgradigen Hysteriker. Ist keiner von beiden vorhanden, so tut es auch ein Psychopath mit verbrecherischen Neigungen oder starken Persönlichkeitsdefekten bei großer Wortgewandtheit.« Lakonisch fügt er hinzu: »Ich habe noch nie eine Gruppe von mehr als fünf Köpfen erlebt, die nicht ein gutes Exemplar eines dieser Typen zu stellen vermochte« (Bion, 1971, S. 90).

Auch wenn diese Aussage eine gute Portion Bionsche Ironie enthält, ist nicht von der Hand zu weisen, daß der ungebremste Druck einer virulenten Grundannahme eine Gruppe zu einer solchen Wahl treibt. Die Abhängigkeits-Gruppe ist, laut Bion, besonders gefährdet, sein schwächstes Mitglied zum Führer auszuwählen.
Bion schreibt:

> »Ich will es nicht unternehmen, die Frage zu beantworten, warum die Gruppe, wenn sie sich selbst und ihrer eigenen Spontanität überlassen ist, als Führer der *GA* (*G*rundannahme *A*bhängigkeit) ihr kränkstes Mitglied wählt. Das ist eine längst bekannte Tatsache und geht so weit, daß große religiöse Führer ... allgemein als wahnsinnig oder vom Teufel besessen gelten. Es ist, als hätten die Angehörigen einer Gruppe unter Einfluß der GA das Gefühl, wenn sie noch nicht von einem Wahnsinnigen geführt würden, so müßten sie einen finden« (Bion, 1971, S. 88).

Alle Grundannahme-Gruppen beinhalten das Vorhandensein eines Führers, auch wenn die Führung nicht unbedingt in einer Person liegt. Eine Idee, ein Mythos, ein unbelebtes Ding oder sogar die Geschichte der Gruppe selbst kann als eine Führungskraft für die Grundannahme-Gruppe dienen. Der Führer/die Führung einer *Abhängigkeits*-Gruppe muß den kollektiven Glauben stärken, daß er/sie sich in der Lage befindet, sämtliche Bedürfnisse und Wünsche befriedigen zu können und sich um die Sicherheit der Gruppe zu kümmern. Er/sie muß die Eigenschaften einer »schützenden Gottheit« haben, »deren Güte, Macht und Weisheit nicht in Frage gestellt werden« (Grinberg, 1993, S. 23). Die Qualitäten, die eine *Kampf/Flucht* Führung besitzen muß, bestehen in der Fähigkeit, die Gruppe zu überzeugen, daß es einen äußeren Feind gibt, den man bekämpfen bzw. vor dem man fliehen kann, und in der Fähigkeit, den Eindruck zu erwecken, daß durch die Führung die Vernichtung dieses Feindes bzw. die Flucht vor ihm gelingen wird. Im Gegensatz zu den anderen beiden Grundannahme-Gruppen besteht die Führung in der *Paarbildungs*-Gruppe nur in Form einer Idee, »einem kollektiven und unbewußten Glauben«, daß »irgendetwas in der Zukunft oder irgendjemand, der noch nicht geboren ist«, alle Probleme der Gruppe lösen und alle ihre Bedürfnisse und Wünsche erfüllen wird, ohne daß sie mehr dafür tun müssen als das Paar zu produzieren, das diesen Messias hervorbringt. Mit anderen Worten, der Führer der Paarbildungs-Gruppe ist nie vorhanden, wird immer nur erwartet. Er darf nie geboren sein, niemals ankommen. Stattdessen muß die Gruppe sich permanent für seine unmittelbare Ankunft bereithalten (ebd. S. 24).

In einem wichtigen Punkt widerspricht Bions Konzept der Führung und des Führers einer Grundannahme-Gruppe dem Verständnis Freuds. Während aus Freuds Sicht die Gruppe von der Persönlichkeit und den Eigenschaften des Führers abhängt, unterliegt aus Bions Sicht der Führer einer Grundannahme-Gruppe dieser Grundannahme ebenso wie jedes andere Mitglied der Gruppe, vielleicht sogar mehr.

>»Der Führer – auf der Ebene der Grundannahme – schafft nicht die Gruppe kraft seines fanatischen Glaubens an eine Idee, sondern ist ein Einzelmensch, dessen Persönlichkeit ihn eigentümlich anfällig macht für die Auslöschung der Individualität durch die Ansprüche der Grundannahme-Gruppe an ihren »Führer«. Der »Verlust seiner individuellen Eigenart« trifft den Anführer ebenso wie jeden anderen – ein Umstand, der wahrscheinlich manches von der Pose erklärt, in der führende Persönlichkeiten sich oft gefallen....Was er an Macht besitzt, beruht darauf, daß er, ebenso wie jeder andere Gruppenangehörige, zu einem »willenlosen Automaten« geworden ist, wie Le Bon es ausdrückt. Kurz, er spielt seine führende Rolle kraft seiner Fähigkeit zu sofortiger und unwillkürlicher (möglicherweise auch willentlicher) Verbindung mit jedem anderen Mitglied seiner Gruppe und unterscheidet sich von den übrigen nur dadurch, daß er, ganz gleich welche Funktion in der Arbeits-Gruppe er haben mag, den Führer der Grundannahme-Gruppe verkörpert.« (Bion, 1971, S. 131).

Diese Auffassung, betont Bion, schließt die Möglichkeit explizit nicht aus, daß die Führung der Arbeits-Gruppe wie auch die der Grundannahme-Gruppe in einer Hand sein kann,

>»läßt aber Raum für die Existenz eines Führers, dem anscheinend die begeisterte Ergebenheit der Gruppe gilt, der jedoch keinerlei Kontakt mit der Realität hat – außer mit der Realität der Anforderung der Grundannahme-Gruppe. Das kann bedeuten, daß die Gruppe von einem Individuum geführt wird, des-

sen Qualifikation darin besteht, daß seine Persönlichkeit ausgelöscht worden ist, von einem Automaten, einem Individuum, das seine »Eigenart« verloren hat, aber doch so von den Affekten der Grundannahme erfüllt ist, daß es all das Prestige besitzt, das man gern für das besondere Vorrecht des Führers der Arbeitsgruppe halten möchte. Macht man sich das klar, so werden manche der Katastrophen erklärbar, in die Gruppen durch Führer hineingeführt worden sind, deren Qualifikation sich als nichtig erwies, sobald die Affekte erloschen waren, die in ihrer Blütezeit herrschten« (ebd., S. 132).

Mit diesen ernüchternden Worten im Ohr wollen wir ein weiteres Beispiel anschauen, in dem, so weit ich das im nachhinein erkennen konnte, alle drei Grundannahmen innerhalb einer Sitzung eine große Rolle gespielt haben, und ich selbst unter sehr großen Druck geraten bin, der Führer von den verschiedenen, in diesem Falle sich schnell abwechselnden Grundannahme-Gruppen-Konstellationen zu werden.

Ein Beispiel von wechselnden Grundannahmen innerhalb einer Supervisionssitzung

Die Institution und ihre strukturellen Schwierigkeiten

Die Institution, die hier beschrieben wird, hat, wie in meinem ersten Beispiel, die legale Struktur und den Status eines eingetragenen Vereins. Seit einigen Jahren bietet sie ambulante Pflegedienstleistungen im Großraum München an. Ich arbeite dort als Supervisor seit eineinhalb Jahren. Die Sitzung, die ich beschreiben will, wurde als Sondersitzung einberufen, auf Grund eines heftigen und ungelösten Streites zwei Wochen zuvor zwischen der sozialpädagogischen Leiterin und der relativ neuen Verwalterin. Dort ging es um das Abgrenzen und Einschätzen von Kompetenzen zwischen den beiden Personen und den beiden Rollen, und es kam zu einigen sehr beleidigenden und verletzenden Vorwürfen von beiden Seiten. Aber dieser Streit kann nur unter Berücksichtigung der »historischen« Dimension dieser Einrichtung gesehen werden, denn selbst eine solch junge Institution hat bereits eine eigene und einmalige »Frühgeschichte«, die auf Grundannahmen basiert, und die alles weitere in der Institution zwangsläufig prägt. Der Kürze halber nenne ich hier nur drei der wichtigsten Faktoren aus dieser Geschichte, soweit ich sie aus meiner Sicht habe erkennen können.

1) Von Anfang an hat der Verein sich eine Struktur gegeben, die die Kommunikation zwischen Vorstand und Mitarbeitern erschwerte und vor allem Entscheidungskompetenzen unklar werden ließ. Ein »Zwischengremium« zwischen den Mitarbeitern, dem Vorstand und den Mitgliedern des Vereins, (»Vereinsrat« genannt), wurde eingerichtet. Der Vereinsrat besteht aus allen interessierten Vereinsmitgliedern plus Mitarbeiter/Innen und hat leider die Kommunikation, die Beweglichkeit, die Planung und das Management des Vereins und seiner Aufgaben insgesamt eher erschwert als erleichtert. Der an sich lobenswerte Versuch, mit diesem Vereinsrat mehr Demokratie ins Gesamtgeschehen zu bringen, ist letztlich an den eigenen Machtstrukturen gescheitert. Es gibt unter den Mitgliedern wie unter den Mitarbeitern (die auch in diesem Fall teilweise identisch sind) dadurch viel Verdrossenheit und Unmut. Rivalität, Streit um Kompetenzen und Streit darum, wer besser weiß, was der Verein bzw. die Mitarbeiter und Klienten brauchen, gehört inzwischen zur permanenten Auseinandersetzung zwischen den verschiedenen Instanzen.

2) Der Verein war auch seit Anfang an nicht in der Lage, seinen Vorstand so zu besetzen, daß sowohl:

a) für *fachliche Kompetenz* in der Primäraufgabe des Vereins (ambulante Pflegedienstleistungen zu liefern) ausreichend gesorgt war, wie auch

b) das notwendige Maß an *Sachkompetenz* auf wirtschaftlichen, vereinsrechtlichen und anderen Gebieten garantiert werden konnte, damit der Verein an die Gelder kommt, die ihm zustehen, damit er publikumswirksam in der Öffentlichkeit vertreten ist und damit alle anderen Funktionen abgedeckt werden können, die der Verein zum Überleben braucht.

3) Der Verein hat es bisher nicht geschafft, sich eine *praktische operative Struktur* zu geben, die das Management des Alltags ermöglicht, wo u.a. oft unter Zeitdruck komplizierte und manchmal weitreichende Entscheidungen getroffen werden müssen (oft mit verhältnismäßig großen finanziellen Folgen). Am klarsten geregelt sind die professionellen wie auch die Machtkompetenzen im Bereich der Pflege. Auf diesem Gebiet ist die Autorität der sehr erfahrenen und kompetenten Pflegedienstleiterin eindeutig akzeptiert, obwohl der Dienst als

ambulante Tätigkeit so strukturiert ist, daß die MitarbeiterInnen vor Ort über große individuelle Kompetenz und Autorität verfügen, ja verfügen müssen. Da fast alle, die sich an diesem Dienst beteiligen, recht erfahrene und verantwortungsvolle Krankenschwestern sind, funktioniert dies auch relativ reibungslos.

Die sozialpädagogischen Leistungen werden von einer Sozialpädagogin geleitet und von einer anderen Sozialpädagogin teilzeitig mitgetragen. Sie bieten, so weit mir bekannt ist, keine größeren organisatorischen Probleme, sind aber bei weitem der kleinste Tätigkeitsbereich des Vereins und in der Organisation von der Sache her eher unproblematisch.

Dafür aber bietet der Bereich der Geschäftsführung/Verwaltung, der von den Machtstrukturen und Kompetenzen her am meisten umkämpft wird und am wenigsten klar strukturiert ist, scheinbar endlose Gelegenheiten für ständige Streitereien und Kämpfe und ist zum Austragungsfeld der Konflikte des ganzen Vereins geworden, was für alle Beteiligten äußerst streßvoll und unangenehm war. Der Streit, der in der vorigen Sitzung zwischen der Verwalterin und der sozialpädagogischen Leiterin entfacht wurde, ist typisch dafür und Ausdruck des Grundkonfliktes im Verein. Er wird in dieser Sitzung, die ich jetzt schildern will, fortgesetzt. Allerdings richtet sich unser Augenmerk nicht so sehr auf die zwar interessante, spannende und schwierige Institutionsdynamik, die hier deutlich wird, sondern mehr auf die Grundannahmen, die in dieser Sitzung zutage treten. Die strukturellen und institutionellen Aspekte der Geschichte sollen vorerst nur als Kulisse für die Grundannahme-Dramen dienen, die sich hier abspielen.

Die Sitzung

Nachdem die vorige Sitzung so turbulent verlaufen war und so unbefriedigend endete, beschlossen wir am Ende, uns bald wieder zu treffen. Eine Diskussion über die passende Besetzung dieses Treffens ergab, daß die normalen Pflegekräfte, die sonst an der Supervision teilnehmen, zu ihrer großen Erleichterung nicht benötigt würden. Dafür sollte aber die Pflegedienstleiterin, die als Teil der Teamleitung und der Hierarchie als eine der wichtigsten Figuren in dem Ganzen angesehen wird, auf jeden Fall daran teilnehmen. Die zweite Sozialpädagogin, die halbzeit beschäftigt ist, äußerte den Wunsch, von sich aus dabei zu sein, mit der Begründung, sie fühle sich an den Prozessen, die im Team laufen, doch sehr beteiligt, was bejaht wurde. Also ergab sich ein Treffen zwischen der sozialpädagogischen Leiterin, der Pflegedienstleiterin, der Verwalterin, der zweiten Sozialpädagogin und dem Supervisor.

Grundannahme: Abhängigkeit

Die Sitzung begann mit betroffenem, teils verlegenem Schweigen, das von leichtem Stöhnen, ein bißchen Kichern und allgemeinem Unwohlsein bei allen Beteiligten begleitet wurde. Alle warteten offensichtlich darauf, daß »der Supervisor« die Sitzung beginnt. Nachdem ich keine Ahnung hatte, in welcher Stimmung sie sich befanden, nicht wußte, wie es ihnen nach der letzten Sitzung ergangen war, und keine Idee hatte, was ich sagen konnte oder sollte, schwieg ich. Die Unruhe im Raum wuchs an und wurde allmählich von einem immer intensiver werdenden Gefühl von Feindseligkeit begleitet. Mir wurde es etwas heiß, und ich merkte, wie ich einen Kloß im Hals bekam und mein Herz heftig zu schlagen anfing. Es wurde mir zunehmend klar, daß »die Lösung« des unmöglichen Patts aus der letzten Sitzung mir übertragen wurde, und ich fühlte mich dabei zunehmend unwohl, zumal ich ja nicht einmal wußte, was inzwischen passiert war. Als ich mich gerade aufraffen wollte, etwas in dieser Richtung zu formulieren, fing die sozialpädagogische Leiterin an, etwas verlegen, aber dennoch leicht kämpferisch zu sagen, sie wisse also nicht, wie wir weitermachen sollten. Sie habe das letzte Mal sowieso alles gesagt, was zum Thema zu sagen sei, und außerdem habe sich bei ihr in den letzten vierzehn Tagen auch nichts geändert. Die Verwalterin, ihre Kontrahentin in dem Streit, schwieg weiter. Die Spannung im Raum wurde noch höher; die Atmosphäre noch unangenehmer, der Druck auf mich noch größer.

Nach einer kurzen Weile fragte mich die Pflegedienstleiterin, ob und warum sie bei der Sitzung dabeisein müsse. Sie habe noch nie an so einer Supervision teilgenommen, habe überhaupt keine Erfahrung und keine Ahnung von Supervision und ›wie so etwas geht‹, während ich doch so viel Erfahrung habe. Deshalb sollte ich ihr sagen, was hier zu machen sei und was ihr Part sei. Obwohl ihre Aussage doch sehr verständlich war, ihr Wunsch, nicht dabei zu sein, von jedem im Raum nachvollzogen werden konnte und ihr Ton eigentlich verhältnismäßig moderat war, fing ich an, mich noch mehr zu ärgern als zuvor. Ich fühlte mich alleine verantwortlich gemacht für das Geschehen im Raum und bekam langsam den Eindruck, als habe man sich heute einzig und allein auf meinen Wunsch hin getroffen, als wäre es mein Vorschlag und mein Anliegen gewesen. Als ich versuchte, mir darüber Gedanken zu machen, um wenigstens das zu formulieren, hakte die Pflegedienstleiterin nach, diesmal in etwas gereizterem Ton, und wollte nun wirklich eine Antwort von mir. Ich sei hier schließlich der erfahrene Supervisor, ich würde, im Gegensatz zu ihr, solche Situationen kennen. Ich soll ihr sagen, warum sie hier zu sein habe, und was sie zu machen habe. Dieser Standpunkt wurde von der sozialpädagogischen Leiterin bekräftigt. Sie verstehe auch nicht, warum ich schweigen würde. Ich soll doch sagen, was sie machen sollen. Irgendwann hielt ich den Druck nicht mehr aus. Ich explodierte. Ich schimpfte auf die Pflegedienstleiterin los, sie sei eine erwachsene Frau, eine professionelle Krankenschwester mit viel Berufs- und Lebenserfahrung und soll nicht mich fragen, was sie hier zu suchen habe, sondern sich selbst! Wenn sie nicht wisse, was sie hier mache und nicht hier sein wolle, könne sie von mir aus gehen, die Tür sei offen!

Diskussion

Was immer sonst dieses Beispiel über die Personen und deren Persönlichkeiten aussagt, eines wurde mir – allerdings erst im nachhinein beim intensiven Nachdenken auf dem Heimweg nach der Sitzung – plötzlich ganz klar. Aus Angst vor der Fortsetzung der bisher fruchtlosen Auseinandersetzungen und der demonstrierten Unmöglichkeit, an dem Problem sinnvoll zu arbeiten, das die letzte Sitzung uns allen allzu sehr vor Augen geführt hatte, befand sich die Gruppe wahrscheinlich seit dem Ende der letzten, auf jeden Fall zu Beginn dieser Sitzung, in einem Zustand völliger Abhängigkeit. Alle warteten darauf, daß der ›Herr Supervisor‹ (der einzige Mann in der Runde) ihnen die »Lösung« ihrer Pro-

113

bleme anbietet, die ihnen den Streit, die Beleidigungen, die ungelösten strukturellen und Rollenprobleme und Konflikte zum Verschwinden bringen würde, damit die existentielle Bedrohung der Gruppe gebannt wäre. Aber dies ist mir, wie gesagt, leider erst hinterher eingefallen.

In der Situation selbst fühlte ich mich meinen Gefühlen von Aggression und Hilflosigkeit, meiner Wut auf die anderen, meiner Verletzbarkeit den heftigen Projektionen und projektiven Identifikationen gegenüber völlig ausgeliefert und konnte ab einem gewissen Punkt überhaupt nicht mehr denken, geschweige denn etwas Vernünftiges formulieren, sondern nur in völlig unkontrollierter, unpassender und primitiver Weise losbrüllen. Einen Nutzen scheint dieses Losbrüllen allerdings doch gehabt zu haben, indem dadurch all jene mächtigen und destruktiven Gefühle, die die anderen Gruppenmitglieder nicht wagten bzw. nicht in der Lage waren auszusprechen, nun gebündelt und zum Ausdruck gebracht werden konnten. Da sich niemand, auch ich mich nicht, in der Lage fühlte, die Führung der Gruppe im Sinne der Arbeits-Gruppe zu übernehmen, war die Voraussetzung für die Grundannahme-Gruppe *Abhängigkeit* gegeben, und dafür mußte eine Grundannahme Führung gefunden werden. In den Augen der anderen und vor allem durch deren Projektionen und projektive Identifikationen schien ich unter den Anwesenden für diese Rolle der geeignetste zu sein. Der Versuch, mich dafür zu gewinnen, war stark – also mußte meine Abwehr dagegen ebenso stark ausfallen. Aber nachdem diese Gefahr gebannt war, kam sofort die nächste, und zwar die Gefahr der *Kampf/Flucht*-Dynamik.

Grundannahme: Kampf/Flucht

Der manifeste Streit der letzten Supervisionssitzung und die Fortsetzung in dieser Sitzung wurde, wie gesagt, im wesentlichen durch die sozialpädagogische Leiterin und die Verwalterin ausgefochten. Er wurde gekennzeichnet durch Kompetenzgerangel, Vorwürfe der Inkompetenz, des Unrechts, der Illoyalität, des Schnüffelns, der Geheimniskrämerei, der Ahnungslosigkeit usw. Der Ton war gereizt bis scharf, die Vorwürfe häßlich bis unverschämt. Zum Schluß sprachen sich beide Parteien das gegenseitige Mißtrauen aus, und erst dann wurde es mir allmählich klarer, um was es hier auf der Ebene der Grundannahme-Gruppe ging. Es wurde nämlich immer deutlicher, daß die sozialpädagogische Leiterin der Verwalterin vorwarf, von vornherein gegen sie voreingenommen gewesen zu sein und ein Mitglied des gegnerischen Lagers (Teile des jetzigen Vorstandes, ehem. Vorstandsmitglieder und die Vorgängerin der Verwalterin) zu sein. Denn so zerstritten und gespalten wie Vorstand und Teamleitung (Pflegedienstleiterin und sozialpädagogische Leiterin) zu der Zeit waren, konnten sie sich nur vorstellen, daß man auf der einen oder auf der anderen Seite sein könne. Die Verwalterin versuchte, ihren eigenen Standpunkt zu verteidigen, ihr Recht auf eigene Meinung und eine unabhängige Position für sich zu finden, aber sie wirkte schwach, ihre Argumente schienen mir zweideutig. Offensichtlich war etwas dran an der Behauptung der sozialpädagogische Leiterin, sie habe sich zur »anderen Seite« geschlagen.

Nun, trotz (oder vielleicht gerade *wegen*) der Tatsache, daß es von der »anderen Seite« keinen offiziellen Vertreter im Raum gab, wurden diese beiden Personen stellvertretend als Feindbilder erklärt, und sehr deutlich war der Druck zu spüren, sich für eine Seite entscheiden, Farbe bekennen zu müssen. Auch ich selbst fühlte mich, obwohl weder von der Rolle noch von den Interessen her der einen oder anderen Seite zugehörig, in einem Moment sehr stark auf der Seite der sozialpädagogischen Leiterin, nur um im nächsten Augenblick auf die Seite der Verwalterin bzw. des nichtvorhandenen (und von mir völlig unbekannten) Vorstandes überwechseln zu wollen. In mir wechselten sich Phantasien des Kämpfens (»Showdown« zwischen den Kontrahenten in Gerichtssaalmanier) mit Phantasien der Flucht (z.B. einfach aufzustehen und zu gehen – nie wieder mit diesem Verein überhaupt etwas zu tun zu haben!). Ich nehme an, allen Anwesenden ging es ähnlich. Diese Dynamik wurde so stark, daß ich anfing zu denken, das Team könnte am Ende der Sitzung aufstehen und losmarschieren in Richtung Vorstand/Feind, um den Kampf mit ihnen endlich bis zum »Tode« auszufechten.

Diskussion

Nach dem Scheitern des Versuches, unter meiner Führung eine Abhängigkeitsgruppe zu etablieren, schien es mir in der gereizten und gespaltenen Atmosphäre der Sitzung und der Situation der Institution allgemein nahezuliegen, ihre Probleme per Kampf/Flucht lösen zu wollen. Und nachdem ich mich für die Rolle des Kampf/Fluchtführers schlecht eignete, wurde die sozialpädagogische Leiterin, die sich dafür bestens eignete, für diese Rolle auserkoren. Wie schwierig und unlösbar die Probleme des Vereins auf der Ebene der Realität auch immer sein mögen, wurde die Tendenz, sie per Kampf/Flucht beenden zu wollen, nur verstärkt, weil sie nicht an dieser Realität orientiert war. Aber wenn man sich diesem Sog unbewußt hingibt, kann man das nicht sehen. In dem Moment erscheint eine solch klare, eindeutige und endgültige Lösung im Sinne eines Endkampfes die plausibelste, attraktivste und erleichterndste Lösung überhaupt. Daß es auf der realen Ebene überhaupt nichts lösen, nichts ändern würde, kann ja nicht, darf ja nicht gesehen, nicht gedacht werden, weil sonst die Attraktion dieser Grundannahme-Lösung zerbrechen würde, und man wieder mit der anscheinend so unlösbaren Realität konfrontiert wäre.

Grundannahme: Paarbildung

Da Sinn und Zweck der Paarbildungs-Grundannahme die Hoffnung auf eine messianische Erlösung ist, steht fest, daß diese Lösung nicht einzutreten hat, sondern nur erwartet werden kann. Nach dem Scheitern der Versuche, die Probleme der Gruppe per Abhängigkeit bzw. per Kampf/Flucht zu lösen, war der Versuch einer Lösung durch Paarbildung naheliegend. Und da es letztlich egal ist, wie das Paar aussieht, solange es die messianische Hoffnung aufrechterhält, waren verschiedene Paarvarianten denkbar. Im nachhinein konnte ich zwei Hauptvarianten der Paarbildung in dieser Sitzung erkennen, und zwar:
A das Paar sozialpädagogische Leiterin/Pflegedienstleiterin;
B ein Paar sozialpädagogische Leiterin/Supervisor bzw. Verwalterin/Supervisor.
Jedes Paar hätte natürlich eine andere Art von »Messias« hervorgebracht, je nach Zusammensetzung des Paares. Ich fange an mit Paar A: sozialpädagogische Leiterin/Pflegedienstleiterin.
Die sozialpädagogische Leiterin und die Pflegedienstleiterin bilden innerhalb des Teams das real stärkste und kontinuierlichste

Arbeits-Paar. Sie sind von Anfang des Projektes an zusammen gewesen, haben miteinander viel durchgestanden und durchgefochten, haben sich zusammengerauft und sind gemeinsam gegen viele Feinde angetreten. Sie verhalten sich einander gegenüber extrem loyal und wirken, als hätten sie auch ein gemeinsames Konzept und Verständnis für die Arbeit und für die Bedürfnisse und das Wohl der Institution. Das heißt, wenn man seine Hoffnung auf dieses Paar setzt, verspricht es der Gruppe eine solide, freundliche und streitfreie Atmosphäre, wo die Interessen der Mitarbeiter sowie die der Patienten restlos in Erfüllung gehen werden – eine wahrlich paradiesische Vorstellung.

Das Paar B, bestehend entweder aus sozialpädagogischer Leiterin und Supervisor oder aber aus Pflegedienstleiterin und Supervisor, wäre ein heterosexuelles Paar. Diese Variante könnte zwar besonders interessant sein, ist aber in vielerlei Hinsicht für die Gruppe gefährlich. Außerdem zwingt der »inzestuöse« Charakter zur absoluten Abstinenz des Supervisors. Und nicht zuletzt spielte eine große Rolle in der Paarbildungsdynamik, daß die beiden Hauptkontrahentinnen, sozialpädagogische Leiterin und Verwalterin, eine Art »Anti-Paar« bildeten. Wie zwei Frauen, die sich um einen Mann streiten, warb jede für ihre eigene Position und gegen die der Rivalin sozusagen. Als der Mann in der Mitte und als der Supervisor, dessen Meinung vermutlich ein ziemliches Gewicht gehabt hätte, war ich gut beraten, mich möglichst gleichmäßig von beiden zu distanzieren und mich davor zu hüten, mit einer der beiden ein Paar zu bilden. Vermutlich hätte die messianische Hoffnung bei beiden gleich gelautet, und zwar: »Wer an uns als Paar glaubt, glaubt an das ›Richtige‹ für das Team, für den Verein und für die Institution-als-Ganzes!«.

Als die sozialpädagogische Leiterin in meiner Wahrnehmung zumindest die Verwalterin noch einmal kritisierte und versuchte, sie zu bevormunden, stieg die Spannung zum zweiten Mal in dieser Sitzung in die Höhe und bin ich zum zweiten Mal laut geworden. Ich versuchte, der sozialpädagogischen Leiterin zu sagen, daß sie der Verwalterin unrecht tue und ihr Dinge sage, wozu sie nicht das Recht habe. Sie ließ von ihrer Tirade gegen die Verwalterin ab und fragte mich ganz empört und wütend, warum ich denn nun ausgerechnet sie angreifen würde. Im nachhinein lautet meine Antwort, auf Grund meiner Überlegungen zur Grundannahme-Dynamik in dieser Sitzung: »Ich habe Sie angegriffen, um die Gefahr zu bannen, daß wir in irgendeiner Weise ein Paar bilden, das uns in die Rolle der Paarbildungs-Grundannahmeführung bringt.«

Diskussion

Diese Supervisionssitzung war denkbar kompliziert und schwierig, und ich habe nur Bruchstücke davon wiedergeben können. Sie beschäftigte mich nachhaltig und tut es immer noch. Der schnelle Wechsel der Grundannahme-Konfigurationen von Abhängigkeit durch Kampf/Flucht zur Paarbildungsdynamik ließ mich aufgewühlt, reichlich verwirrt und mit dem Gefühl zurück, eine sehr schlechte Arbeit bzw. eigentlich gar keine Arbeit in der Sitzung geleistet zu haben. In der Tat war es wohl nicht ganz so schlimm. Es ergaben sich einige Sequenzen in der Sitzung, wo ganz deutlich die Arbeits-Gruppe im Vordergrund stand und wir in sinnvoller, zivilisierter und rationaler Weise an den Problemen der Gruppe und der Institution haben arbeiten können. Aber sowohl durch die äußere wie auch die innere Situation der Einzelnen und der Institution-als-Ganzes waren wir für Grundannahme-Strömungen offen. Wir hatten, wie Bion sagen würde, etliche Valenzen dafür frei, wodurch die Grundannahme-Gruppen immer wieder und in immer neuen Variationen hervortreten konnten.

Schlußwort

Ich hoffe, mit diesen Ausführungen einige Hauptaspekte von Bions Verständnis von Gruppen und deren Dynamik verständlich gemacht zu haben. Ich möchte aber hier noch einmal daran erinnern, daß diese Gedanken eigentlich nicht geeignet sind, direkt in die Praxis umgesetzt zu werden. Vielmehr sind sie für die Phase der Reflexion, der Kontemplation im nachhinein nützlich, wenn die Schlacht vorbei ist, und nicht unbedingt für »Denken unter Beschuß«, d. h. während einer Sitzung selbst.

Sollten manche Äußerungen Bions oder evtl. meine Beispiele den Leser etwas pessimistisch gestimmt haben, möchte ich mit einem hoffnungsvollen Satz Bions schließen, in einem Zitat von D. Meltzer: »Trotz seiner Schwierigkeiten, etwa den umständlichen Vorgehensweisen oder der Uneinheit im Vergleich mit und im

Konflikt mit der Tendenz zur Grundannahme-Organisation, ›*ist es die Arbeits-Gruppe, die auf lange Sicht triumphiert*‹«. »Eine tröstliche Botschaft«, meint Meltzer, auch wenn Bion uns darüber im Unklaren läßt, genau wie »lange« diese »lange Sicht« ist! (Meltzer, 1978, S. 10). [Übers. d. Verf.]

Anmerkungen

1 Da Bions Werke allgemein als unübersetzbar gelten, ist es kein Wunder, daß diese Übersetzung von Erfahrungen in Gruppen einiges zu wünschen übrig läßt. Auf der anderen Seite muß man froh sein, wenn es überhaupt einen deutschen Text von einem Werk Bions gibt, damit manche Leser einen ersten Zugang zu diesem als außerordentlich schwierig geltenden Autor finden können. Letztlich gibt es aber keine Alternative, als sich mit Bion im Originaltext auseinanderzusetzen.

2 Zur Einführung des Begriffes »proto-mental« schreibt Bion: »Das protomentale System stelle ich mir so vor, daß darin Somatisches und Psychologisches, oder Mentales undifferenziert sind. Es ist eine Matrix, aus der die Phänomene hervorgehen, die zunächst – auf psychologischer Ebene und im Lichte psychologischer Untersuchung – getrennte, nur lose miteinander verbundene Gefühle zu sein scheinen. Von dieser Matrix gehen Gefühle aus, die zu der Grundannahme gehören und sie verstärken, durchdringen und beherrschen in manchen Fällen das mentale Leben der Gruppe. Da auf dieser Ebene das Somatische und das Mentale undifferenzierter sind, leuchtet es ein, daß Störungen aus dieser Quelle sich ebensogut in somatischen wie in psychischen Formen manifestieren können. Die nicht aktiven Grundannahmen sind auf das protomentale System beschränkt; das heißt, wenn die differenzierte Gruppe von den Gefühlen durchwirkt ist, die der Grundannahme der Abhängigkeit entsprechen, dann sind die Grundannahmen von Kampf-Flucht und Paarbildung auf die Begrenzungen der protomentalen Phase beschränkt. Sie sind die Opfer einer Verschwörung zwischen der differenzierten Gruppe und der herrschenden Grundannahme. Nur das protomentale Stadium der abhängigen Gruppe hat die Möglichkeit gehabt, sich zu dem differenzierten Zustand zu entwickeln« (Bion, 1971, S. 75).

3 Drei Tage nach dem Bombenattentat auf die Synagoge in Lübeck stand in der Südd. Zeitung vom 28.03.1994 ein Leitartikel vom Chefredakteur D. Schröder unter dem vielsagenden Titel »*Geistige Brandstiftung*«. Wieviel Menschen, in Deutschland und anderswo, die solche haß- und zerstörungserfüllten anti-semitische Gedanken und Gefühle in ihren Herzen tragen, anonym an diesem scheußlichen Terrorakt beteiligt waren, können letztlich nur sie selbst wissen.

4 Obwohl es uns heutzutage oft passend und einleuchtend erscheint, Gruppenphänomene mit entsprechenden Geschehnissen einer Familiendynamik zu vergleichen oder gar gleichzusetzen, erinnert uns Meltzer, daß Bion die Phänomene der Gruppe-als-solche als grundsätzlich anders als die einer Familie betrachtete (Meltzer, 1978. S. 9).

5 Für eine Einführung in Bions Grundmodell »Container-Contained« siehe Lazar, 1993.

6 Siehe hierzu Bions Arbeit *Die Sprache und der Schizophrene*. (Dieser Text ist unter diesem Titel in einer deutschen Übersetzung veröffentlicht worden, und zwar auf den Seiten 235–255. Nur war es mir leider nicht möglich herauszufinden, in welchem Buch bzw. Zeitschrift diese Übersetzung erschienen ist.) [Anm. d. Verf.].

7 Im Ersten Weltkrieg war der junge Bion Panzeroffizier in Frankreich und wurde für seinen Mut im Felde hochkarätig dekoriert (siehe *The Long Weekend*). Im Zweiten Weltkrieg war er als Militärpsychiater tätig, wo seine Hauptaufgabe die Rehabilitation von Kriegsneurotikern gewesen ist.

8 Die Primäraufgabe wird von Miller und Rice definiert als *das, was eine soziale Einheit tun muß, um ihr Überleben zu sichern* (Miller und Rice, 1967, S. 25).

Literatur

Bion, W. R. (1961): *Experiences in Groups*. Tavistock, London.

Bion, W. R.: *Die Sprache und der Schizophrene*. (engl.: *Language and the Schizophrenic*. In: Klein M., Heimann P., Money-Kyrle, R. E. (Hrsg.): New Directions in Psycho-Analysis. Tavistock Publications, London.

Bion, W. R. (1971): Erfahrungen in Gruppen, Stuttgart.

Bion, W. R. (1982): The Long Weekend. In: *1897–1919 Part of a Life*, Abingdon.

Hinshelwood, R. D. (1989): *A Dictionary of Kleinian Thought*, London.

Grinberg, L. (1990): The Goals of Psychoanalysis. In: *Identification, Identity and Supervision*, London.

Grinberg, L., Sor, D., Tabak di Bianchedi, E. (1993): W. R. Bion. *Eine Einführung*, Stuttgart-Bad Cannstatt.

Lazar, R. A. (1993): »Container-Contained« und die helfende Beziehung. In: Ermann, M. (Hrsg) *Die hilfreiche Beziehung in der Psychoanalyse*, Göttingen.

Meltzer, D. (1978): *The Kleinian Development Part III – The Clinical Significance of the Work of Bion*, Perthshire.

Miller, E. J., Rice, A. K. (1967): *Systems of Organization*, London.

Schröder, D. (1994): »Geistige Brandstiftung«. *Leitartikel der Süddt. Zeitung Nr. 72* vom Montag, 28.03.94.

Hiltrud Amuser-Burger

Die Herstellung eines Falls

Eine andere Art der Supervision

Im Unterschied zur Darstellung eines Falls hat die von uns sogenannte Herstellung eines Falls als Methode der Supervision entscheidende Vorteile. Ob es sich um klinische Fälle oder solche psychologisch-pädagogischer Art handelt, befreit es den Therapeuten
von der oft unangenehmen Preisgabe, ermöglicht ihm die Distanzierung vom Fall und zeigt ihm neue Wege für dessen Bearbeitung
auf.

Die Besonderheit der Methode liegt darin, daß mit dem Diskurs
gearbeitet wird, indem wir selbstverständlich davon ausgehen, daß
der Diskurs ein Subjekt repräsentiert oder noch besser formuliert,
daß in dem Diskurs ein Subjekt sich repräsentiert.

In diesem Fall können wir also nicht von der Annahme ausgehen, daß der Supervisor sich in dem Besitz eines Wissens befindet,
das er dem Therapeuten zur Verfügung stellt, sondern daß durch
diese Dynamik ein Wissen hergestellt wird, das sich in den Verdichtungen und Verschiebungen des Aussagens manifestiert.

Diese radikale Infragestellung des Ideals der Beherrschung und
des Wissens, obwohl dem Supervisor genauso wie dem Analytiker
ein Wissen unterstellt wird und diese Illusion sehr verführerisch
sein kann, ist es, die erlaubt, das Unbewußte nur von der Sprache
her aufzufassen, auf einer rein logischen Ebene, welche impliziert,
daß das Subjekt als geteiltes und dem Gesetz des Unbewußten als
absolutem Anderen unterworfen ist.

Wir haben also keineswegs die Absicht, eine Objektivierung des
Falls mit seinen bestimmten Eigenschaften darzustellen, sondern
arbeiten gänzlich mit der Beziehung von Subjekt zu Subjekt mit
der Voraussetzung, daß das Unbewußte von der Signifikantenkette hervorgebracht wird.

Der einen Fall schildernde Therapeut in der Supervisionsgruppe
von Ärzten, Psychologen, Sozialpädagogen oder auch Lehrern
wählt eine Person innerhalb des Teams aus, um dieser – im Beisein
der gesamten Gruppe – seinen Fall zu erzählen und überträgt

somit, wie in jeder Übertragungsbeziehung, auf den gegenwärtigen Anderen seinen Diskurs.

Die besondere Funktion dieses Anderen, der dritten Person, wie Freud ihn nennt, besteht darin, das dyadische Verhältnis von Subjekt zu Objekt zu stören und eine eigentümliche Logik herzustellen, welche den Artikulationen des Unbewußten gemeinsam ist.

Durch das Auftreten der dritten Person wird ein Raum eröffnet, in dem das Unbewußte, das Unvorhersehbare, das Sinn-lose des Sprechens zustande kommt, da der Zuhörer nicht durch weitere intellektuelle Aktivitäten an andere psychische Repräsentationen gebunden ist und somit eine Aufhebung der Hemmungen und Verdrängungen stattfinden kann.

Dieser Andere hat die Möglichkeit, nach Beendigung der Erzählung einige wenige Fragen zu stellen, wenn ihm etwas gänzlich unklar geblieben ist. Er sollte jedoch nicht unterbrechen, da seine Funktion im Zuhören besteht.

Ist der Fall erst einmal geschildert worden, zieht sich der Therapeut zurück, während der Andere, dem der Fall vorgetragen wurde, nun seinerseits der Gruppe erzählt, was er gehört hat und was ihm dazu einfällt. Die Gruppe äußert daraufhin ihre Assoziationen und befragt den Erzähler ebenso wie der Analysant sich befragt.

Denn ein Moment des psychoanalytischen Prozesses ist das, in welchem der Analysant nicht nur sagt, was ihm gerade widerfährt, oder sagt, daß er dies sagt, sondern in welchem er anfängt, sich selbst zu befragen, warum er etwas sagt und nicht vielmehr das sagen kann, was er eigentlich sagen will.

So wie dieser vom Analytiker keine Antwort erhält, ähnelt auch hier das Befragen mehr dem Orakel von Delphi, das befragt wird, aber statt einer eindeutigen Antwort Rätsel aufgibt, die zu interpretieren sind. Schließlich hebt der Supervisor einige Signifikanten und Formulierungen hervor und faßt sie zusammen, ohne dabei aber sonst zu deuten, denn das, was die psychoanalytische Deutung kennzeichnet, ist ihre Weigerung zu schließen.

Hiermit unterscheidet sie sich grundlegend von dem Orakel von Delphi, wo es immer irgend jemand gibt, der ein vollkommenes Wissen besitzt und die endgültige Deutung geben kann, d. h. mit anderen Worten, der Kastration nicht unterworfen ist.

Die Deutung im analytischen Sinn aber verleiht dem Sprechen, der neuen Bedeutung, die im anderen ankommt, einen absoluten

Wert, und wenn eine Schlußfolgerung gezogen werden muß, so ist es an dem Patienten, dies im gegebenen Augenblick zu tun.

Im Grunde genommen wird auf diese Weise der psychoanalytische Prozeß reproduziert. Die psychoanalytische Situation wird innerhalb der Gruppe her- und nicht nur dargestellt. Der Andere und die Gruppe übernehmen dabei die Aufgabe des Analysanten, der auf der einen Seite den Diskurs trägt und auf der anderen Seite sich befragt. Der Therapeut wird abschließend aufgefordert, zusammenzufassen und darzustellen, wie das alles auf ihn gewirkt, wie er sich und den Fall aus der anderen Perspektive erlebt hat und welche Anregungen oder Einsichten er daraus gewinnt.

Wichtig ist auch, daß durch die Methode der Herstellung des Falls das Zerreden einer psychoanalytischen Situation und das Festkleben an der Familiengeschichte sowie die Selbstpreisgabe des Therapeuten vermieden werden kann, der hin und wieder hilflos der Gruppe ausgeliefert ist.

Der Therapeut hingegen kann beobachten, was für ein Fall jetzt hergestellt wird. Er kann sich währenddessen vom eigenen Fall, zu dem er im psychoanalytischen Prozeß unvermeidlich wird, und auch von der Übertragungsbeziehung zum Analysanten lösen. Zumal dann, wenn sich der Prozeß auf irgendeine Weise festgefahren hat und blockiert ist, öffnen sich mit einem Male verschlossene Türen. Das Überraschende und Aufregende liegt für ihn in der Tatsache, daß die Assoziationen der Gruppe oft gar nichts mit dem Fall direkt zu tun haben. Gerade dies erlaubt es ihm, den Fall aus einer anderen Perspektive und gleichzeitig Dinge zu sehen, die er vorher nicht sehen konnte, und den Platz des Subjekts in seinem Erzählen zu befragen.

Bei der Herstellung des Falls entsprechen demnach die Funktion des Supervisors der des Analytikers, die der Gruppe der des Subjekts und die des Zuhörers beziehungsweise Trägers des Diskurses der des Anderen. Denn der Supervisor hört dem Anderen zu, der selber vom Zuhörer zum Erzähler wird und den Diskurs trägt, während die Gruppe als das sich befragende Subjekt diesen Anderen befragt.

Auf diese Art und Weise wird ein Wissen hergestellt, das nicht mit dem übereinstimmt, was der Therapeut von seinem Fall her weiß, sondern das sich in seiner Eigenständigkeit strukturiert und im Sprechen artikuliert, aber nur dann, wenn der Andere bereit ist, dem ein Ohr zu leihen.

Martin Feuling

Supervision – Subversion

Bemerkungen zur antipsychotischen Funktion der Supervision für die/in der Organisationsstruktur des Vereins für psychoanalytische Sozialarbeit

> »Was Verdinglichung heißt, tastet, wo es radikalisiert wird, nach der Sprache der Dinge«
> (Th. W. Adorno 1970, S. 96).

Natürlich bin auch ich nicht sehr glücklich über das Wort »Supervision«, nicht über viele Aspekte ihrer Geschichte und auch nicht über manche Varianten ihrer zeitgenössischen Ausübung. Gleichwohl sehe ich vorderhand kein anderes Wort, das die von mir gemeinte Sache besser benennen könnte. Oder sollte ich etwa Wortungetüme kreieren wie »einzelfallzentrierte Institutionsde-(kon)struktion«, oder »Phantasmen-Fabrikations-Treffen«, oder »Systematische Wissens-Dispersions-Sitzung«? Diese Termini würden meine Intention sehr viel genauer treffen.

Da ich nicht eine eigenlogische Sprache spreche, verwende ich das Wort »Supervision«, weil es sich eingebürgert hat, weiterhin. Ich »ver-wende« es aber auch, indem ich ihm eine Aura, eine Vielfalt von uneindeutigen Bedeutungen, eine Offenheit wiederzugeben versuche.

Das »Wenden« und »Ver-Wenden«, das »Kehren« und »Ver-Kehren« scheint mir eine starke Nähe zum Wesen der »Supervision« selbst zu haben. Deshalb ist vielleicht mein »Dreh«, meine »Wendung«, »Supervision« mit »Subversion« zu verknüpfen, nicht nur ein willkürliches Spiel mit den Buchstaben. Durch bloße »Kreuzung« der beiden Worte komme ich ein gutes Stück weiter in Richtung auf die gewünschte Öffnung. Es ergibt sich die folgende Wortreihe:
Supervision – Subvision – Superversion – Subversion.

Für weitere Öffnungen ist einmal mehr die Etymologie hilfreich:
– das Wort »Vision«, von lat. videre: sehen, wissen, hat eine hohe Ambiguität; es konnotiert ebenso den »Seher«, den »Visionär«,

wie auch ein »Wissen«, das sich in der abendländischen Tradition vorwiegend im Register des Sichtbaren situiert. (altindisch: veda = ich weiß, gotisch: witan = wissen, althochdeutsch: wizzan = wissen)

– das Wort »Version«, von lat. *vertere: aktiv* und *passiv*: drehen, herumwenden, herumkehren, verändern, umstürzen, verderben. *medium*: sich hinwenden und sich abwenden, sich aufhalten und sich bewegen, sich beschäftigen, sich überlegen. Auch dieses Wort hat eine große Ambiguität im Sinne eines »Gegensinns der Urworte«: es denotiert und konnotiert ebenso das Hin- wie das Abwenden, ebenso die schroffe Opposition: »versus«, wie den »Vers«, den man sich auf etwas machen kann – oder auch nicht. Überwiegend ist eine destruktive Konnotation, was nicht weiter verwunderlich ist, denn jede, auch konstruktive, Veränderung basiert auf der Zerstörung des zuvor bestehenden Zustandes. (altindisch: vartate = dreht sich, althochdeutsch: werdan = werden)

Kann man da noch »Supervision« auf der Seite von »Über-Blick« und »Super-Wissen« situieren? Öffnet das Wort jetzt nicht eher eine Kluft zwischen Wissen und Nicht-Wissen, zwischen Positivierung und Negation, zwischen Akkumulation und Verausgabung, zwischen Konstruktion und De(kon)struktion?

sub und *super*, drunter und drüber, Versionen und Visionen generierend, agiert im besten Falle eine subversive Supervisionspraxis. Subversive Supervision ist der gangbarste Weg, den ich kenne, eine Organisation am Leben, offen, lebendig und im Spiel zu halten, gegen all ihre unvermeidbaren Tendenzen, sich zu fixieren, psychotisch oder tot zu werden.

Psychoanalyse ist per se subversiv. Psychoanalytische Supervision in Organisationen wirkt subversiv, machtzersetzend, zumindest dort, wo sie nicht strukturell als ein Instrument der Macht eingesetzt wird, das der Garantierung des Fortbestands und der Fortpflanzung der Institution und ihrer überkommenen Hierarchien dient.

Einen besonders subversiven Charakter nimmt die Supervision dann an, wenn sie – wie im »Verein für psychoanalytische Sozialarbeit« – auf eine Organisation[1] trifft, die selbst den Namen »Psychoanalyse« im Titel trägt, psychoanalytisch mit psychotischen jungen Menschen arbeitet, und sich im Spannungsfeld der Organisationsformen »Bewegung«, »Projekt« und »Institution« (noch) in der Schwebe hält.

Psychoanalytische Supervision in einer Organisation, die sich der Arbeit mit psychotischen Menschen widmet, ist primär Analyse – im Sinne: Auflösung, Tod, Befreiung, Erlösung – und Resurrektion, Wiederauferstehung des organisatorischen Rahmens. Allenfalls sekundär fördert sie Einsicht und Verstehen in Übertragungs- und Gegenübertragungsprozesse zwischen Betreuern und Betreuten und hilft, sie aufzulösen, sie zumindest so beweglich zu halten, daß kein Mord geschieht. Psychoanalytische Supervision einer Organisation, die mit der Psychose umgeht, bleibt – egal, wie »extern« sie sein mag – nicht außen in dem Sinne, daß sie interesselos-kontemplativ Interpretationen geben könnte, die an das Bewußte der Organisation und ihre Einsichtsfähigkeit und Vernunft appellieren.

Psychoanalytische Supervision der Organisation wird tendenziell »intern«, zumindest insofern, als sich eine »Übertragung«[2] zwischen Individuum, Gruppe, Organisation und Supervisor herstellt, die es im Prinzip zwar aufzulösen gilt, die aber praktisch – solange die gemeinsame Aufgabe besteht – unauflösbar, also unendlich ist.[3] In dieser Übertragungsposition tätigt der Supervisor Interpretationen, Interventionen, Konstruktionen und Deutungen, die sich auch an das Unbewußte des Supervisanten[4] richten, sei es eines Individuums, einer Gruppe oder der Organisation richten und dort wirksam werden – und wenn ihre nächsten Wirkungen nur Widerstände gegen die Annahme der Deutung und gegen die Einsicht in die eigenen unbewußten Motive sind. Ein Supervisor muß für die unbewußten Übertragungs-Wirkungen seiner Interventionen aufkommen und Verantwortung übernehmen. Das erzwingt eine spezifische Form von tätiger Einmischung, von kompromittierender Parteinahme. Aber wofür?

Bezüglich der Unvermeidbarkeit der tätigen Einmischung und Kompromittierung unterscheidet sich die Funktion des Supervisors im Grunde nicht von der Position des Psychoanalytischen Sozialarbeiters eines psychotischen Menschen:[5] Auch der psychoanalytische Sozialarbeiter kann sich seltenst in seinen Sessel zurücklehnen und nach den Regeln von Takt und Timing seine (verbalen) Interventionen abgeben.[6] Der Psychotiker, wenn er einigermaßen produktiv ist, würde ihn – sitzend, zurückgelehnt – schon auf »Trab bringen«.

Wenn die Psychoanalyse sich – wie im Verein für psychoanalytische Sozialarbeit – der Psychose und der Sozialarbeit zuwendet, stellt sich auch die Frage: Worin unterscheidet sich ein Psychoanalytischer Sozialarbeiter von anderen Sozialarbeitern, Krankenpflegern, Psychiatern? Dadurch, so könnte eine sehr knappe und allgemeine Antwort lauten, daß er das in der Psychose ausgeschlossene Dritte in dieser oder jener Form zu konstruieren, zu repräsentieren, jedenfalls ins Spiel zu bringen versucht. Nur durch den Bezug auf dieses Dritte – oft ist es die psychoanalytische Theorie der Psychose selbst – kommt er auch in die Lage, die psychotischen Ängste, Symptome und Abwehren seines Gegenübers als dessen authentische und sinnvolle Äußerungen aufnehmen und anerkennen zu können, sie nicht unter einem Schwall von psychiatrisch-diagnostischem Wissen und an die Vernunft appellierenden pädagogischen Interventionen zudecken zu müssen.

Analog dazu kann man vielleicht auch zu bestimmen versuchen, worin sich ein Supervisor in der psychoanalytischen Sozialarbeit von vielen anderen Supervisoren unterscheidet: Ist es nicht dadurch, daß er jenes Dritte, das durch die Psychose der betreuten Kinder, durch die psychotischen Mechanismen des Mitarbeiterteams als einer Gruppe von Menschen[7] und durch die psychotischen Tendenzen der Institution[8] von Verwerfung bedroht ist, in geeigneter Form zu konstruieren, zu repräsentieren, jedenfalls ins Spiel zu bringen versucht?

Ein psychoanalytisch reflektiertes Organisationsdesign

Ich wende mich zunächst den organisatorischen Rahmenbedingungen und der Geschichte des Vereins für psychoanalytische Sozialarbeit zu, um deutlicher zu machen, unter welchen organisatorischen und ideologischen Rahmenbedingungen seine Supervisionspraxis fungiert.

Der Verein wurde 1978 gegründet. Trotz aller unvermeidlichen Tendenzen zur Instituionalisierung ist er doch bis heute in erstaunlichem Maße lebendig, flexibel und offen für Neues geblieben, hat Merkmale einer »Bewegung« und eines »Projekts« bewahren können.

Angefangen mit drei arbeitenden Mitgliedern ist der Verein seit seiner Gründung stetig gewachsen und umfaßt heute eine Gruppe von achtzehn hauptamtlichen Mitarbeitern. Insgesamt sind in zusätzlichen Honorar- und Aushilfsfunktionen fast fünfzig Personen involviert, die etwa zehn »externen« Supervisoren nicht mitgerechnet: Der »Verein« ist also weniger eine »Ver-ein-igung« als vielmehr eine »Ver-viel-fältigung«.

Eine kritische Schwelle der Größe, ab der sich gewisse Institutionalisierungseffekte alleine schon unter pragmatisch-verwaltungstechnischem Aspekt notwendig einstellen, ist schon lange erreicht und überschritten. Bei dieser Größe, Vielfältigkeit und Komplexität eine materiale Formierung der Arbeit auf ein gemeinsames Ziel zu erreichen, das nicht nur von einem personellen Kern in Leitungsfunktionen angestrebt, sondern auf breiter Basis getragen wird, ist nicht einfach.

Wie ist es möglich, daß der Verein dennoch nicht (d. h. nicht vollständig) den unvermeidlichen Tendenzen zur Institutionalisierung verfallen ist? Meine These ist, daß die Supervisionsstruktur und -praxis, die gleichzeitig und koextensiv mit dem Aufbau des Therapeutischen Heims und mit der Gründung des Vereins als eines seiner organisatorischen Kernstücke etabliert wurde, einen ganz zentralen Beitrag zur Herausbildung einer ein wenig funktionaleren als dysfunktionalen, psychoanalytisch reflektierten institutionellen Organisation geleistet hat und heute mehr denn je leistet. Die Offenheit, Lebendigkeit und Funktionsfähigkeit dieser Organisationsform beruht wesentlich auf dem strukturellen, exzentrischen Platz, den die Supervision in ihrem Kern einnimmt. Die Supervision ist ›im Kern‹ und zugleich ›exzentrisch‹: das ist wahrlich eine paradoxe Position.

Supervision als leerer Ort

Die Supervision ist im Verein für psychoanalytische Sozialarbeit kein mehr oder weniger äußerliches Appendix der Organisation, das potentiell auch verzichtbar wäre. Der strukturelle Platz der Supervisionen bildet das Epizentrum der Organisation selbst. Dieses Epizentrum ist ebenso leer, das heißt: nicht präokkupiert, wie das eigentliche, nicht in einem Wissen und in einer Definition fixierbare und lokalisierbare Zentrum der Organisation (die psychotischen Kinder und Jugendlichen). Das Epizentrum Supervision ist »leer« wegen ihrer prinzipiellen Offenheit, ihrer Nicht-

Definierbarkeit, ihrer Unabschließbarkeit und ihrer Ambiguität zwischen Analyse (Auflösung) und Therapie (Heilung), wie ich sie eingangs mit meinen Wortspielen deutlich machen wollte.[9]

Leer ist dieses Epizentrum Supervision auch deshalb, weil es innerhalb der bestehenden Vielfältigkeit und Komplexität der Gesamtorganisation keinem Einzelsubjekt und keiner Instanz möglich ist, *supervisor* im Sinne von: Aufseher, Kontrolleur, *Überblicker* über alle Vorgänge in der gesamten Organisation zu sein. Das notwendig Fragmentarische, Kontingente, Vielfältige, das Nicht-Vereinheitlichbare und Nicht-Vereinheitlichte der komplexen Gesamtorganisation, ihrer relativ autonomen Subsysteme und ihrer breiten Basis von Verantwortlichkeit widersteht heute mehr denn je allen Versuchen des Über-Blicks, der Kontrolle und der Bemächtigung. Ich wage zu behaupten, daß es heute faktisch keine Kraft im Verein für psychoanalytische Sozialarbeit gibt, die dahin tendiert, eine solche zentrale und totalisierende Instanz werden zu wollen. Eine totalisierende Instanz könnte nämlich nur abstrakt und formal strukturiert sein. (Psychoanalytisches) Grundprinzip der Organisationsstruktur des Vereins für psychoanalytische Sozialarbeit ist aber die strenge Gleichzeitigkeit und Verknüpfung von formalen und materialen Aspekten aller Entscheidungen. Dies bringt einerseits einen enormen Kommunikationsbedarf mit sich, andererseits aber auch – als conditio sine qua non – die enge Einbindung des Managements in die inhaltliche Arbeit, wie sie primär in den Supervisionen stattfindet; ob und inwieweit das Management ›leibhaftig‹ oder vertreten von allen Supervisionsteilnehmern in den Supervisionen präsent sein muß, ist eine Frage, die ich nicht generell beantworten will.

Die Tatsache der unmöglichen Einheit, Ganzheit und Ganzheitlichkeit zuzulassen, impliziert die Anerkennung der (symbolischen) Kastration: man kann nicht alles wissen, nicht alles operationalisieren. Die Verleugnung oder Verwerfung der symbolischen Kastration hätte die institutionelle Psychose zur Folge: sei es eine paranoische Psychose in Form eines Zwanges zum Wissen und zur Totalisierung, oder im Gegenteil eine schizophrene Psychose in Form einer weitgehenden Dekompensation, einer Fragmentierung und eines Verlusts der Struktur.

Wenn ich gedanklich zu systematisieren versuche, welches die materiellen und ideellen Teile des Gesamtsystems »Verein für psychoanalytische Sozialarbeit« sind, so sehe ich die folgenden vier:

1) die Individuen und die Gruppe der betreuten jungen Menschen
2) die Individuen und die Gruppe der Mitarbeiter, die mehr ist als die Summe der Individuen[10]
3) die Institution, die mehr ist als die Gruppe der Mitarbeiter,[11]
4) die Psychoanalyse als erkenntnis- und handlungsleitende Idee[12.]

Die Supervisionen sind in diesem System überall und nirgends lokalisiert. Sie sind insofern sein Epizentrum, als sie die bebende Oberfläche über einem unterirdischen, unbewußten »Erdbebenherd« darstellen. Das eigentliche Erdbeben wird durch das Zusammenspiel, durch die »chemischen Reaktionen« der vier obengenannten Elemente des Systems hervorgebracht.

Die beiden mittleren, »inneren« Terme des Systems – die Gruppe der Mitarbeiter und die Institution –, um die sich tendenziell das ganze Eigenleben einer Organisation zu zentrieren droht, sind im Verein für psychoanalytische Sozialarbeit absichtsvoll in ihrem Gewicht und Einfluß minimiert, die explizite Thematisierung ihrer Eigenbelange ist im Rahmen der Supervisionen sogar weitgehend tabuisiert: dies ist eine Abwehr, ein Schutz vor dem drohenden Überhandnehmen der Grundannahmen-Mechanismen in der Gruppe, z.B. gegen den ubiquitären Neid. Dieses Tabu dient dem Aufrechterhalten der Arbeitsgruppen-Ebene: Die beiden »äußeren« Terme – die psychotischen jungen Menschen und die Psychoanalyse – sollen es sein, die in einem prekären Wechselspiel die Richtung des Diskurses und der Entwicklung der Organisation und der Mitarbeitergruppe bestimmen. Anders gesagt: wo man gelegentlich in manchen sozialen Institutionen den Eindruck haben könnte, daß das eigentliche Sujet der Arbeit, die betreuten Menschen, nur noch (tendenziell verzichtbare) Anhängsel des Eigenlebens der Institution sind, sind hier einige Vorrichtungen dagegen getroffen, daß dies nicht passiert.[13]

Daß die Aufrechterhaltung der Arbeitsgruppe als Abwehr gegen das drohende Abgleiten in den Status der Grundannahmengruppe Konflikte und Symptome erzeugt, ist unvermeidlich: das Verdrängte kehrt verläßlich wieder, geht nicht verloren.

Die wesentlichste Vorrichtung gegen das Überwiegen der Belange der Mitarbeitergruppe und der Immanenz der Institution ist in den Supervisionen realisiert: im methodischen Gebot, alle Probleme und Konflikte, die in der Mitarbeitergruppe und in der

Institution auftauchen, vornehmlich als Produkt, als Ausdruck, als Effekt der Arbeit mit den psychotischen Kindern und Jugendlichen und ihrer Spaltungstendenzen und als Frage an die psychoanalytische Theorie zu begreifen. Andersherum formuliert: dieses methodische Gebot zeigt sich als methodisches Verbot der expliziten Thematisierung der Selbsterfahrung der Mitarbeiter und der Eigenbelange der Institution. Man tut nicht Unrecht, wenn man dieses Gebot bzw. dieses Verbot als Ausschluß- und Verdrängungsmechanismus interpretiert: Wie jede Wirklichkeit, so ist auch die Sprech-Wirklichkeit, die sich in der Supervision realisiert, eine selektive, eine konstruierte Wirklichkeit, die sich einer Komplexitätsreduktion und das heißt: eines Ausschlusses bestimmter Wahrnehmungs- und Denkfiguren bzw. eines Nicht-Gesagten verdankt.

Selbst in bezug auf ihr definiertes Sujet – die Thematisierung der Lebensäußerungen der Kinder und der Theorie und der Ethik der Psychoanalyse – hat die Supervision einer komplexen Vielfalt von zum Teil widersprüchlichen Funktionen zu dienen. Ich fasse hier noch einmal kurz zusammen, was ich in einem früheren Text zur Supervisionspraxis unter dem Titel »Psychoanalyse (in) der Institution« (vgl. Feuling 1988) ausgeführt habe:

- Die Ausbildungsfunktion der Supervision angesichts der Tatsache, daß es in der BRD im Bereich der Pädagogik und Sozialarbeit kaum Ausbildungsmöglichkeiten für die psychoanalytisch orientierte Arbeit mit psychotischen, schwer gestörten Kindern gibt.
- Die Symbolisierungsfunktion der Supervision, die dort einspringt, wo Symbolisierung qua Psychose auszufallen droht.
- Die detektivische Entzifferungsfunktion und die Forschungsfunktion der Supervision, die darauf abzielt, das »Nicht-Einfühlbare« und »Nicht-Verstehbare« der Psychose als authentische Äußerung eines Menschen, als seinen (mißglückenden) Selbstheilungsversuch annehmen und anerkennen zu können.
- Die Entlastungs- und Containingfunktion der Supervision: auch wenn oft ein Verstehen innerhalb der Supervision nicht erreicht werden kann, hat die Supervision doch eine sehr entlastende, aufbewahrende und erinnernde Funktion. Durch ihre Häufigkeit und Regelmäßigkeit reduziert sie eher den Druck, verstehen zu müssen, als daß sie ihn erhöhen würde. Sie schafft dadurch für die Kinder wie für die Mitarbeiter einen nicht durch

ein Verstehen (und ein daraus resultierendes Wissen) festge-
schriebenen Möglichkeits-Raum für überraschende Entwicklungen.
– Gleichwohl hat die Supervision auch eine Verantwortungsfunktion: ist beispielweise ein Nicht-Handeln in einer offenen Krise
eines psychotischen Menschen verantwortbar? Muß ein Mitarbeiter eine dadurch entstehende Belastung alleine tragen oder
wird sie von der Gesamtgruppe der Mitarbeiter eines Teams und
auch vom Supervisor mitgetragen?
– Aus der Verantwortungsfunktion resultiert auch die Entschei-
dungs- und Leitungsfunktion der Supervision. Grundprinzip ist
zwar, daß Entscheidungen überwiegend inhaltlich um die Arbeit
mit den Kindern zentriert werden. Gleichwohl muß in der
Supervisionsgruppe – will sie diese Entscheidungsfunktion verantwortlich wahrnehmen – immer auch das Denken an den existenziellen Bestand der Institution und an formale Bedingungen
des Innen wie der sozialen Realität außen repräsentiert sein:
denn ohne den existenziellen Fortbestand der Institution kann
keine inhaltliche Entscheidung mehr getroffen werden.[14]

Die Supervision verfehlt naturgemäß die meisten an sie gerichteten, widersprüchlichen Anforderungen eher, als daß sie sie befriedigte. Dieses Verfehlen ist aber wesentlich: es generiert die anti-
psychotische Funktion der Supervision. Die Widersprüchlichkeit
der Anforderungen kann man global unter dem Gegensatz von
»Analyse vs. Therapie« fassen: einerseits die Anforderung des
Auflösens von ungünstigen Verbindungen, andererseits auch die
Erwartung des Festigens, des Sicherns des Bestandes der Institution.
Supervision ist deshalb grundsätzlich aporetisch und weder
vorab noch reflexiv eindeutig definierbar; man kann allenfalls hinterher sagen, was sie gewesen sein wird und was sie nicht war. Zu
viele Unwägbarkeiten sind an ihrem Prozeß beteiligt, nicht nur die
individuellen Eigenheiten des Supervisanten und des Supervisors.
Supervision ist deshalb ein – wenn auch nicht richtungsloses – ständiges Schwanken, eine Gratwanderung zwischen widersprüchlichen Tendenzen, bei ständig drohender Gefahr des Absturzes auf
die eine oder andere Seite: Macht/Management vs. Enthaltsam-
keit, Wissen vs. Überraschung, Institution vs. Gruppe, Konstruktion vs. Deutung/Rekonstruktion, Internität vs. Externität[15]. Die

Supervision ist ein (örtlicher, zeitlicher, interpersoneller und institutioneller, symbolischer) Raum, in dem – mit Ausnahme der oben angeführten tabuisierten Themen – alles gesagt werden kann. Weil es aber logisch unmöglich ist, alles zu sagen, bleibt das Sprechen kontingent und unvollständig. Supervision, die aus nichts anderem als dem in ihr Gesprochenen besteht, bleibt unbestimmt (was nicht heißt: beliebig).

Nicht nur für die Psychoanalyse der Institution, die die Supervision ist, ist es von großer Bedeutung, die Psychosen zu kennen, sondern auch für die Lebendigkeit der Organisation selbst ist es ein entscheidendes Kriterium, daß sie der Psychose tagtäglich begegnet, sie mit den jungen Menschen aufnimmt und annimmt. Daß dieser »Verein für psychoanalytische Sozialarbeit« den »Wahnsinn empfängt« (Mannoni), bewirkt, daß er immer mit der Tatsache umgeht, daß es im Kontakt mit der Psychose kein gesichertes Leben, sondern oft nur ein von Zerfall bedrohtes Überleben gibt und daß es deshalb auch kaum um das Erreichen idealer Ziele der Kohärenz und Konsistenz der Institution gehen kann. Die Institution, die mit der Psychose umgeht, kann niemals ganz und kohärent sein. Nur durch den fortlaufenden Kampf um relative Kohärenz ist Offenheit und Lebendigkeit im Spiel zu halten.

Allerdings um den Preis einer sehr großen Anstrengung und einer Kraftaufwendung, die darin besteht, sich ständig aus den gewohnten Bahnen werfen zu lassen.

Anmerkungen

1 Den Terminus »Organisation« verwende ich als Oberbegriff für die Tatsache einer materiell (räumlich, zeitlich, ökonomisch) und ideell beschreibbaren Vereinigung von lebendigen Menschen und des Vorhandenseins von Sachen. Dieser neutrale Oberbegriff müßte durch Unterbegriffe für verschiedene Organisationsformen (Institution, Projekt, Bewegung) präzisiert werden; dies will ich hier nicht ausführen, sondern nur anklingen lassen. Ich halte übrigens die Termini »Psychoanalyse« und »Institution« im Grunde für kontradiktorisch.

2 »Ich würde sagen, daß die versammelte Gruppe dasselbe ist wie Analytiker und Analysand; der Analysand muß zuerst zum Analytiker kommen, damit die

Übertragungsbeziehung aufgezeigt werden kann. Ebenso wichtig ist es, daß die Gruppe zusammenkommt, damit die Eigenschaften der Gruppe und des Individuums in der Gruppe aufgezeigt werden können«, Bion 1961, S. 96.

3 Ich meine, daß im Zusammenhang der Arbeit mit psychotischen Menschen Supervision nicht – wie im Falle der »Kontrollanalyse« bei der Ausbildung von Neurosen-Analytikern nach drei oder 10 kontrollierten Fällen – verzichtbar wird, sondern daß sie prinzipiell auch bei großer Erfahrung des Psychoanalytischen Sozialarbeiters immer notwendig ist, zumal wenn diese Arbeit in Mehrpersonensettings stattfindet: als antizipierende Konstruktion des Dritten, der in der Psychose ausgeschlossen wird.

4 Ich spreche bewußt nicht vom »Supervidierten« bzw. vom »Supervisanden« (dem zu Supervidierenden), sondern vom »Supervisanten« (dem Sich-selbst-Supervidierenden), analog zu den Implikationen, die die Wortschöpfung »Analysant« im Gegensatz zum meist gebräuchlichen Wort »Analysand« hervorruft: Mit dieser Wortschöpfung wird hervorgehoben, daß nicht auf der einen Seite ein Subjekt (Analytiker, Supervisor) steht, das ein anderes Subjekt als Objekt (Analysand, Supervisand) analysiert, behandelt, therapiert oder heilt. Der Analysant/Supervisant analysiert sich selbst, denn nur bei sich selbst kann er das gesuchte Wissen finden, das er zunächst dem Analytiker/Supervisor unterstellt. Daß dieses gesuchte und teilweise auch auffindbare Wissen in einem nicht in Bewußtsein und Vernunft auflösbaren, opaken Un-Sinn, in einem Signifikanten ohne Signifikat (Freuds »Vorstellungsrepräsentanz«, der »Nabel des Traums«) terminiert, will ich hier nicht weiter erörtern. Der Analytiker ist nicht Subjekt dieses Prozesses, sondern hat als dritter Anderer eine Art katalysatorische Funktion. Supervision nenne ich die gesamte Interaktion zwischen Supervisor und Supervisant auf der Suche nach einem verlorenen, vielleicht noch nie dagewesenen oder verdrängten Wissen, gleichgültig, ob der Supervisant eine Einzelperson, eine Gruppe oder die Organisation ist.

5 Warum soll man aber, diese tätige, sehr kompromittierende Arbeit nicht den Medizinern, den Psychiatern, Krankenpflegern und Sozialarbeitern überlassen, die dafür über das bessere Instrumentarium (geeignetere Rahmenbedingungen, zupackendere Interventionsformen etc.) als die Psychoanalyse verfügen? Warum nicht aus sicherer Distanz, von einem der oberen Stockwerke des analytischen Elfenbeinturms aus, solches Treiben in den Niederungen der Psychose und der Lebenswelt abschätzend beobachten? Gründe für eine solche Zurückhaltung der Psychoanalyse gegenüber den Psychosen scheint es viele zu geben. Die bundesdeutschen psychoanalytischen Vereinigungen zeigen wenig Interesse an der Arbeit mit psychotischen Menschen. Vielleicht auch, weil psychoanalytische Arbeit mit psychotischen Menschen im Grunde nur in Mehrpersonensettings, also in ad-hoc geschaffenen oder überdauernden Organisationen möglich ist, und nur in wenigen Sonderfällen in einer Zweiersituation.

6 Aus der psychoanalytischen Theorie wissen wir, daß auch in der two-bodies-psychology des klassischen Settings zwischen Rahmen und Prozeß (Bleger 1981) unterschieden werden kann, und daß bei aller Neurotizität des Prozesses der Rahmen Behälter und Projektionsfläche für die psychotischen Anteile ist. Sie werden dann bemerkbar, wenn der Rahmen bricht.

7 Bion schreibt in seinem Buch »Erfahrungen in Gruppen«, »daß Gruppen nach Freuds Auffassung neurotischen Verhaltensweisen, nach meiner Auffassung

dagegen psychotischen Verhaltensweisen nahekämen. Die Gesellschaft oder Gruppe, sofern sie gesund ist, weist Ähnlichkeit mit der Familiengruppe auf, wie Freud sie darstellt. Je stärker gestört eine Gruppe ist, desto weniger wahrscheinlich ist es, daß man sie auf der Basis von Beziehungen in der Familie oder auf der Basis neurotischen Verhaltens, wie wir es beim Individuum kennen, verstehen kann.« (Bion 1961, S. 134) Von der Psychose der Gruppe ist die Psychose der Institution zu unterscheiden. Beide haben eine unterschiedliche, wenn auch konkret schwer zu unterscheidende Phänomenologie und Dynamik.

8 Grundsätzlich meine ich, daß die Ebene der Gruppe als einem Konglomerat von Einzelindividuen (wo primär das imaginäre Register im Sinne Lacans mitschwingt) und die Ebene der Institution als einem unabhängig von ihren Mitgliedern bestehendem (primär symbolischem) Gebilde analytisch unterschieden werden muß. Auch in bezug auf diese Unterscheidung ist die Supervision eine Gratwanderung zwischen zwei Extremen. Eine gesunde und stabile Mitte kann es hier nicht geben. Die pathologische Abwehr und das Symptom der Institution ist die Fixierung, die Erstarrung. Dabei zeigen Institutionen, die mit der Neurose umgehen, häufig eher eine Tendenz, neurotische anmutende (hysterische, zwanghafte oder verwahrlosende) Symptomatiken zu entwickeln und langfristig auf einem mittleren Niveau der institutionellen Pathologie zu erstarren. Scheinbar neurotische Symptomatiken von Institutionen sind aber auch leicht als Abwehr einer latent psychotischen Tendenz interpretierbar: dem Kliniker ist Zwang und Verwahrlosung als pseudoneurotische Abwehr einer psychotischen Dekompensation nichts Unbekanntes. Institutionen, die mit der Psychose umgehen, zeigen demgegenüber eher eine Tendenz, sehr schnell und äußerst rigide zu erstarren, verbunden mit einem enormem Aufwand an Verleugnung gegenüber der Psychose. Wenn sie lange überleben, dann, indem sie sich nicht mehr vom Psychotischen affizieren lassen, es mit rigiden, entindividualisierenden Strukturen, mit diagnostischem Wissen, mit Medikamenten, mit der Arbeitsteilung der Berufsgruppen und Zuständigkeiten quasi aus der Wahrnehmung auslöschen.

9 Sicher gäbe es hier außer den Supervisionen noch andere Details der organisatorisch-institutionellen Struktur und Praxis des Vereins für Psychoanalytische Sozialarbeit anzuführen, wie z. B.:
– die Ent-Hierarchisierung in bezug auf Gehalt, berufliche Qualifikation und Arbeitsfunktion der Mitarbeiter;
– die selbstverantwortliche Struktur: alle Entscheidungsbefugnis liegt bei den Mitarbeitern selbst, es gibt keinen der Arbeit fernen Vorstand, keine übergeordnete, abgelöste Leitung und Verwaltung;
– die daraus resultierende Doppelrolle der Mitarbeiter als Arbeitgeber und Arbeitnehmer in Personalunion (diese Union erfordert eine spezifische Form von Persönlichkeitsspaltung);
– die organisatorische Aufteilung in relativ autonome Subsysteme und zugleich die starke Verknüpfung von Mitarbeitern dieser Subsysteme bzw. der Subsysteme selbst im Zusammenhang mit gemeinsamen, lokalen Projekten und Arbeitsaufgaben mehrerer Subsysteme;
– der alle Subsysteme umfassende »Trägerverein« ist dabei faktisch ein eigenes Subsystem, materialiter das kleinste und unbedeutendste. Idealiter ist der Trägerverein jedoch ein gemeinsames Projekt aller anderen Subsysteme, zugleich aber auch deren ideelles Ganzes.

Gleichwohl meine ich, daß diese Details einer »selbstverwalteten« Organisationsstruktur nicht das Außergewöhnliche sind: es gibt dafür genügend Parallelen in anderen Projekten. Das Bemerkenswerte scheint mir eher, daß diese Organisationsmerkmale bis heute tragfähig bleiben konnten. Dies aber ist die wesentliche Leistung der zentralen Funktion der Supervision bzw. der durch sie forcierten Ausrichtung der ganzen Organisation auf die Arbeitsaufgabe.

10 »Eine Anerkennung des Gedankens, daß der Mensch ein Gruppengeschöpf ist, würde die Schwierigkeiten auflösen, die man in dem Paradox zu spüren scheint, daß eine Gruppe mehr ist als die Summe ihrer Mitglieder. Die Erklärung für gewisse Phänomene ist in der Matrix der Gruppe zu suchen und nicht bei den Individuen« (Bion 1961, S. 97). Bion beschreibt, daß es ein Bedürfnis jedes menschlichen Individuums ist, an Gruppen teilzuhaben; daß die Befriedigung dieses Bedürfnisses aber notwendig eine Nicht-Befriedigung und einen Konflikt mit seinen individuellen Bedürfnissen mit sich bringt. Er beschreibt die Dynamik von Gruppenprozessen als prekäres Gleichgewicht zwischen

– dem Individuum und seinen bewußten und unbewußten Wünschen;
– der »Gruppenkultur«, die durch die bewußte oder vorbewußte Orientierung der Gruppe auf ein Ziel hin geprägt wird. Die Gruppenkultur ermöglicht einerseits ein gewisses Differenzierungsvermögen zwischen dem, was noch im ursprünglichen Sinn der Gruppe liegt und was nicht. Andererseits ist die Gruppenkultur aber auch ein abhängiger und variabler Effekt des Gegensatzes zwischen den Wünschen des Einzelnen und den unbewußten Gruppenprozessen;
– und der »Gruppenmentalität«, in der sich die meist unbewußten affektiven Quanten, die den Fortgang des Gruppenprozesses am stärksten beeinflussen, niederschlagen.

Bion entwirft eine Typologie von vier Gruppentypen, von denen drei nach unbewußten, rein affektiven Grundannahmen (basic assumptions) funktionieren:

1. Die Kampf-Flucht-Gruppe: sie konstituiert sich dadurch, daß alles, was den Bestand der Gruppe stören könnte, ausgeschlossen wird. Vor der Gefahr dieses projektiv Ausgeschlossenen, das die Gruppe selbst erst als Einschlußphänomen erzeugt, flieht die Gruppe entweder oder sie bekämpft es. Eine Kampf-Flucht-Gruppe orientiert sich an einem Führer, wofür häufig ihr pathologischstes, paranoidestes Mitglied gewählt wird. Das Thema Kampf und Gewalt dominiert latent oder offen die Züge dieser Gruppe.

2. Die Paarbildungsgruppe: sie verleugnet den aktuellen Schmerz des unbefriedigenden Zusammenseins, indem sie alle Hoffnung auf die Beschwörung eines zukünftig besseren Zustandes richtet. Diese Gruppe organisiert sich um einen messianischen, einen abwesenden Führer, der erst noch gezeugt und geboren werden muß: Das Thema Sex dominiert die Züge dieser Gruppe.

3. Die abhängige Gruppe: sie versucht vor allem, Sicherheit und Wohlbehagen durch Aufgabe der individuellen Freiheit der Mitglieder zu erreichen. Sie orientiert sich an einem Führer, dem elterliche, versorgende Potenz und Autorität zugeschrieben wird; diesem vergötterten Führer gegenüber begibt sich das Gruppenmitglied in die Position eines Kindes gegenüber

den Eltern, eines Patienten gegenüber dem Arzt. Die primäre Abwehrreaktion dieses Gruppentypus ist das Schuldgefühl über die Gier, zuviel von den Eltern gewollt oder bekommen zu haben. Die orale Thematik dominiert in dieser Gruppe.

4. Die differenzierte Gruppe oder Arbeitsgruppe (vgl. Fußnote 11).

11 In Bions Gruppentheorie ist die Niveauebene der Institution wenig explizit gewürdigt. Ich meine, er faßt die Ebene der Institution, sofern sie mehr ist als die Summe der Gruppenaffekte und -effekte, wesentlich unter dem Begriff der »differenzierten Gruppe« oder »Arbeitsgruppe«. Die Arbeitsgruppe hat eine Aufgabe außerhalb ihrer selbst und deshalb einen Realitätsbezug. »Ihre Merkmale sind denen ähnlich, die Freud (1911) im Ich gesehen hat. Diese Facette der Gruppe habe ich die ›Arbeitsgruppe‹ genannt. Der Ausdruck bezeichnet nur eine bestimmte Art psychischer Aktivität, nicht die Menschen, die sich ihr widmen.« (S. 104) Die Anstrengung, die für ihre Aufrechterhaltung gegenüber den Tendenzen zur basic-assumption-group aufgewandt werden muß, zeigt die Stärke der Grundannahmengefühle (des Menschen »unveräußerliche Eigenschaft als Herdentier«, S. 69), gegen die die Arbeitsgruppe eine Abwehr darstellt. Umgekehrt ist aber auch die vorübergehende oder dauernde Flucht in den Status einer Grundannahmengruppe ein Effekt der Furcht vor der Anstrengung der Arbeitsgruppe. Als wesentlichste Merkmale der Arbeitsgruppe führt Bion eine Aufgabe, ein Ziel und eine Vorstellung von Entwicklung an.
Jeder dieser Gruppentypen beschreibt nicht einen statischen Zustand einer Gruppe, sondern ständig wechselnde Positionen der Gruppe, die vom einen zum anderen Typus übergeht, weil jeder Typus zwar bestimmte Befriedigungen aber auch Frustrationen bestimmter Wünsche mit sich bringt. Bion macht darauf aufmerksam, daß Übergänge von einem Grundannahmentypus zum nächsten oft konfliktlos geschehen, allenfalls gibt es Konflikte mit der Arbeitsaufgabe der Gruppe, die dann den Wechsel zu einer anderen Grundannahme herbeiführen. Im günstigsten Falle schwankt eine Gruppe zwischen dem Arbeitsgruppenstatus und dem Abhängigkeitsstatus, mit dem die sehr viel explosiveren und unangenehmeren Grundannahmen Kampf-Flucht und Paarbeziehung ausgeschaltet, »verdrängt« werden können. Als Verdrängte bleiben diese Grundannahmen aber virulent und erzeugen Symptome.

12 Über die Unterscheidung von imaginären und bilderlosen, symbolischen Idealen und über die Wirksamkeit von »Meistersignifikanten« einer Gruppe oder Organisation vgl. Feuling 1988.

13 »Zart verstanden« wäre es natürlich ebenso richtig, zu sagen, daß der Verein für Psychoanalytische Sozialarbeit eine Selbsthilfeorganisation von Mitarbeitern, in der Mehrzahl von Sozialpädagogen, ist, deren zentrales (und legitimes) Anliegen es ist, es sich selbst möglichst »gut« gehen zu lassen. Es ist hierbei die Frage, was man unter diesem »Gutgehen« versteht: wo es nur um einen selbst geht, wird das schnell schal oder unerträglich. Vielleicht könnte man diese Frage auch unter dem Blickwinkel des psychoanalytischen Terminus' der Sublimation weiter verfolgen.

14 Ein phasenweiser Überhang des Inhaltlichen über das Formale und Existenzielle – wir haben es erfahren – kippt schnell in sein Gegenteil, wenn beispielsweise nur inhaltliches, an den Bedürfnissen einzelner Kinder und Jugendlichen orientiertes, Handeln den Bestand der gesamten Institution gefährdet. Ich halte

es insgesamt – trotz aller Schmerzen und Anstrengungen, die das bereitet – für einen großen Vorteil für die Lebendigkeit der Institution, daß keine von Anderswoher kommende Abfederung solcher Schmerzen zur Verfügung steht, wie sie möglicherweise durch Unterordnung unter einen großen, potenten übergeordneten Träger gewährleistet wäre: Ich ziehe die volle Verantwortung einer »abgefederten« vor.

15 Ich habe oben gesagt, daß auch ein »externer« Supervisor in der Supervisionsstruktur des Vereins, besonders durch seine Einbindung und Verwicklung in die mannigfaltigen Funktionen der Supervision, durch die Verantwortungs- und Entscheidungsfunktion und durch das Annehmen der Übertragungsdynamik, tendenziell »intern« wird, allenfalls relativ extern bleiben kann. Es erhebt sich dann die Frage: Gibt es einen Anderen des Anderen, eine Supervision der Supervision, ad infinitum? Wie ist es anders möglich, dem Exzentrischen einen Raum zu lassen, wenn nicht durch den leeren, undefinierten Platz der Supervision in der Struktur des Systems, unter das sich alle Management-Absichten und Macht-Tendenzen unterordnen? Inwieweit ist der Platz der Supervision homolog zum Platz des Analytikers? In der Experimentalschule von Bonneuil wird die Sprengung der Institution selbst an diesen Platz gesetzt, Supervisionen werden als Werkzeuge der Generierung eines Wissens und eines wissenschaftlichen Diskurses über das psychotische Subjekt abgelehnt: »Die Metapher der Sprengung zielt ab auf die Öffnung eines Lebensortes gegenüber der Außenwelt; eines Ortes, der, obwohl instituiert, sich dennoch weigert, als Ersatz für das gesamte Netz von Institutionen zu dienen, in welche das Subjekt sich integrieren muß [...] Die Institution selbst nimmt die Sprengung auf sich, und zwar nicht nur, indem sie sich einer pädagogischen Absicht verweigert, sondern auch, indem sie auf den gesetzgeberischen Zusammenhang eines institutionellen Diskurses verzichtet [...] Das alles sagt schon genug darüber aus, wie nahe der Platz einer ›gesprengten Institution‹ an den des Analytikers heranrücken kann« (Robert Lefort in Mannoni 1976, S. 237). Ich meine, daß die Supervision als Subversion, wie ich sie hier zu skizzieren versuche und wie ich ihre Wirksamkeit im Rahmen des Vereins für Psychoanalytische Sozialarbeit kennengelernt habe, eher das Wissen subvertiert und auf ein Nicht-Wissen hin öffnet als daß sie es verschließt.

Literatur

Adorno, Th. W. (1970): *Ästhetische Theorie*. Ffm 1970.

Bleger, Jose (1981): Psychoanalysis of the psychoanalytical frame. In: Langs, Robert: *Classics in Psychoanalysis*, New York, London.

Bion, W. R. (1961): *Erfahrungen in Gruppen und andere Schriften*, Ffm 1990, London.

Feuling, Martin (1988): Zur Psychoanalyse (in) der Institution, In: *Fragmente Bd. 26*. Kassel

Mannoni, Maud (1976): *Ein Ort zum Leben, Die Kinder von Bonneuil*, Frankfurt 1978 (frz. 1976).

Joachim Staigle

Supervision und Krise

Es gibt sehr viele Gründe und Notwendigkeiten, die dafür sprechen, sozialarbeiterische oder psychotherapeutische Tätigkeit begleitet durch kontinuierliche psychoanalytisch orientierte Einzel- und Gruppensupervision mit institutionsunabhängigen, externen Supervisoren durchzuführen.

Ich möchte mich hier nur auf einen Aspekt beziehen, der meiner Ansicht nach in der Betreuung und Behandlung psychotischer und anderer frühgestörter Menschen eine psychoanalytische Supervision, eine Beziehung des Sozialarbeiters oder Therapeuten zu einem in die Reflexion einbezogenen Dritten unverzichtbar macht. Es handelt sich hierbei um einen im Grunde sehr simplen Gedanken, der aber den immensen Schwierigkeiten im Umgang mit ich-selbst-strukturell gestörten Menschen Rechnung zu tragen versucht: In der Behandlung und Betreuung schwerst beziehungsgestörter Menschen kommt es unumgänglich zur Entwicklung von Beziehungsstrukturen und Übertragungsverhältnissen, die sich durch einen massiven Gebrauch von projektiver Identifizierung kennzeichnen. Projektive Identifizierungen werden im alltäglichen Umgang in Gestalt unserer Gegenübertragung erfahren und sind nur über die Reflexion dieser Gegenübertragung erfaßbar. Der Grund liegt darin, daß mit dem projektiven Prozeß beim »Sender« ein identifikatorischer Prozeß beim »Empfänger« einhergeht, das Projizierte nicht vom Eigenen als unterschieden erlebt wird.

Unter ›projektiver Identifizierung‹ wird – Leon Grinberg zitierend – verstanden: »In der projektiven Identifikation werden Selbstanteile und innere Objekte abgespalten und in ein Objekt projiziert, mit der Folge, daß dieses Objekt so erlebt wird, als sei es von den projizierten Anteilen kontrolliert und durchdrungen. Dieser von Beginn des Lebens an wirksame Mechanismus hat verschiedene Ziele: Er dient dazu, das Selbst von schlechten Anteilen zu befreien, gute Anteile vor einer bösen Innenwelt zu beschützen, das Objekt zu zerstören usw. Eine der Folgen dieses Prozesses ist es, daß durch die Projektion schlimmer Phantasien und Gefühle auf eine gute Brust, d. h. auf ein verstehendes Objekt, das Kind,

soweit es seine Entwicklung erlaubt, diese Anteile in einer tolerier-
bareren Form wieder reintrojizieren kann, nachdem sie durch das
Denken (die »rêverie«) des Objektes modifiziert worden sind«
(Grinberg, L., 1990).

»Zur Unterscheidung von Projektion – Projektive Identifikation
sind unterschiedliche Vorschläge gemacht worden. Kernberg
(1975) bezeichnet z. B. die Projektion als den reiferen Mechanismus. Im Gegensatz dazu sieht er projektive Identifikation als primitive Verlagerung unerträglicher innerpsychischer Erfahrung in
ein Objekt, wobei der Kontakt zum Projizierten bestehen bleibt
und eine Tendenz zur Kontrolle des Objekts damit verbunden ist.
Ich selbst bin der Ansicht, daß der Hauptunterschied darin liegt,
daß im Falle der projektiven Identifikation, nicht aber bei der Projektion, das Individuum etwas loswird (sei es eine Spannung, ein
Selbstanteil oder ein inneres Objekt). Demzufolge hat projektive
Identifikation auch entwicklungsfördernde Funktionen. Sie
begründet die Entstehung von Empathie: sie läßt die Phantasie zu,
›im‹ Anderen zu sein und dessen Gefühle besser zu verstehen und
löst … im Gegenüber emotionale Resonanz und entsprechende
affektive Reaktionen aus« (Grinberg, L., 1990).

Diese beiden Zitate machen deutlich, daß die in den Betreuungen sich entwickelnden Prozesse starker projektiver Identifizierungen nicht alleine einen den Umgang erschwerenden destruktiven oder Abwehrcharakter haben, sondern einen sehr wesentlichen kommunikativen Faktor darstellen. Dieser kommunikative
Faktor ist eine zentrale Voraussetzung für die Weiterführung des
therapeutischen Entwicklungsprozesses. Eine Entwicklung kann
auf neue Weise in Gang kommen, wenn es dem Therapeuten oder
Sozialarbeiter gelingt, die projektiven Identifizierungen angemessen zu verarbeiten. Man kann dies im Bilde der Vorverdauung, der
Entgiftung oder in der Idee der Schöpfung neuer Sinn- und Bedeu-
tungszusammenhänge auffassen. Erst nach dieser Verarbeitung im
Therapeuten kann sich dann eine Rücknahme des »Herausverla-
gerten« ergeben.

Die notwendige Verarbeitung dessen, was qua projektiver Identifizierung sich nun im Therapeuten zu befinden scheint, impliziert
eine Wahrnehmung und Durcharbeitung der eigenen Gegenübertragung.

Wenn es sich um projektive Identifizierungen handelt, so ist die
Wahrnehmung der Gegenübertragung und ihr Durchdenken

besonders schwierig. Zum einen ist sie nicht immer als solche leicht erkennbar, denn sie trägt in diesem Falle starke »mein-haftige« Züge, zum anderen muß grundsätzlich auch bedacht werden, daß sie in Umkehrung der Denkperspektive auch eine Übertragung auf den Patienten ist. Die Gegenübertragung wird von der Summe der eigenen Einstellungen, Gefühle, inneren Objekte usw. zunächst nicht als getrennt erlebt und ist im wesentlichen eine Kommunikation von »Unbewußt« zu »Unbewußt«.

Es muß daher eine Instanz geben, die es ermöglicht, die Gegenübertragung ins Bewußtsein zu heben und durchzuarbeiten, die projektiven Identifizierungen aufzunehmen und »zu verdauen« – wie es Wilfred Bion genannt hat – damit sich der Patient wieder damit identifizieren, die modifizierten Erfahrungen reintrojizieren kann. Eine solche Instanz ist paradigmatisch das Denken. Da bei massiven, v.a. pathologischen projektiven Identifizierungsprozessen wesentlich auch die Funktion des Denkens beeinträchtigt wird und in der Beziehung die Abgrenzung zwischen dem Selbst und dem Objekt partiell verloren geht, bedarf es einer schützenden Funktion, eines Dritten, die hilft, Subjekt- und Objektgrenzen aufrechtzuerhalten und die Denkfunktion sicherzustellen. Eine solche Funktion übernimmt die kontinuierliche Supervision eines Betreuungsverhältnisses. Diese Funktion kann zumindest in der Behandlung und Betreuung psychotischer Patienten nicht dauerhaft ersetzt werden durch eine ausschließlich im Therapeuten stattfindende Reflexion mit der Bezugnahme auf das dritte Objekt »Psychoanalytische Theorie und Technik«.

Die Supervision hat mit der Durcharbeitung der Gegenübertragung immer auch den Charakter einer ergänzenden psychoanalytischen Selbsterfahrung, soweit die persönlichen Eigenschaften des Sozialarbeiters oder Therapeuten notwendig zu einem Verstehen der Beziehung zwischen Patient und Therapeut beitragen. Anders gesagt: Eine psychische Entwicklung beim Patienten ist immer an die psychische Entwicklung des Sozialarbeiters oder Therapeuten gebunden.

Mein Gebrauch des Begriffes Gegenübertragung meint meine Übertragung auf den Patienten und ihre Wechselwirkung mit der Übertragung des Patienten auf mich. Ich gehe nicht davon aus, meine Gegenübertragung sei nur das symmetrische Abbild der Übertragung des Patienten. Aber es gibt eine Beziehung zwischen meiner Wahrnehmung des Patienten und meiner Reaktion auf ihn.

Das, was ich als meine Gegenübertragung bezeichne, sind meine Gefühle und meine Reaktionen auf den Patienten, auf sein Verhalten und seine Persönlichkeit. Sie speisen sich aus meinen eigenen Tendenzen, Erfahrungen, aus meiner ganz persönlichen Entwicklung. Hierzu gehören auch wesentlich meine Konflikte und meine inneren Wunden und Narben. Ich bin mir nicht sicher, ob es überhaupt sinnvoll und möglich ist, zwischen einer objektiven und einer seitens des Therapeuten problematischen Gegenübertragung zu unterscheiden. Zumindest in der Behandlung psychotischer Patienten wird ein Teil der wichtigsten und zentralsten Gegenübertragungsreaktionen gerade dadurch hervorgerufen, daß sich etwas von mir mit dem Patienten trifft. Dieser aktualisiert und berührt in mir innere Wunden, Narben und Traumen. Auf diesem Weg wird etwas von den nicht symbolisierbaren[1] und damit sprachlich nicht mitteilbaren Gefühlen, Erfahrungen und Zuständen kommuniziert. Dieses Verhältnis sprach wohl auch H. Searles an in seinem Aufsatz »Der Patient als Therapeut seines Analytikers« (Searles, H., 1979).

Das spezifisch Therapeutische unserer Arbeit bestünde demnach darin, daß wir in der Beziehung zum Patienten einen Weg finden, etwas von den aktualisierten Wunden zu entdecken, eine eigene Entwicklung durchzumachen, die den Patienten aus der Rolle eines vervollständigenden Teiles unseres eigenen Selbstes entläßt. Nur so kann eine benigne notwendige Regression des Therapeuten auf das Funktionsniveau des Patienten erfolgen. Das heißt, ein wesentlicher Teil der therapeutischen Arbeit findet in mir selbst statt, in der Form von Reflexion und Änderung meiner Einstellung, die dann der Beziehung zwischen mir und dem Patienten neue Möglichkeiten eröffnet. Es wird das Archaische in mir selbst berührt, also insbesondere die eigenen Erfahrungen mit Trennung, Grenze und Gedankenbildung, Schuld und Wiedergutmachung, Kreativität und Tod. Diese innere Auseinandersetzung auf einem Niveau, das Symbolisierung ermöglicht, muß zunächst in der Supervision erfolgen, da beim Vorherrschen »primitiver, früher« Abwehr- und Schutzfunktionen oft unsere Fähigkeit zum Denken sehr in Mitleidenschaft gezogen ist.

Im folgenden möchte ich an einer Episode schildern, wie notwendig bei der Betreuung psychotischer Patienten ein realer und gedanklicher Halt durch einen Dritten, in der Regel eine Einzelsupervision oder eine Supervisionsgruppe neben der laufenden oder abgeschlossenen Analyse des Sozialarbeiters oder Therapeuten ist, um die eigene Beziehungsfähigkeit aufrechtzuerhalten. In dieser spezifischen Situation wurde von mir eine Kollegengruppe in der Funktion eines einerseits supervidierenden und andererseits haltenden Dritten gebraucht. Es wird hier deutlich, daß Supervision bei stark agierenden Patienten nicht alleine Reflexionsfunktionen hinsichtlich der Übertragungs-Gegenübertragungsentwicklung, der institutionellen Rahmendynamik usw. hat, sondern zu einem gewissen Grad auch Haltefunktionen wahrnehmen muß. Es wäre an dieser Stelle zu fragen, welche Übertragungsprozesse, welche Schutzfunktionen und Abwehrprozesse, welche projektiven Identifizierungen zwischen Supervisoren und Supervisanten sich entwickeln, daß man von Haltefunktionen der Supervision sprechen kann und muß.

Der 24jährige K. wird zum Zeitpunkt der ausgewählten Episode seit 4 Jahren von mir betreut, nachdem eine jugendpsychiatrische Klinik bei den Ambulanten Diensten anfragte, ob eine psychoanalytisch-sozialtherapeutische Betreuung eines damals 20jährigen jungen Mannes möglich sei. Es sollte ihm geholfen werden, den Übergang in Lebensverhältnisse außerhalb einer Psychiatrischen Klinik zu bewältigen. Es sollte auch eine ambulante Weiterführung der früheren, lange unterbrochenen Therapie bei seiner ehemaligen Ärztin ermöglicht werden.

Zur Lebensgeschichte: K. sei schon als Säugling auffallend ruhig gewesen, die Mutter arbeitete nach der Geburt bald wieder und er wurde zunächst von einer schweigenden alten Nachbarin betreut. Mit vier Jahren erfolgte der Umzug aus einem für uns fremdsprachigen Gebiet nach Deutschland. Dort hatte er weder im Kindergarten noch in der Schule Kontakte zu anderen Kindern. Mit der Pubertät zog er sich mehr und mehr von der Außenwelt zurück. Schließlich gab er Sprechen und Essen vollständig auf und lag in einer Art Totstellreflex mit geschlossenen Augen ununterbrochen bewegungslos im Bett. In diesem Zustand erfolgte die Aufnahme in die Klinik. Der Patient lag dort über ein halbes Jahr bewegungslos im Bett, mußte bewegt, gepflegt und mit der Magensonde ernährt werden. Es wurde eine Art Säuglingspflege für einen Sechzehnjährigen eingerichtet.

Im Verlauf der stationären Therapie nahm er einen gewissen Grad an Aktivität wieder auf und besuchte auch die Schule. Nach 2 1/2 Jahren Jugendpsychiatrie wurde er in ein Psychiatrisches Landeskrankenhaus verlegt, da ihm eine Verselbständigung und aktiv gestaltete Trennung von der Klinik in jener Zeit nicht vorstellbar war. 1 1/2 Jahre später nahm er wieder Kontakt zu seiner ehemaligen Ärztin in der Jugendpsychiatrie auf und bat diese um Hilfe bei seiner Verselbständigung aus der stationären Versorgungssituation heraus. Mit der Bitte um Kooperation wandte sich diese im Einverständnis mit K. an die Ambulanten Dienste des Vereins für Psychoanalytische Sozialarbeit.

K. kommt zu Erstgesprächen nach Tübingen. Er führt sie mit mir und einer weiteren Mitarbeiterin. K. will Hilfe, um hier wohnen zu können. Er hat kein Zimmer, kein Geld und kennt außer seiner Ärztin hier niemanden. Und doch hatte er hier seine einzigen Kontakte. Er will eine Lehrstelle oder einen Arbeitsplatz, um – wie er sagt – ein nützliches Glied der Gesellschaft zu werden. Er wünscht sich von uns Beziehungen auf Gegenseitigkeit und nicht irgendwas »Psychologisches«. In Zusammenhang mit seiner neu angenommenen buddhistischen Religionszugehörigkeit äußert er, daß es keine Seele und keine Persönlichkeit gebe. Diese Religion hat für ihn eine hilfreiche, existenztragende Funktion. Ihre Zentralaussage ist: Das Leben ist Leiden. Die Arbeit mit Frauen möchte er vermeiden, weil er sich vor den aus diesen Beziehungen erwachsenden Affekten schützen möchte. Seine Ärztin ist für ihn zunächst akzeptabel, da er sie als eine Art Schwester oder Tante empfindet, die sich real für ihn engagiert. Vor dem Kontakt mit seinen Eltern, vor allem mit der Mutter, möchte er geschützt werden. Die Beziehung zu ihnen hat er bereits vor langer Zeit unterbrochen. Er ist sich nicht sicher, ob er sich von den Erwartungen und Versorgungshandlungen der Mutter ausreichend abgrenzen kann.

Die Erfahrungen aus den Erstbegegnungen mit K. werden im Rahmen einer Supervisionsgruppe aller Ambulanzmitarbeiter, die von zwei externen Analytikern geleitet wird, reflektiert, um zu einer Vorstellung gelangen zu können, ob K. ein Betreuungsangebot gemacht werden kann, das eine soziale Integration und Weiterentwicklung im Sinne eines psychischen Wachstums wahrscheinlich erscheinen läßt. Außerdem werden erste Vorstellungen über das anzubietende Betreuungssetting entwickelt.

Wir bieten K. ein Dreipersonen-Setting an:
1. Regelmäßige Psychotherapietermine bei seiner Ärztin.
2. Regelmäßige Termine bei einer Mitarbeiterin der Ambulanten

Dienste, die K. in seinen Berufswünschen beraten und in seinen Bemühungen um einen Ausbildungs- oder Arbeitsplatz unterstützen kann.

3. Sozialarbeiterische Betreuung durch mich, alle Fragen der Lebenssicherung betreffend. Dazu gehören Aufgaben wie z. B. Geldbeschaffung, Ämterbegleitung, Wohnungssuche, Einkaufen, Kochen, Pflege und Verfügbarkeit als Anlaufstelle in akuten Krisensituationen. Im weitesten Sinne also Hilfen, die entweder als Ich-Leistungen selbständig wahrgenommen oder aber durch Eltern oder andere Sozialbezüge und Freunde geleistet werden, wenn Jugendliche oder junge Erwachsene sich verselbständigen.

Innerhalb kurzer Zeit zeigt sich, daß K. gegenüber vielen Formen von Abgrenzungserfahrungen, die im weiteren Sinne mit Trennung, Versagung und Grenzsetzung zu tun haben, sehr verletzlich ist. Er kann im Sinne von Bions Theorie des Denkens infolge einer schwachen Frustrationstoleranz bestimmte Affekte nicht aushalten und verfügt deshalb auch über keine ausreichend Halt gebende, das abwesende Objekt repräsentierende Gedanken (vgl. W. R. Bion).

So nimmt K. nach 3 Monaten die Termine bei seiner Ärztin und kurz darauf auch bei der Mitarbeiterin der Ambulanten Dienste nicht mehr wahr, denn die Therapeutin verlangt einen Krankenschein und beharrt auf zeitlich und örtlich festgelegte Verabredungen. Die Kontakte zu der Ambulanzmitarbeiterin sagt K. ab, nachdem seine Bewerbung an einer Schule ablehnend beschieden worden war.

Die Kontakte zu mir bleiben bestehen. Infolge der Reduktion des Mehrpersonenrahmens auf die Beziehung zu mir konzentrieren sich nun alle inneren und äußeren Haltefunktionen auf mich. Die Beziehung ist gekennzeichnet von K.'s großen Erwartungen an mich mit sehr konkretistisch aufgefaßten Beziehungswünschen und der teils ausgesprochenen und mit großem Druck gestellten Forderung, ich möge im Sinne seiner Idealvorstellung existieren. Ich soll ihm vielfältige reale Hilfe leisten, fast alle sozialen Bedürfnisse abdecken oder zumindest sein Leben so mitorganisieren, daß er weder emotionale Erregungen noch irgendeinen Mangel spüren muß. So leidet K. an großer Einsamkeit, lehnt jedoch jeden Vorschlag ab, der darauf hinzielt, etwas an seiner Situation zu ändern, unter anderem weil er seine Lebens- und Verhaltensweisen überhaupt nicht als Teil der Ursache seiner Isolierung erkennen kann. Es mangelt ihm an allem und doch kann er kein Angebot wahrnehmen, das auf eine relative Unabhängigkeit von mir zielt. Ich muß während eines langen Zeitraumes ein wirklich verfügbares Gegenüber sein, was sich auch darin zeigt, daß K. mich häufig in schwierigen und verzweifelten Situationen teils nachts und häufig zusätzlich zu unseren Terminen zuhause anruft. In den unstrukturierten, vom Handeln dominierten Alltagssituationen ist eine von Verstehen durchdrungene Handhabung der sich heftig entwickelnden emotionalen Beziehung zu mir, die sich durch massive projektive Identifizierungen auszeichnet, sehr schwierig.

Innerhalb der Betreuung war es K. im Zeitraum von etwa 4 Jahren gelungen, eine eigene Wohnung zu finden, seine wiederaufgenommene Schulausbildung mit dem Abitur abzuschließen und sich hinsichtlich seiner Lebensführung weitgehend selbständig zu versorgen. K. hatte auch wieder die Beziehung zu seinen Eltern aufgenommen. Er hatte allerdings kaum positive, tragfähige Kontakte zu Gleichaltrigen, und die einzige Beziehung außerhalb der Regelhaftigkeit der Schule und der Herkunftsfamilie war die zu mir. Während langer Phasen der Betreuung hatte er jegliche Gefühle oder triebhafte eigene Affekte geleugnet, oder er erklärte sich ihr Verspüren mit der Phantasie, diese Gefühle seien nicht die eigenen, sondern von anderen durch Manipulationen in ihm hervorgerufen worden. Sah er beispielsweise ein Mädchen, das in ihm erotische Gefühle weckte, so erschien sie ihm als eine Art Hexe, die ihn bloß erregen wolle, damit er in ihre Abhängigkeit gerate. Jegliches Gefühl, aber vor allem erotische Erregungen und Gefühle der Aggression und des Hasses, leugnete er, indem er darauf bestand, es sei bloß eine Illusion, die es aufzulösen gelte. Gleichzeitig empfand er stärkere Gefühle vor allem als körperliche Schmerzen und erlebte notwendige seelische Strukturbildung vor allem im körperlichen Bereich als ein Problem der Muskulatur und als orthopädisches Problem. Er bestand darauf, daß alles Scheitern, alles Mißlingen, alle seelischen und körperlichen Qualen nur darauf zurückzuführen seien, daß er eine Skoliose habe. Entsprechend suchte er Hilfe und Änderung seines Zustandes über die Kräftigung seiner Rückenmuskulatur und die Begradigung seiner Wirbelsäule über ausgedehnte isometrische Übungen und selbst ersonnene Krankengymnastik. K. hatte alles Denken an Ursachen und Bedeutung seiner körperlichen und seelischen Situation in seinen Körper und auf die Form seiner Wirbelsäule und in die kompensierende Stärke der Muskulatur verlegt. An dieser Stelle muß darauf hingewiesen werden, daß K. real sehr unter einer Skoliose leidet, auch starke Rückenschmerzen und Haltungsprobleme hat. Allerdings nahmen nun die körperlichen Schmerzen auch alle seelischen Schmerzen in sich auf, beide konnten und mußten von K. nicht mehr als voneinander differenziert erlebt werden.

Als Konsequenz der Schwierigkeit, seelischen Schmerz, der für ihn wohl vor allem die Qualität psychotischer Ängste hatte, ertragen zu können, versuchte er, beinahe alle Beziehungen zu meiden, in denen er das Anwachsen gefühlshafter Beteiligung wahrnahm.

Zu dem Zeitpunkt, über den ich heute berichte, hatte sich K. in bewundernswerter Weise seinen Entwicklungsproblemen zu stellen gesucht. In seelischer Hinsicht war er nun so weit entwickelt, daß er immer wieder und deutlicher den Wunsch nach Freundschaften mit Gleichaltrigen, vor allem den Wunsch nach der Beziehung zu einer Frau, als eine Regung seiner eigenen Psyche wahrnehmen konnte. Er konnte zeitweise das schmerzliche Gefühl von Einsamkeit, Isolierung und Sehnsucht in sich zulassen. Die Erfahrungen von Mangel und Versagung in Beziehungen brachte er nun auch mit seinen eigenen Handlungen und seinem Selbstbild in Beziehung. In psychologischer Hinsicht stand er nach 4 Jahren Betreuung an der Schwelle einer Entwicklung, die durch den Übergang vom bisher vorherrschenden innerpsychischen Funktionsniveau der paranoid-schizoiden Position zur depressiven Position[2] gekennzeichnet war.

K. hatte soeben das Abitur gemacht und nahm nach vielen Absagen bei der Lehrstellensuche an einer überbetrieblichen Ausbildung teil. Dieses Ausbildungsverhältnis brach er nach wenigen Wochen ab, vor allem weil das Lehrpersonal und die anderen Ausbildungsteilnehmer fast ausschließlich Frauen waren, er sich in diesen Beziehungen als von unterschiedlichsten affektiven Regungen überfordert erlebte.

Schon seit langer Zeit hatte er mir gegenüber Zweifel geäußert, ob es Sinn habe, weiter zu leben, die Anstrengungen und Versagungen auf sich zu nehmen, ohne jemals das Gefühl zu haben, ein Ziel zu erreichen oder einen Sinn in seinem Leben entdecken zu können. Entsprechend seiner religiösen Überzeugung sah er einen tragfähigen Sinn für sein Leben in einer gemeinschaftsdienlichen Arbeit. Je weiter K. sich in sozialer und psychischer Hinsicht entwickelt hatte, umso mehr litt er in zunehmend bewußter Weise unter seiner Einsamkeit, seinem Überflutetsein durch Erregungen und unter seiner Unfähigkeit, eine dauerhafte Beziehung zu Menschen aufzunehmen, die nicht wie ich professionelle Helfer waren. Immer weniger war es ihm möglich, die negativen Gefühle oder die Verantwortung für die Ursache dieser Gefühle an mich oder Dritte »loszuwerden«. Er begann, sich selber zunehmend als ganzes Subjekt wahrzunehmen, mußte sich dadurch aber auch schweren depressiven Gefühlen stellen.

Als K. nun ohne Strukturierung seines Alltages und ohne naheliegende Aussicht auf erneute Berufstätigkeit oder eine Ausbildung lebte, geriet er nach kurzer Zeit in eine schwere suizidale Krise.

Zentraler Auslöser schien allerdings nicht allein der Verlust des Ausbildungsplatzes zu sein, sondern u. a. auch das Erleben des Beziehungsverlustes zu einer Klassenkameradin durch das Ende der Schulzeit, in die er vermutlich sehr verliebt war, obgleich er sie bewußt gleichzeitig zu hassen, zu bemitleiden und zu beneiden schien.

Ich möchte mein Augenmerk hier nicht hauptsächlich auf die Dimension eines umfassenden Verstehenwollens aller psychodynamischen Abläufe innerhalb der suizidalen Episode K.'s lenken, sondern mehr auf meine inneren Schwierigkeiten, wie ich mit den sich in dieser Situation entwickelnden Übertragungsbeziehungen umgehen konnte und mußte.

Die Betreuung K.'s hatte das Setting, daß er in der Regel zu einem Termin pro Woche zu festgesetzter Zeit in den Räumen der Ambulanten Dienste zu mir kam. Außerdem telefonierte er seit Jahren meist abends mit mir. In mehrwöchigen Abständen besuchte ich ihn in seiner kleinen Wohnung, in der Regel auf seinen Wunsch hin. Oft ging es bei diesen Besuchen äußerlich um Fragen der Lebensbewältigung und praktisch-handwerkliche Aufgaben in seinem Wohnbereich. Diese Besuche waren für K. über lange Zeit in Blick auf die praktische Ordnung seiner Lebensverhältnisse die einzigen Anstöße und Rückspiegelungen, ob es nun notwendig war, wieder einmal aufzuräumen, zu putzen oder sonstige Notwendigkeiten zu beachten. Dieses zunächst äußerliche Band war die einzige Möglichkeit, daß K. überhaupt tolerieren konnte, auf eine Beziehung angewiesen zu sein, denn so war es für ihn möglich, gegenüber sich selbst zu sagen, er brauche mich nur, weil er praktische Hilfe braucht und daß er deswegen »einen Sozialarbeiter hat«. Gleichzeitig gebrauchte er mich aber weitgehend als jemanden, der ihn bei seinen inneren Erfahrungen begleitet, diese mit ihm »ordnet«. Von diesen Verhältnissen hatte er durchaus ein – allerdings dissoziiert scheinendes – Bewußtsein. So bezeichnete er mich hartnäckig als: »Du bist doch mein Psychologe«, wenn er etwas mit mir besprechen wollte, obgleich ich immer auf meinen Beruf und meine Funktion des Sozialarbeiters hinwies. Denn als solcher war ich bei ihm eingeführt worden. Ich wollte damit auch vermeiden, daß es zu keiner Durcharbeitung des Ausschlusses seiner Psychotherapeutin (die in der Position der ausgeschlossenen und mit Entwertungen und Idealisierungen besetzten Dritten dynamisch wirksam blieb) und der »Arbeitsbegleiterin« kommen konnte, weil ich dadurch die ausgeschlossenen Dritten mitverleugnet hätte.

Zum Zeitpunkt meines Besuches in K.'s Räumen hatte dieser seit Monaten in unterschiedlichen Situationen in teils großen zeitlichen Abständen immer wieder suizidale Tendenzen geäußert, in denen sich vor allem die Frage zu zeigen schien, ob ich genügend Glauben an eine zukünftige Entwicklung von ihm habe oder ob ich genauso wie er der Auffassung sei, daß das Leben alleine aus Leiden bestehe, daß es für ihn keine Hoffnung auf Veränderung gebe.

Diese Sichtweise – es gehe um einen in mich verlagerten und dort geschützten Hoffnungsaspekt –, deren ich mich in Gesprächen in meiner wöchentlich stattfindenden Einzelsupervision und in parallelen Gruppensupervisionen immer wieder zu versichern suchte, stützte sich z. B. darauf, daß K. nie äußerte, er wolle sich selber umbringen. Er verlangte von mir, ich solle seinem Leben ein Ende machen. Wenn ich etwas für ihn tun wolle, so solle ich ihn erschießen.

Diese Situationen ließen sich immer wieder gut auffangen und in einer »milden« Form mit K. zusammen verstehen. Dabei konnten die darin enthaltenen Dimensionen aber weitgehend nur beschränkt auf K.'s aktuell schwierige Lebensumstände und seine damit verbundenen depressiven und stärker abgewehrten aggressiven Gefühle besprochen werden. Die Übertragung auf mich wurde von mir nicht angesprochen. Deren wesentlicher Kern war die in mich projizierte Hoffnungslosigkeit. In der projektiven Identifizierung stellt K. die Frage, ob es möglich ist, tiefste und verzweifeltste emotionale Schmerzen und Schrecken in sich erleben und aushalten zu können oder ob es zur Abwehr tiefster psychotischer Ängste, zu einem psychotischen Zusammenbruch mit Veränderungsbestrebungen an seinem eigenen Körper kommen müsse (vgl. M. u. E. Laufer).

Eines Abends besuchte ich K., wie schon seit einiger Zeit verabredet. K. war sehr ruhig und mir fiel auf, wie gut er seine Wohnung aufgeräumt hatte. Nach kurzem Gespräch gab er mir eine Tüte mit Dingen, die ich ihm auf unbestimmte Zeit zum Gebrauch überlassen hatte und wies auf eine Anhäufung von Gegenständen. Die überlasse er mir, er brauche sie nicht mehr. Vielleicht könne ich sie jemandem geben, der sie noch gebrauchen könnte.

In mir entwickelte sich sehr schnell der Eindruck, K. habe seine »Hinterlassenschaft« geordnet, er verhalte sich mir gegenüber so, als würde er mich zum letzten Mal sehen. Auch hatte ich ein Gefühl, keinen wirklichen Kontakt zu ihm bekommen zu können, die Beziehung schien mir in ihrer Qualität verändert.

K. wollte mich nun bereits verabschieden, interessierte sich nicht für alle »offenen Fragen«, denen er sich bisher mit mir gegenübersah. Als ich ihn direkt fragte, ob er vorhabe, sein Leben zu beenden, bejahte er nicht unmittelbar, sondern trat nun in ein Gespräch mit mir ein. Er versuchte, mich zu überzeugen, daß es für alle, für mich, seine Umgebung, seine Eltern das beste wäre, er würde nicht mehr existieren.

Gründe führte er in vielfältigster Weise an. Am wenigsten – obwohl er dies auch angab – stützte er sich darauf, daß er das Gefühl habe, das Leben mit seinen immerwährenden Ängsten, Belastungen, Kränkungen und Enttäuschungen nicht mehr ertragen zu können. Auch war nicht die Angst vorrangig, er könne seine eigenen Impulse nicht mehr kontrollieren und für sich und andere schädlich werden. Es ging ihm in dem nun von ihm sehr drängend geführten Gespräch anscheinend nur darum, mich zu überzeugen, daß sein Entschluß, sich zu töten, der richtige sei, daß es für ihn mithin keine Entwicklung mehr geben könne.

Als ich weiterhin an meiner auch inneren Haltung, es gebe für ihn noch etwas zu erleben, was einen Wert in sich trägt, festhielt, begann er, mir vorzuwerfen, ich wolle ihm nur aus selbstsüchtigen Motiven seine Entscheidungsfreiheit nehmen. Ich sei bloß daran interessiert, nachher vor den anderen Menschen nicht als schuldig dazustehen, keinen tollen Erfolg vorweisen zu können. Ich hätte ja bloß Angst, daß mir etwas passieren könne. Dabei könne ich nichts dafür. Nun wollte er sich hinsetzen und ein mich entlastendes Schreiben aufsetzen. Er war voller Hohn, sprach aus einer Position der Unverletzbarkeit, versuchte mich dazu zu bringen, in Wut zu geraten und ihn stehen zu lassen. Er wollte seinen Eindruck bekräftigt sehen, im Grunde sei er oder seine Zunkunft mir egal, es gehe mir nicht um ihn, sondern lediglich um eigene Motive.

Alle Versuche meinerseits, K. in irgendeiner Weise emotional und verbal zu erreichen, schienen absolut fehlzuschlagen. In mir begannen sich Gefühle tiefer Hoffnungslosigkeit zu bilden, Gefühle, total versagt zu haben, auf eine unerträgliche und zutiefst beschämende Weise schuldig zu werden am unumkehrbaren Tod von K., den ich plötzlich als nicht mehr abwendbar zu empfinden begann. Zudem erschien mir K. zunehmend »unheimlicher«, wie ich ihn kaum erlebt hatte. Zum ersten Mal in unserer Beziehung erlebte ich ihn als körperlich bedrohlich, was ich verwundert, aber nicht entlastet, registrierte. Ich geriet selber emotional unter einen ungeheuren Druck unterschiedlichster Regungen, bei denen der Wunsch, die Verantwortung loszuwerden, undefinierbare Bedrohungsangst und massive Schuld- und Schamgefühle vorherrschten. Am liebsten wäre ich einfach gegangen, hatte allerdings den Eindruck, damit hätte ich K. tatsächlich »aufgegeben«.

K. hatte in mir eine »Wunde« berührt, ohne sich dessen bewußt zu sein: Jemand, dem ich sehr nahe stand, hatte sich vor vielen Jahren umgebracht. Nicht ausreichend geholfen haben zu können, keine reale »Wiedergutmachung« an diesem Ereignis leisten zu können, war für mich selber ein Thema, an dem K. mich »traf«.

Ich wußte in dieser Situation tatsächlich selber nicht mehr genau, ob ich K. in seiner Suizidabsicht entgegentrat, weil ich an einen Wert seines Lebens glaubte oder weil ich vorrangig vermeiden wollte, mich mit Schuld- und Versagensgefühlen auseinandersetzen zu müssen und ihn aus diesem Grunde in seiner »Freiheit«, eine eigene Entscheidung treffen zu müssen, einschränken wollte. Denn an diesem Punkte entstand in der Situation mit K. eine große Schwierigkeit: Wie sollte ich mich real verhalten? Ich fühlte mich in einem Dilemma. Innerlich war ich sicher, einen Suizid nicht alleine der Entscheidung K.'s überlassen zu wollen, mit der subjektiven Überzeugung, er sei aktuell nicht wirklich in der Lage, eine endgültige verantwortliche Entscheidung treffen zu können. Andererseits fühlte ich mich in meinem Glaubenkönnen an eine Entwicklung sehr verunsichert, fühlte mich K. gegenüber auch als wenig »wahrhaftig«, als ich über die vorhandene Hoffnung sprach. Gelangte ich zur Überzeugung, K. werde sich wirklich umbringen, wenn ich ihn alleine zurücklasse, so mußte ich ihn zu seinem Schutz in die Psychiatrie einweisen lassen. Das Problem sah ich dadurch aber nicht als vorerst gelöst, sondern im Grunde als verschärft an. Eine Einweisung hätte ich in diesem Augenblick als den Verlust jeder Hoffnung erlebt. Ich hatte den Eindruck, daß ich einen Abbruch und ein Ende unserer Beziehung zumindest riskieren würde, wenn ich in dieser Weise die Verantwortung abgäbe, die mir aus der sich auf diese Art entwickelnden Beziehung erwuchs. Empfunden habe ich in dieser Situation, daß es ein Ausweichen und ein Alleinelassen K.'s gewesen wäre. Auf eine Einweisung zu verzichten hieß aber möglicherweise auch, seinen Tod durch falsche oder fehlende Hilfe zu riskieren. Diese Unsicherheit bestand, weil ich nicht mehr wußte, ob es in K. ausreichend gute Objektvorstellungen gab, die es ihm ermöglichten, sich weiterhin mit seinen inneren verfolgenden Ängsten zu konfrontieren. Ich konnte unter Berücksichtigung meiner eigenen Schuldproblematik nicht mehr sicher sein, ob die von mir bei K. angenommenen guten Objektvorstellungen als Hoffnung und Vermutung lediglich Ausdruck eigenen Abwehrbestrebens waren. Andererseits konnte es aber gerade meine Empfindlichkeit für die »hoffnungslosen Selbstaspekte« von K. sein, die im Sinne einer ausreichend wahrgenommenen Containerfunktion einen ausreichend guten Kontakt zu K. ermöglichten und er sich passager auf dem Wege der projektiven Identifizierung von allzu unerträglichen Selbstaspekten entlastet erlebte.

Ich teilte K. mit, daß ich ihn zu seinem Schutz, wenn nötig mit der Polizei, in die Psychiatrie bringen lassen würde, wenn er nicht mit mir verbindlich verabredete, mich am nächsten Morgen zu einem weiteren Termin zu treffen.

Die Situation spitzte sich weiter zu. K. zeigte mir nun ein scharfes kurzes Ritualschwert, das er sich heute gekauft hatte, sprach dabei darüber, daß es für uns beide besser wäre, ich würde nun einfach gehen und versprechen, nicht die Polizei zu holen. Ich begann nun vor allem, Angst zu entwickeln, denn ich war nicht mehr sicher, ob K. sich nicht auch von mir als schwer bedroht erlebte, vielleicht in mir etwas Bedrohliches auslöschen könnte. Subjekt- und Objektgrenzen bzw. deren Repräsentanzen in K. schienen äußerst verschwommen. Meine Gefühle verloren für mich selber ihren bisher »bekannten«, sicheren Charakter. So erlebte ich mich K. gegenüber als ausgeliefert, hatte Eindrücke, ich müsse ihn sofort angreifen und niederschlagen, wolle ich nicht selber in Gefahr kommen. Einzige Rettung schien mir, schnell das Zimmer zu verlassen. Mit einem Sprung hatte aber K. die Türe verschlossen und den Schlüssel abgezogen.

Im nun folgenden Gespräch, das äußerlich sehr ruhig verlief, wurde zwischen uns zäh um unterschiedliche Haltungen gerungen. K. wollte mich gehen lassen, wenn ich verspräche, nichts zu unternehmen. Ich wollte nur auf eine Einweisung verzichten, wenn K. versprechen würde, seinerseits nichts zu unternehmen und sich am nächsten Morgen wieder bei mir zu melden.

Es fiel mir sehr schwer, mit meiner Angst und den oben beschriebenen, fast verfolgend wirkenden Versagensgefühlen umzugehen, auch konnte ich nur sehr wenig guten Glauben an K.'s Fähigkeit weiterzuleben in mir finden.

Als K. erlebte, daß er mich nicht zu einem Versprechen, ihn einfach zu vergessen, brachte, ging er plötzlich zur Tür und schloß sie auf. Voll beängstigender Wut fuhr er mich an, ich solle jetzt bloß abhauen. Mit großer Erleichterung nahm ich diese Gelegenheit zur Trennung wahr. Ich hatte den Eindruck, K. wolle durch solch eine Distanzmöglichkeit vor allem mich, aber auch sich schützen.

Ich mußte nun entscheiden, was zu tun sei: Es schien mir, als komme es darauf an, daß ich die Offenheit der Situation ertrage und auch so etwas wie den Glauben an die Fähigkeiten K.'s in mir aufrechterhalte. Gleichzeitig hatte ich nur wenig Gefühl dafür, ob es ein ausreichendes Maß dieser Fähigkeiten gab. Es war letztendlich lediglich eine Art schwacher Hoffnung, die ich noch verspürte. Zu wenig für eine sichere Entscheidung, ob ich K. alleine lassen konnte oder nicht. Ich wußte auch nicht mehr, inwiefern diese Hoffnung nicht nur mit dem Wunsch zu tun hatte, nicht ein zweites Mal in meinem Leben, mich für den Tod eines Menschen mitverantwortlich zu fühlen. Zwar erinnerte ich mich in diesem Augenblick an viele behandlungstechnische und andere psychoanalytische Hypothesen, mit denen die Übertragungssituation zwischen K. und mir in konstruktiver Weise beschreibbar gewesen wäre und die mein Vertrauen potentiell stützten, es sei damit ein Band zwischen uns wirksam, das sich im Sinne einer »containing function« als tragfähig erweist. Doch ich hatte den Eindruck, daß es besser wäre, wenn ich solchen Gedanken nicht mehr traute, als wären es bloße willkürliche Denkspiele, denen keine Wirklichkeit – auch nicht in Näherung – entsprach. Vor allem hatte ich das Gefühl dafür verloren, ob es sich bei meinen affektiven Selbstwahrnehmungen im wesentlichen um rein subjektive Reaktionen auf das Verhalten von K. handelte und eine Interpretation meiner Affekte damit keine tragfähigen Rückschlüsse auf die innere Situation K.'s zuließ oder ob im Sinne einer konstruktiven Interpretation noch davon auszugehen war, daß in der beschriebenen Situation über den Modus der projektiven Identifizierungen ich in mir etwas von den Selbstanteilen und Affekten wahrnehmen kann und muß, die K. nicht alleine bei sich zu behalten und die er nicht vorzeitig unmodifiziert zu reintrojizieren vermag. Dies hätte den Gedanken zugelassen, daß K. etwas von seiner tiefen Hoffnungslosigkeit und seines partiellen Verlustes von Glaubenkönnen in mir untergebracht hatte, weil er selbst nicht mehr in der Lage war, anders damit umzugehen, als es aus seinem psychischen Erleben hinauszuverlagern oder aber es auf dem Wege des Suizides auszulöschen. In ähnlicher Weise wären dann auch Angst-, Bedrohtheits- und Versagensgefühle nicht alleine meine Antworten auf ein empfundenes Versagen von mir, sondern auch in mir über eigene »Narben« evozierte Gefühle, die Selbstanteilen von K. korrespondierten, von denen dieser eine unbewußte Phantasie hatte, sie seien in mir und nicht mehr in ihm. Damit wäre ich vermehrt in der Lage gewesen, darauf zu vertrauen, daß durch meine Identifizierung mit den suizidalen Aspekten K. sich in gewisser Weise zunächst als hiervon entlastet und entleert erlebt, was dann die Gefahr, er könne etwas davon agieren, vermindert hätte. Es ging wohl dabei um die Frage, ob ich für K. zu einem Modell werde, mit dem er sich zu identifizieren vermag, um selber besser in die Lage zu kommen, unerträglich scheinende Affekte bei sich zuzulassen und sich dann als lebendiger erleben zu können. Ein Modell könnte ich sein, weil ich ein »überlebendes« Beispiel dafür bin, daß mit solchen negativen Gefühlen umgegangen werden kann, daß solche Affekte, die als unerträglich scheinende Schmerzen wahrgenommen werden, verdaut und integriert werden können.

Ich fühlte mich meiner eigenen Reflexionsfähigkeit nicht mehr sicher, hatte die Befürchtung, alle meine Überlegungen könnten rationalisierende und abwehrbedingte Gedankenspiele sein, weil ich mich selber nur vor schlimmeren Ängsten schützen wollte. Und doch mußte ich sofort entscheiden, ob K. eingewiesen werden soll oder ob ich das Risiko eingehen möchte, bis zum nächsten Morgen zu warten. Da ich glaubte, dies nicht alleine entscheiden und durchdenken zu können und am selben Abend eine Fortbildung aller Mitarbeiter des Vereines für Psychoanalytische Sozialarbeit stattfand, benützte ich diese Fortbildungsveranstaltung mit meinen Kollegen dazu, Supervision zum gerade Erlebten zu erhalten. Diese Episode darzustellen, zu versuchen, das Eigene in Beziehung zum Anderen des Patienten zu setzen, Hypothesen, was sich gegenwärtig zwischen K. und mir ereignet, bilden und auf ihre Plausibilität hin prüfen zu können, war unverzichtbar, um ein Mindestmaß an Handlungsfähigkeit zurückzugewinnen. Nicht zuletzt benötigte ich in dieser Situation meinerseits eine Gruppe, die mit mir zusammen ausreichend viel Glauben an einen positiven Ausgang dieser Krise entwickelte, damit es mir überhaupt möglich war, K.'s Beziehung zu mir ausreichenden psychischen Raum zu geben, damit ich nicht ähnlich wie K. vorschnell seelische Erregungen in Handlungen umsetzte und damit eine Modifizierung oder Gedankenbildung verunmöglichte. Niemand in dieser Supervisionsgruppe hätte allerdings sagen können, ob die schließlich sich herausbildende Annahme, es handle sich um eine Krise, die im wesentlichen als innere Krise zunächst in mir und dann im Umgang zwischen mir und K. bearbeitet werden muß, richtig oder falsch sei. In der Haltung zu einer Nichteinweisung in die Psychiatrie und die Nicht-Abgabe der Verantwortung bedurfte es somit auch dem Grunde nach um das Zulassen der Möglichkeit »K. bringt sich um«.

Für mich persönlich war es bedeutsam, diese »ein Leben betreffende« Entscheidung mit anderen teilen und reflektieren zu können, um auch in mir selber eine verbesserte Klärung meines Verhältnisses zum Umgang mit meiner eigenen Schuldproblematik und den damit verbundenen Versagens- aber auch Omnipotenzvorstellungen zu ermöglichen. Nur auf diesem Wege konnte ich zu einer Entscheidung gelangen, die ich glaubte auch selber verantworten und tragen zu können. In gewisser Weise mußte auch für mich die »Supervisionsgruppe« etwas »containen«, eine Haltefunktion wahrnehmen. In der Terminologie Melanie Kleins und ihrer weiteren Ausarbeitung durch Bion sind damit Prozesse (zunächst »im« Sozialarbeiter) angesprochen, die den Wechsel von der paranoid-schizoiden Position zur depressiven Position kennzeichnen, wobei die depressive Position hier nicht erreicht ist. Ich wartete bis zum nächsten Morgen. Würde K. sich melden?

K. kam morgens zu einem Gespräch zu mir, versuchte erneut, mich von der Notwendigkeit seines Todes zu überzeugen. Die emotionale Situation hatte sich sehr verändert. Ich fühlte mich sicherer, K. wirklich in die Klinik zu bringen, falls er sich selber nicht ausreichend schützen konnte, fühlte mich nicht mehr selber als bedroht, konnte für mich selber an einer unausgearbeiteten Entwicklungsvorstellung für K. festhalten. Insbesondere empfand ich K.'s Festhalten an der Beziehung, sein Erscheinen zum verabredeten Termin und das in der Beziehung Halten seiner Verzweiflung als sehr hoffnungsvoll. K. schien wütend und wenig erreichbar. Er war aber bereit, einen zweiten Termin an diesem Tag zu verabreden, der dann in ähnlicher Weise verlief, wobei K. allerdings begann, von mir wissen zu wollen, was ich damit meine, es gebe auch für ihn noch etwas zu erleben und was das denn sein solle, das es wert sei, weiterzumachen. An dieser Stelle konnte etwas von K.'s erlebten Frustrationen, Erregungen und Befürchtungen, enttäuscht und gekränkt zu werden, zur Sprache kommen. Er ging aber mit erneut geäußerten Suizidabsichten.

Am selben Abend rief er mich an. Ich hätte anscheinend irgend etwas mit ihm gemacht, jedenfalls würden ihn die Worte verfolgen, daß es auch für ihn noch etwas gebe und jetzt könne er nicht mehr aufhören, daran zu denken. Da ich also schuld sei, daß er weiterlebe, müsse ich ihm nun aber auch bei einem bestimmten Vorhaben helfen.

Ich möchte diesen Fallbericht, der die Bedeutung einer kontinuierlichen psychoanalytisch orientierten Einzel- und Gruppensupervision in der Psychoanalytischen Sozialarbeit illustrieren soll, mit einer Frage beenden.

Was bedeutet es, daß in diesem Fall aufgrund einer akuten Krisensituation eine ad-hoc gebildete »Kollegen-Supervision« zum entscheidenden »Halt-Geber« werden mußte, weil ein »klassisches« Supervisionssetting mit festgelegtem Setting nicht »zur Hand« war? Verweist diese Frage bei der Behandlung schwergestörter Patienten nicht grundsätzlich auf das Verhältnis notwendigerweise ungleicher und sich ergänzender Supervisionsstrukturen, von der klassischen psychoanalytischen Einzelsupervision über die Gruppensupervision und Kollegenteamsupervision bis zur Haltefunktion des Mitarbeiterteams?

Anmerkungen

1 Loch, W. (1993): »Nicht selten aber wird es unvermeidlich sein, daß der Analysand das Trauma und das korrelierte innere Drama im Rahmen und unter dem Schutz der Analyse agieren muß, weil er es nicht erinnern kann. Unter diesen Umständen kommt dem ›Wiedererleben nicht auszuhaltender Angst‹, wie sie das je spezifische Urtrauma des Patienten ausgelöst hatte, im Schutze der analytischen Situation entscheidende Bedeutung zu, und der Ausgang der Analyse hängt davon ab, daß diese Angst im Hier und Jetzt ein erträgliches Maß nicht übersteigt, so daß extreme und mit dem Leben nicht verträgliche Abwehrmaßnahmen hinfällig werden« (S. 38).

2 Das Verhältnis von depressiver Position zu paranoid-schizoider Position wird nicht als starr aufgefaßt, sondern als begriffliche Beschreibung eines psychischen Funktionsniveaus, das sich auch in der »normalen« Entwicklung als ein Oszillieren zwischen zwei auseinanderliegenden Polen auffassen läßt. Anders ausgedrückt: Die depressive Position kann nicht ein für allemal »erreicht« werden. (vgl. hierzu Bion, Eigen, Segal, Loch...)

Literatur

Bion, W. R. (1963): Eine Theorie des Denkens. In: *Psyche*, S. 426–435

Bion, W. R. (1990): *Lernen durch Erfahrung*. Frankfurt a. M.

Bott Spillius, E. (Hg.) (1990): *Melanie Klein Heute*. Bd. 1, München, Wien.

Bott Spillius, E. (Hg.) (1991): *Melanie Klein Heute*. Bd. 2, Weinheim.

Grinberg, L. (1990): *Identifikation und projektive Identifikation*. Unveröffentlichter Vortrag im Rahmen des Wilfred R. Bion Forums am 11. Mai 1990 in München.

Laufer, M., Laufer E. (1989): *Adoleszenz und Entwicklungskrise*, Stuttgart.

Loch, W. (1993): *Deutungs-Kunst. Dekonstruktion und Neuanfang im psychoanalytischen Prozeß*, Tübingen.

Searles, H. (1979): *Countertransference and Related Subjects*, New York.

Karin Fuchs – Michael Maas – Horst Nonnenmann

Supervisionsarrangements und Lebenswirklichkeiten

Über die psychoanalytisch-pädagogische Arbeit und Reflexion innerhalb einer »Gesprengten Institution«[1]

> »Lehren Sie mich, die Knoten zu lösen. Ich müßte sie selber lösen, das weiß ich, es ist eine Aufgabe, die jeder einzelne bewältigen muß, aber geben Sie mir trotzdem ein wenig Licht, damit ich erkenne, wie die Bande, die ich nicht lösen kann, geknüpft sind.«
>
> (Ionesco)

I. Einleitung

Die Betreuung von autistisch-psychotischen Jugendlichen und jungen Erwachsenen ist, um eine einfache Metapher zu bemühen, Beziehungsarbeit. Oftmals erleben wir, wie diese Menschen jedweden sozialen Bezug zur Welt abgebrochen zu haben scheinen. Dennoch stehen sie »in der Welt«, stehen in Bezügen, denn jede Begegnung mit dem Anderen ist ein Ansprechen, sprachlos zwar, aber gleichsam auffordernd, nämlich – gemeinsam – Über-Lebensantworten auf die als bedrohlich bis auslöschend empfundene alltägliche Lebenswirklichkeit zu finden. In unserem Bemühen darum stoßen wir, die BetreuerInnen, jedoch immer wieder auf Grenzen; in diesem Zusammenhang könnte man von einem begrenzten Verstehen sprechen, das uns manches Mal ratlos, ein anderes Mal geradezu ohnmächtig macht. Ganz verschiedene Gefühlsqualitäten drücken sich in solchen Begegnungen mit autistisch-psychotischen Menschen aus, werden von uns wahrgenommen. Pädagogische Handlungsmaximen im Sinne dessen, den behinderten Menschen so anzunehmen, wie er ist, sich in Betroffenheit auf ihn einzulassen, Glauben und Hoffnung zu haben, »sich an der Gestaltung des Lebens und den dort sich stellenden Problemen ... solidarisch zu beteiligen« (Thiersch 1984, S. 7) reichen nicht aus, um diese verschiedensten Gefühlsdimensionen in ihrer Komplexität zu erfassen und sie in einen Bezug zum sprachlosen Gegenüber zu setzen. Pädagogisches Handeln, das über den pädagogischen Bezug seine Entfaltung findet, kommt in der Arbeit mit autistisch-psychotischen Menschen nicht ohne die psychoanalytische Reflexion bzw. Erweiterung aus. Das Miteinander bzw. Zusammenspiel von Psychoanalyse und (Sozial-)Pädagogik bestimmt unsere Handlungsmaximen in der alltäglichen Begegnung mit autistisch-psychotischen Menschen, die in unterschiedlichsten Lebenswirklichkeiten stattfindet, nicht also an einem Ort, sondern in einem differenzierten Netz sozialer Beziehungen: wir nennen diese Arbeit Psychoanalytische Sozialarbeit, in der die psychoanalytisch ausgerichtete Supervision immer wieder Licht ins Dunkel bringt bzw. – anlehnend an Ionesco – dazu beiträgt, Knoten innerhalb des autistisch-psychotischen Beziehungsgefüges zu lösen. Hieraus ergibt sich – so unsere Erfahrung – ein annäherndes Verständnis für die jeweilige Lebenssituation autistisch-psychotischer Menschen, die sich meist vollständig in ihre eigene Welt (»Nebenrealität«) zurückgezogen haben. Gemeinsam mit diesen Menschen versuchen wir, einen Weg zum (Über-)Leben in einer von ihnen oft als bedrohlich oder gar vernichtend erlebten Welt (»Hauptrealität« bzw. »Gemeinsame Realität«) zu (er-)finden (vgl. Lempp 1992).[2] Unsere nachfolgenden Überlegungen befassen sich mit der zentralen Bedeutung der Supervision für die Psychoanalytische Sozialarbeit und hier insbesondere für die »Gesprengte Institution Hagenwört«, die wir zunächst kurz vorstellen möchten.

II. Einrichtung und Klientel

Die Wohngruppe Hagenwört, ein Subsystem des Vereins für Psychoanalytische Sozialarbeit (als weitere Subsysteme gibt es noch das Therapeutische Heim für autistische Kinder und Jugendliche und die Ambulanten Dienste), wurde im September 1990 als Übergangseinrichtung für fünf Jugendliche bzw. junge Erwachsene mit vorwiegend autistisch-psychotischen Störungen eingerichtet. Wir heben eine Unterscheidung zwischen Autismus und Psychose auf, weil wir den Autismus als ein pathologisches »System von Schutzmanövern begreife(n), mit denen die ›Nicht-Selbst‹-Realität

gemieden wird, so daß dann das klinische Bild entsteht, das wir
›Psychose‹ nennen« (Tustin 1989, S. 31). Winnicott beschrieb dieses Phänomen ebenfalls und nannte es das »falsche Selbst« (vgl.
Winnicott 1984)[3]. Wohl wissend, daß Winnicott das Konstrukt des
»falschen Selbst« in einem anderen klinischen Kontext benannte,
also nicht im Zusammenhang mit autistischen Menschen, meinen
wir, daß dieses Phänomen in Begegnungen mit den hier beschriebenen autistisch-psychotischen jungen Erwachsenen eine behutsame Anwendung finden darf.

Die Jugendlichen bzw. jungen Erwachsenen, die in einem Alter
zwischen achtzehn und fünfundzwanzig Jahren sind, haben jeweils
eigene Zimmer, die sie nach ihrem Geschmack möblieren und einrichten können. Bad und WC, Küche, Wohn- und Eßzimmer
benutzen sie gemeinsam. Das Haus verfügt über eine schöne Terrasse und einen recht großen Garten.

Ein wesentlicher Faktor in unserer psychoanalytisch-pädagogischen (Betreuungs-)Rahmenkonzeption ist die »spürbare« Differenzierung wesentlicher Lebenswirklichkeiten; so pendeln die jungen Menschen zwischen ihrem jeweiligen Ort der Arbeit, ihrem
Ort der psychoanalytisch-sozialtherapeutischen Einzelstunden
(zwischen zwei und vier Stunden in der Woche werden hier insbesondere von KollegInnen unserer Ambulanten Dienste angeboten) und ihrem Ort des Wohnens, eben der Wohngruppe Hagenwört. Dieser Name steht auch für das Gesamtprojekt:
»Gesprengte Institution Hagenwört«. Wir möchten damit deutlich
machen, daß wir keine übliche Heimeinrichtung sind, in deren
Areal oder näheren Umgebung alle Versorgungseinrichtungen
untergebracht sind. Vielmehr versuchen wir, mit unserer
»Gesprengten Institution« den Begegnungsnotwendigkeiten mit
autistisch-psychotischen Menschen zu entsprechen.

Wir gehen davon aus, daß unsere Begegnung mit autistisch-psychotischen Menschen vor allem dadurch geprägt wird, daß diese
nicht – oder nur eingeschränkt – fähig sind, eine Differenzierung
zwischen Subjekt und Objekt herzustellen. Als Stütze fehlt ihnen
ein sich von ihrem eigenen Bild unterscheidendes Bild des Anderen. Durch die Trennung der äußeren Orte (Lebenswirklichkeiten)
provozieren wir beim autistisch-psychotischen Menschen eine Entwicklung bzw. Bildung innerer, psychischer Strukturen (vgl. Fuchs
et. al. 1993). Die Trennung von einem Ort mit gleichzeitigem
Übergang zum anderen Ort, dieses Fort-Da-Spiel, soll den auti-

160

stisch-psychotischen Jugendlichen und jungen Erwachsenen die
Bedeutung ihrer selbst an den jeweiligen Orten vermitteln bzw.
verdeutlichen. Die Bedeutung, für einen anderen Menschen zu
zählen, das heißt wahrgenommen zu werden, ohne sich selbst als
Subjekt auszulöschen, ist die wirksame Idee der »Gesprengten
Institution«. Die verschiedenen Orte – die Bewegung von einem
Ort zum anderen Ort – bergen die Chance einer Subjektbildung
zunächst im Sinne einer Willensbekundung, wo der junge Erwachsene vom Wunschobjekt des Andern zum wünschenden Subjekt
wird. Er muß (lernen,) darauf (zu) verzichten, Objekt des Anderen zu sein: »Das heißt auch, den Mangel des anderen zu akzeptieren und es zurückzuweisen, sich in die Objektposition, die den
Mangel ausfüllen kann, zu begeben. Solange das Kind denkt, den
anderen auszufüllen, kann es den Mangel im anderen nicht akzeptieren« (Roedel 1986, S. 135).

Jeder Ort wird von verschiedenen Personen und – darauf ist
auch hinzuweisen – von verschiedenen Gesetzmäßigkeiten repräsentiert. In der Wohngruppe arbeiten wir (das sind vier Diplom-
PädagogInnen im Tagdienst und sieben psychiatrieerfahrene Stu-
dentInnen im Nachtdienst) im Tandem, das heißt, eine Mitarbeiterin und ein Mitarbeiter versehen den Tagdienst, der an Arbeitsta-
gen von 12.30 bis 22.00 Uhr und an Wochenenden von 10.00 bis
22.00 Uhr dauert. Die Nachtbereitschaft, die von einer Person versehen wird, erstreckt sich von 21.30 Uhr abends bis zum nächsten
Morgen um 8.00 Uhr. An Werktagen ist die Wohngruppe morgens
meist nicht besetzt, da sich die BewohnerInnen an einem anderen
Ort, nämlich an ihren Arbeitsplätzen (das sind zur Zeit Werkstätten für Behinderte), befinden, die alle etwa zwanzig Kilometer von
der Wohngruppe entfernt liegen. Dorthin – und am Arbeitsplatz
selbst – werden sie von ArbeitsbegleiterInnen unseres Vereins
begleitet bzw. betreut.[4] Nachmittags und am Abend besteht die
Aufgabe der MitarbeiterInnen vorwiegend oder – anders ausgedrückt – dem Augenschein nach darin, die BewohnerInnen bei der
Erledigung verschiedenster »Alltagsgeschäfte« zu unterstützen.
Die tiefere Bedeutung liegt hier aber im Verstehen der jeweils sehr
individuellen Begegnungen. Beim gemeinsamen Einkaufen im
benachbarten Supermarkt zum Beispiel geht es ja nicht nur darum,
dem Jugendlichen oder jungen Erwachsenen bestimmte soziale
Kompetenzen und das Wissen darüber zu vermitteln, daß einge-
kaufte Lebensmittel auch bezahlt werden müssen, sondern es geht

in allererster Linie um das Erkennen und Verstehen von Beziehungsdynamismen, um die Erkenntnis dessen, daß wir, die BetreuerInnen, nicht nur als »Hilfs-Ich« fungieren, sondern als Objekte verwendet werden, wir in Übertragungsbeziehungen stehen, in denen die Jugendlichen und jungen Erwachsenen innere Konflikte reinszenieren.

III. Die psychoanalytisch ausgerichtete Supervision

Die psychoanalytisch ausgerichtete Supervision thematisiert unsere diversen Beziehungskonstellationen zu den autistisch-psychotischen Jugendlichen und jungen Erwachsenen. Ihre autistisch-psychotische Problematik läßt es aber häufig nicht zu, im direkten Bezug eine »thematische Bestimmung« ihrer inneren Konflikte vorzunehmen. Wir sind wohl angehalten, »subversive Deutungen« des Sinns unserer jeweiligen Beziehung zu einem Jugendlichen oder jungen Erwachsenen zuzulassen. Das passiert zunächst und vor allem in den Supervisionen, manches haben wir aber im Sinne Bions zu containen, d.h. in uns hineinzunehmen.[5] Wir erfahren eine »Objektverwendung«, d.h. der junge Erwachsene »möchte etwas erreichen, er möchte uns zu einem passenden, immer schon erwarteten, vielleicht gefürchteten antwortenden Verhalten, Handeln bewegen« (Körner). Zudem spalten diese Menschen Teile ihrer Persönlichkeit, die sie selbst nicht mehr integrieren können, ab und projizieren sie in das jeweils verfügbare Gegenüber. Nur über diese Spaltung und Fragmentierung können sie sich noch aushalten. Im weiteren Verlauf der Betreuungen, die in der »Gesprengten Institution Hagenwört« bis zu vier Jahre dauern, versuchen wir, die abgespaltenen Fragmente über die haltgebenden, sicheren Beziehungskonstellationen zu reintegrieren, um sie so einer bewußte(re)n Bearbeitung zugänglich zu machen.

Der psychoanalytisch ausgerichteten Supervision kommt in unserer Arbeit eine immense Bedeutung zu. Die psychoanalytischen Reflexionsprozesse schützen uns weitestgehend davor, dem bei autistisch-psychotischen Menschen mitunter überwältigenden Wunsch nach Verschmelzung hilflos ausgesetzt zu sein. In der Supervisionsarbeit werden insbesondere die Übertragungs- und Gegenübertragungsprozesse fokussiert, sie werden aufgedeckt und in Beziehung gesetzt. Wir erfahren hier also eine Sensibilisierung im Hinblick auf das betreffende Beziehungsgeschehen, und zwar sowohl bezogen auf die Wohngruppe selbst als auch bezogen auf die verschiedenen Orte.

IV. Supervisionsarrangements

So wird die Arbeit in der »Gesprengten Institution Hagenwört« von zwei Supervisionen begleitet, die in Inhalt und »Zielausrichtung« verschiedene Akzentuierungen setzen. Da gibt es zunächst einmal die KollegInnen-Supervision, die jeden Donnerstag eineinhalbstündig stattfindet. Diese Supervision ist die zentrale Supervision zur Hagenwört-Wohngruppe. Die Tagdienst-MitarbeiterInnen und die jeweils diensthabende Nachtbereitschaft tragen in einer Runde, die von zwei Kollegen der Ambulanten Dienste und einem Kollegen aus der Kinder- und Jugendpsychiatrie supervidiert wird, das Geschehen der zurückliegenden Woche zusammen. In dieser Gruppensupervision »arbeitet man auf der Basis, daß alles, was bei den Betreuern (an Einfällen zu dem jeweils angesprochenen Betreuten; eigene Anmerkung) erscheint, Moment der Übertragung ist, also Produkt und Ausdruck dessen, was beim Patienten vor sich geht. Hinter dieser Arbeitshypothese steht ein psychoanalytisches Verständnis von der intersubjektiven Vermittelbarkeit der Einzelsubjekte und von den quasi ›magischen‹ Wegen des Austauschs besonders im Umgang mit Psychotikern, wie es sich z. B. im Begriff des ›Hineinsteckens‹ (Winnicott) und des ›Containers‹ (Bion) formuliert« (Feuling 1988, S. 28). Allen in der Wohngruppe Hagenwört lebenden Jugendlichen bzw. jungen Erwachsenen wird in dieser Supervision ein zeitlich begrenzter Raum zugestanden, der aber in seinem jeweiligen Umfang durchaus variabel ist.

Eine weitere Supervisionsrunde, ebenfalls einmal wöchentlich jeweils freitags stattfindend, bezeichnen wir als Außen-Supervision. Ein Psychoanalytiker (vgl. den nachfolgenden Beitrag von Michael Günter) supervidiert eine nun etwas anders zusammengesetzte MitarbeiterInnen-Gruppe, die sich ausschließlich mit einer Person aus der Wohngruppe befaßt. Die verschiedenen Orte der jeweils betroffenen Person sollen in diesem Rahmen assoziativ zusammengetragen werden; das heißt, daß neben den Wohngruppen-MitarbeiterInnen die »RepräsentantInnen« der Arbeitswelt in Gestalt der jeweiligen ArbeitsbegleiterInnen und die der psychoanalytisch-sozialtherapeutischen Einzelstunden die Runde komplettieren. Das Muster der Sitzung lehnt sich an die oben kurz umrissene KollegInnen-Supervision an. Im Unterschied dazu findet nun allerdings eine Fokussierung auf die verschiedenen Orte statt, was natürlich nochmals eine ganz andere Beziehungsdynamik beleuchtet.

Beide Supervisionsarrangements werden unten dargestellt und diskutiert, allerdings ist an dieser Stelle bereits zu betonen, daß gerade die »Gesprengte Institution« das Geheimnis des anderen Ortes zu bewahren hat, wir, die MitarbeiterInnen, das Wissen um unser Nicht-Wissen nicht nur anzunehmen, sondern dieses Faktum als ein Ethos unseres Handelns hervorzuheben haben. Die Supervisionsarbeit wird »von einem unerschütterlichen Vertrauen in die Agilität des Unbewußten getragen: was heute nicht im analytischen Prozeß der Supervision erledigt wird, ist nicht verloren, sondern insistiert: don't panic. Es kehrt verläßlich wieder – sei es im Sprechen in der Supervision oder im Realen des Alltags: wer nicht hören will, muß fühlen. Das Unbewußte vergißt nicht, es rechnet. Das ist tröstlich« (Feuling 1988, S. 33).

V. Die KollegInnen-Supervision oder »Zwischen Katastrophe und Veränderung«

Es ist nicht immer einfach, die Begegnungen im Alltag der Wohngruppe Hagenwört auszuhalten, und es ist oft ungeheuer schwierig, diese Begegnungen oder Nicht-Begegnungen zu verstehen. Um den BewohnerInnen von Hagenwört Begegnungsräume zu ermöglichen – was immer wieder neu erarbeitet werden muß –, sind unseres Erachtens auch Begegnungsräume für die MitarbeiterInnen notwendig. Einer dieser Begegnungsräume, den wir als KollegInnen-Supervision bezeichnen, soll im folgenden etwas näher beschrieben werden.

Die Zusammensetzung der Supervisorengruppe steht in einem engen Zusammenhang zur Gründung des »Projekts Hagenwört«. Alle drei Supervisoren (es sind nur Männer!) waren von Beginn an

164

dabei, die Idee einer Wohngruppe für junge Erwachsene mit voranzutreiben. Es gab bei ihnen insofern ein »Forschungsinteresse«, als sie weiterhin beobachten wollten, ob und wie sich erste Ideen und konkrete Überlegungen der Anfangszeit entwickeln würden. Würde die Kopfgeburt zu einem »menschlichen Gebilde« heranreifen?

Zwei der drei Supervisoren sind durch Management- und Geschäftsführungstätigkeiten im Verein eng mit der Wohngruppe »verquickt« und befinden sich dadurch keineswegs in einer Position der Abstinenz. Dies war von vornherein bekannt und ist nicht erst durch den Prozeß der Supervisionstätigkeit entstanden. Der dritte Supervisor ist ein langjähriger Mitarbeiter der Tübinger Kinder- und Jugendpsychiatrie.

Aufgrund der Dienstplanstruktur in Hagenwört – ein MitarbeiterInnen-Tandem steigt in den Dienst ein, das andere kann sich langsam aus der Dienstphase verabschieden (es gibt zwei Überschneidungstage, Donnerstag und Freitag) – hat die Donnerstagssupervisionsrunde auch immer einen Übergabecharakter. Es hören also nicht nur die Supervisoren etwas Neues, noch nicht Bekanntes, sondern auch die DiensteinsteigerInnen werden häufig überrascht von dem, was sie zu hören bekommen. Es gilt das Prinzip, daß immer allen BewohnerInnen ein Platz in diesen Besprechungen zugestanden wird, ohne daß wir streng darauf achten, daß alle gleich viel Raum und Zeit einnehmen. Durch dieses Prinzip ist eine Situation geschaffen, die den Gesamtrahmen mitberücksichtigt und unsere Betreuten immer als Individuen in einem sozialen Beziehungsnetz, in dem sie mit anderen leben, aufscheinen läßt.

Auffälligkeiten in der Form, daß zum Beispiel ein Bewohner oder eine Bewohnerin zu gewissen Zeiten sehr viel Raum einnimmt, werden in der Regel genauso schnell erkannt und angesprochen wie das andere Extrem, daß jemand zu wenig Raum findet und über Wochen hinweg immer zum Schluß und in aller Eile verhandelt werden muß. In welcher Reihenfolge die BewohnerInnen besprochen werden, liegt in der Entscheidung des Teamteils, der die Tage zuvor gearbeitet hat. Selbstverständlich ist diese »Rangfolge« kein Zufall, sondern kann als erster Ausdruck dessen verstanden werden, wie das Geschehen der vergangenen Tage in den MitarbeiterInnen wirkt.

Der Übergabecharakter dieser Sitzungen kann – und tut es auch meist – schnell verlorengehen. Stattdessen gibt es ein gemeinsames

Nachspüren mit dem Versuch, das Wirken des Unbewußten in den Übertragungs- und Gegenübertragungsbeziehungen ein Stück weit mehr zu erkennen und zu verstehen. Anders ausgedrückt finden wir MitarbeiterInnen in diesem Rahmen eine Atmosphäre vor – die wir natürlicherweise mit herstellen müssen –, in der wir Gelegenheit haben, die bei unseren Hagenwört-BewohnerInnen unvermeidlichen Katastrophen und dazugehörenden Ängste durchzuarbeiten. Dies ist von eminenter Bedeutung, da unsere Betreuten Veränderung und Entwicklung immer wieder katastrophisch erleben – und wir gewissermaßen mit ihnen. Daher ist es unbedingt notwendig, daß die damit verbundenen Ängste aufgenommen werden können und eine Bearbeitung möglich wird, die die Katastrophen zwar nicht aus der Welt schaffen kann, aber einer (Weiter-)Entwicklung dienlich ist, und zwar im Sinne einer konstruktiven »katastrophischen Veränderung« (vgl. Becker 1990).

Nun reicht es allerdings in den Betreuungen mit psychotischen Menschen nicht aus, nur die Analyse der Übertragungsbeziehungen zu berücksichtigen, sondern es muß auch eine Analyse des institutionellen Rahmens stattfinden. Nur so kann verhindert werden, daß die Institution erstarrt. So wie sich der/die einzelne MitarbeiterIn wieder und wieder darum bemüht, neue Begegnungsformen mit den Betreuten zu (er-)finden, muß der Rahmen einerseits so flexibel und offen wie möglich und andererseits so halt- und sicherheitgebend wie nötig gestaltet werden, was letztlich bedeutet, daß er permanent in die Reflexion mit eingebunden werden muß: Die Sicherung des (institutionellen) Rahmens ist Bedingung der Möglichkeit der Analyse von Übertragungsbeziehungen, die sich in diesem ereignen: »Nur wenn es durch Absicherung des Gesamtrahmens ... gelingt, dem Grundbedürfnis von psychotischen Patienten nach Geborgenheit, Angenommenwerden sowie sicheren Grenzen zu entsprechen, sind wir in der Lage, ein Milieu zu schaffen, in welchem die Behandlung von Psychosen überhaupt erst möglich wird. Bildlich gesprochen entsteht ein Raum für notwendige Veränderungen von alten Verhaltensmustern, sobald (man) als Ganzes einen tragenden Behälter ... bilden kann ... Dieses sogenannte ›Containment‹ beschreibt die Haltung der einzelnen Mitglieder« eines Teams, sich in der psychotischen Lebenswirklichkeit immer wieder zur Verfügung zu stellen, in Übertragungsdynamismen einbezogen zu werden (Kleefeld 1990, S. 160).

Ein wesentliches Phänomen, das unweigerlich in der Arbeit mit psychotischen Menschen auftaucht und damit auch in den Supervisionen, sind Spaltungsmechanismen in ihren unterschiedlichsten Ausprägungen. Diese müssen erkannt werden, um einen Umgang mit ihnen überhaupt zu ermöglichen, was allerdings keineswegs heißt, daß man sie sofort in der Praxis aufzulösen versucht, zum Beispiel im Sinne einer konstruktiven Deutung! In vielen Fällen wäre das für die Betroffenen schlicht unerträglich oder würde zum Beziehungsabbruch führen.

Die Kunst der Supervision ist es sicherlich, ein Team zu befähigen, mit den Spaltungen, die es oft durchzieht, leben zu können, ohne daß es daran zerbirst. Ebenso soll die Supervision die SupervisandInnen dazu befähigen, frei und ungezwungen über ihre Übertragungs- und Gegenübertragungsgefühle und Phantasien zu sprechen und die katastrophischen Ängste zu ertragen, denen sie in ihrer Arbeit ausgesetzt sind. Allerdings lebt eine gute Supervision nicht – oder jedenfalls nur zu einem Teil – von den guten Einfällen des Supervisors, sondern von der Atmosphäre, die Supervisoren und SupervisandInnen miteinander schaffen. Es liegt an den Beteiligten, eine Situation herzustellen, die als sicher, geschützt und intim erlebt wird und nicht durch Angst, Neid, Haß und Konkurrenz der Gefahr einer Zerstörung ausgesetzt ist.

Es ist durchaus als Glücksfall zu bezeichnen, daß sich drei der ideellen Mitbegründer der »Gesprengten Institution Hagenwört« vorstellen konnten, die praktische Arbeit der Wohngruppe aus einer gewissen Distanz heraus weiter zu begleiten und sich uns als Berater, Supervisoren, Mitdenker, »Container« etc. zur Verfügung zu stellen. Aufgrund ihrer langjährigen Erfahrung in der Begleitung bzw. Betreuung von psychotischen und autistischen Menschen (und ihrer durchaus unterschiedlichen theoretischen Ausrichtung) unterstützen und lenken sie unsere Reflexion in Bezug zu unseren Betreuten und geben uns vielfältige Impulse. Und doch bleiben sie immer auch Kollegen aus der Ambulanz und aus der Kinder- und Jugendpsychiatrie, mit denen wir im Anschluß an unsere Sitzungen wieder gemeinsam diverse andere Vereinsbelange erledigen. Diese Form der KollegInnen-Beratung verlangt beiden Seiten einiges ab.

Was uns SupervisandInnen betrifft, so kommt es, um mit dem Soziologen Krappmann zu sprechen, darauf an, in der KollegInnen-Supervision »Ambiguitätstoleranz« walten zu lassen, das heißt im Verhältnis von gegenseitigen Erwartungen und wechselseitiger Bedürfnisbefriedigung seine Ich-Identität zu bewahren und die Identitätsbalance der InteraktionspartnerInnen zu respektieren (vgl. Krappmann 1969). Erst so kann eine dialogische Dynamik entstehen.

Eine von Ambiguitätstoleranz getragene Haltung wird erschwert durch die Arbeit mit beziehungsgestörten Menschen, weil diese ihr Gegenüber nicht in seiner Identität anerkennen, sondern diese immer wieder zu zerstören suchen. Dies drückt sich auch in der Supervision aus, d. h. daß wir als diejenigen, die tagtäglich projektiv identifiziert werden, immer wieder versucht sind, unsere Supervisoren zu Trägern unserer Projektionen zu machen und unter Umständen die Bereitschaft verlieren, uns mit diesen Projektionen auseinanderzusetzen.

Dies könnte insbesondere bei einer KollegInnen-Supervision zu fatalen Arbeitsstörungen führen. Mit Winnicott gesprochen, heißt das, daß wir in der Lage sein sollten, eben nicht nur auf unsere Supervisoren bezogen zu sein, sondern sie »gebrauchen« zu können, d. h. sie als reale Objekte außerhalb unserer omnipotenten Kontrolle anzuerkennen.[6]

VI. Die Außen-Supervision oder »Nur kein Chaos mit Pauken und Trompeten«

Ein wichtiger Teil unseres Hagenwört-Gesamtsettings – und neben der donnerstäglichen KollegInnen-Supervision der zweite institutionalisierte Reflexionsschauplatz unserer Arbeit – ist die einmal wöchentlich stattfindende, fallbezogene Teamsupervision, die von einem außenstehenden Psychoanalytiker geleitet wird.

Diese Supervision findet in der Tübinger Kinder- und Jugendpsychiatrie statt, in Räumen außerhalb unseres täglichen Arbeitszusammenhangs. Dieser »andere Ort« repräsentiert schon eine, wenn auch zunächst einmal nur räumliche, Distanz, die uns in der Begegnung mit unseren Jugendlichen und jungen Erwachsenen oft verlorenzugehen droht. Teilnehmend sind VertreterInnen aller Subsysteme der »Gesprengten Institution Hagenwört«: die WohngruppenmitarbeiterInnen, die ArbeitsbegleiterInnen des (der) Jugendlichen, der (die) Thema der jeweiligen Supervision ist, und die Person, bei welcher der oder die jeweilige Jugendliche psycho-analytisch-sozialtherapeutische Einzelstunden besucht.

Dieser Austausch zwischen den Orten und ihren RepräsentantInnen verdient besondere Beachtung, ist doch eine Grundidee des »Projekts Hagenwört« gerade die Sprengung der Institution, die Getrenntheit der Orte, an denen sich die von uns Betreuten bewegen. Die verschiedenen Orte des Wohnens, der Arbeit und der Einzelstunden mit jeweils unterschiedlichen Regeln und Gesetzen zwingen die Jugendlichen und jungen Erwachsenen tag-täglich zu Trennungen und Übergängen zwischen verschiedenen Lebensbereichen bzw. -wirklichkeiten, lehren sie, sich mit Erfahrungen des Mangels auseinanderzusetzen: »Es ist der Mangel, der Gelegenheit bietet, selbst einen Appell auszusenden, um vom Anderen das Komplement zu erhalten« (Mannoni 1978, S. 79).

Wir hoffen, daß die Gesprengtheit der Institution Räume eröffnet für die vielfältigen Facetten der psychischen Befindlichkeit der jungen Erwachsenen, für ihre verschiedenen, gleichzeitig vorhandenen Entwicklungs- und Strukturniveaus.

Indem die autistisch-psychotischen Menschen nicht einer alles kontrollierenden und vermeintlich allwissenden Institution (an-)gehören, können sie möglicherweise eigene Wünsche, zuerst aber, und das ist fast unumgänglich, Geheimnisse entwickeln. Geheimnisse gibt es nur da, wo ein Wissen um die oder zumindest eine Ahnung von der Getrenntheit zwischen Ich und dem Anderen existiert, und das macht sie für unsere Betreuten so bedeutsam. Dieses »Geheimnis des anderen Orts« kann und will unsere Außen-Supervision nicht lüften. Vielmehr geht es um einen haltgebenden Rahmen für die verschiedenen Lebenswirklichkeiten und Entwicklungsniveaus, um das nötigste Maß an »Containment«, um das Erkennen von Übertragungen und Spaltungsmechanismen, von Reinszenierungen und Objektverwendungen.

Die Teilnehmergruppen der externen Supervision könnte man mit den verschiedenen Instrumentengruppen eines Orchesters vergleichen: zunächst einmal probt jede Gruppe für sich allein, befaßt sich mit ihrem Teil des Stücks, konzentriert sich also auf ihre Stimme. Kommen die InstrumentalistInnen, die bis dahin nur ihr eigenes Spiel gehört haben, von dem sie wahrscheinlich auch überzeugt sein dürften, im Orchester zusammen, so entstehen in aller Regel Un-Stimmigkeiten zwischen Holzbläsern, Blechbläsern, Streichern und Pauken. Zu einem Ensemble wird diese Ansamm-

lung von Instrumentengruppen erst mit Hilfe des Dirigenten, der
die Einsätze und den Takt angibt und vor allem für die Ausgewo-
genheit der Stimmen sorgt. Er steht erhöht, was unser Supervisor
zwar – zum Glück – nicht tut, doch beide nehmen im Verhältnis zur
Gruppe eine externe Position ein. Das Einstudieren eines Orche-
sterwerkes, seine Interpretation, wird ja insbesondere von der
Frage nach Schönheit und Sicherheit bestimmt: »Schönheit und
Sicherheit: Beides zusammen gibt es nicht. Schönheit erfordert
Risiko, kann wunderbar sein oder danebengehen. Sicherheit aber
führt zur Maschine, zum Unmenschlichen, zum Generatorenor-
chester« (Kager 1992, S. 24). Bezogen auf unsere Arbeit, könnte
die Frage lauten: Vielfalt oder Sicherheit? Die Antwort kann nicht
in einem Entweder-Oder liegen, aber das Pendel tendiert in Richtung der Vielfältigkeit bzw. Differenzierung: indem wir unseren
Betreuten zwar einen geschützten Rahmen bieten, sie aber nicht
allumfassend versorgen und kontrollieren, sondern ihnen ein
Oszillieren zwischen verschiedenen Lebensbereichen bzw. -wirk-
lichkeiten zumuten und zutrauen, setzen wir sie – und auch uns selber – immer wieder Risiken und Unwägbarkeiten aus. Gemeint ist
kein blindes »Laisser-faire«, sondern ein ständiges Ausbalancieren
zwischen Wissen und Nicht-Wissen. In unserer externen Supervision geht es ebensowenig um die völlige Aufhebung dieses Nicht-
Wissens wie um eine Nivellierung der Unterschiede zwischen dem
Erleben der einzelnen TeilnehmerInnen bzw. Teilnehmergruppen
oder um die Entscheidung für ein »Richtig« oder »Falsch«, vielmehr um ein Gesamtbild und ein Verstehen, bei Zulassen aller
unterschiedlichen Gegenübertragungsgefühle.

Um wieder im Bild zu sprechen: zu einem gemeinsamen Takt,
zur Konsolidierung eines für die Betreuten haltgebenden En-
sembles verhilft uns unser Supervisor, indem er als Außenstehender uns die Ohren bzw. den Blick öffnet für Motive, die einen bis
dahin vielleicht unerkannten »roten Faden« durch das Gesamt-
werk bzw. die Lebensgeschichte des (der) jungen Erwachsenen
bilden. Zunächst einmal jedoch müssen wir Gelegenheit haben,
»das Unverstandene, noch nicht Verdauliche erst mal herauszulas-
sen, sozusagen ›auszukotzen‹«, um dann gemeinsam über das
Geschilderte nachzudenken und »um eine neue, wenn auch fiktive
Konstruktion der Wirklichkeit der Arbeitssituation zu konstruieren« (Lazar 1990, 374 f.). Genauso wie wir eine Art Behälterfunktion für die unverstandenen Äußerungen der jungen Erwach-

senen einnehmen, bildet der Supervisor zunächst einen Container für unsere unverstandenen oder belastenden Begegnungen mit den Hagenwört-BewohnerInnen, um uns dann mit der »guten Milch« der Supervision in Form neuer Ideen und einer anderen Sichtweise – einer »zweiten Meinung« über unsere »erste Meinung« – zu versorgen. Dieser Prozeß ist ein wechselseitiger; wir SupervisandInnen müssen diese andere Sichtweise natürlich erst einmal zulassen – dies gelingt uns durch ein »Loslassen und einen Verlust des Moments und seiner Inhalte in der ›Anwesenheit der Abwesenheit‹ dieses gerade vorübergegangenen Moments. Die Neuerschaffung ... und Wiederherstellung ..., nicht das Verdoppeln, ist die Essenz des Denkens« (Grotstein, zit. n. Lazar 1990, S. 372).

Mit Hilfe eines kleinen Fallbeispiels möchten wir nochmals die »supervisionelle Zusammenführung« der verschiedenen Lebenswirklichkeiten bzw. Begegnungsräume transparent machen:

Franz, neunzehn Jahre alt, lebt seit anderthalb Jahren in der »Wohngruppe Hagenwört«. Seine Vorgeschichte ist gekennzeichnet durch wiederholte Beziehungsabbrüche: nur bis zur zehnten Lebenswoche lebte er bei seinen leiblichen Eltern, dann wurde er wegen mangelnder Versorgung unter Amtsvormundschaft gestellt und einer Pflegefamilie anvertraut. Schon frühzeitig empfanden die Pflegeeltern Franz als schwierig und erwogen bald, sich von ihm zu trennen. Als er sieben Jahre alt war, beendeten sie schließlich das Pflegeverhältnis.

Wenig später wurde Franz bei neuen Pflegeeltern untergebracht. Diese nahmen einige Monate nach ihm ein weiteres Kind, ein dreijähriges Mädchen, in Pflege. Drei bzw. vier Jahre später wurden noch zwei leibliche Kinder geboren.

Franz' Auffälligkeiten und seine aggressiven Verhaltensweisen, die zur Beendigung des ersten Pflegeverhältnisses geführt hatten, traten – anfangs phasenweise, mit zunehmendem Alter gehäufter und intensiver – auch in der neuen Pflegefamilie auf.

Schließlich schlugen sich Franz' emotionale Kontrollverluste in hauptsächlich gegen die Pflegemutter gerichteten körperlichen Angriffen nieder. Die Spannungen erreichten ihren Höhepunkt, als Franz die Pflegemutter so massiv attackierte, daß diese erhebliche Verletzungen davontrug. Noch am selben Tag wurde Franz stationär in einem jugendpsychiatrischen Krankenhaus aufgenommen.

Nach knapp einjähriger Behandlungszeit, in der Franz' emotionale Kontrollverluste und sein Zustand hochgradiger aggressiver Erregung insbesondere durch pharmakotherapeutische Intervention eingedämmt werden konnten, wurde Franz unserer Wohngruppe überantwortet.

Gleich nach seinem Einzug wurde er in die verschiedenen Teilbereiche der »Gesprengten Institution Hagenwört« eingeführt.

In der Wohngruppe bezog er ein schönes, helles Einzelzimmer, welches er mit Kiefernholzmöbeln einrichtete. Seinen Arbeitsplatz fand er in einer Werkstatt für psychisch und geistig Behinderte, fünfundzwanzig Kilometer von der Wohngruppe entfernt. Schließlich wurde ihm einmal wöchentlich eine psychoanalytisch-sozialtherapeutische Einzelstunde bei einem Kollegen unserer Ambulanten Dienste im zehn Kilometer entfernten Tübingen angeboten, eine zweite Stunde lehnte er ab.

Sehr schnell wußte Franz diese verschiedenen »Lebenswelten« für die (Re-)Inszenierung seiner traumatischen Beziehungsabbrüche und seiner konflikthaften inneren Welt zu nutzen. Daher war die externe Supervision von Beginn an unerläßlich, um die für uns zunächst recht schleierhaften Beziehungsmuster zu »dechiffrieren«:

In der Wohngruppe verwickelt uns Franz vom ersten Tag an mit der Ankündigung seines bevorstehenden Auszugstermins. Diesen legt er zunächst auf den Tag seines achtzehnten Geburtstags, genau sechs Monate nach seinem Einzug. Für ihn stehe fest, daß er zu diesem Zeitpunkt seiner leiblichen Mutter finanziell, aber auch lebensunterstützend beistehen müsse. Musikalisch untermalt er dieses Vorhaben, indem er die Wohngruppe mit heimatbezogener Volksmusik beschallt. Innerhalb einer einzigen Woche handelt er dieses Thema mit allen vier MitarbeiterInnen auf verschiedene Weise ab: Mitarbeiter Nr. 1, den er verdächtigt, ihn über das phantasierte halbe Jahr hinaus in der Wohngruppe festhalten zu wollen, droht er mit dem Rechtsanwalt; Mitarbeiterin Nr. 2 wird mit seinen Sorgen darüber, daß sein Zimmer noch nicht schön genug möbliert sei, »angefüllt«; Mitarbeiterin Nr. 3 zieht er in sehr vertrauensvolle, fast therapeutisch anmutende Zweiergespräche über seine unglückliche Beziehungskonstellation in der Pflegefamilie hinein. Er drängt dabei jedesmal die anderen MitarbeiterInnen aus der Beziehung (»aber sag das bloß keinem weiter!«); mit Mitarbeiter Nr. 4 verhandelt er einen Besuch in seiner norddeutschen

Heimatstadt bei seiner leiblichen Mutter. Interessanterweise liegt das anvisierte Reisedatum zeitlich nach seinem geplanten Auszug. In der Wohngruppe erfahren diese verschiedenen Beziehungsdynamismen ein erstes wichtiges »Containment«.

Am Arbeitsplatz spielen – oberflächlich betrachtet – die in der Wohngruppe auftauchenden Probleme scheinbar keine Rolle. Franz zeigt in dieser Woche an seiner Arbeit kein besonderes Interesse; sie scheint seiner Meinung nach unter seinem Niveau zu liegen. Er fällt vielmehr durch eloquentes Sprechen und Wichtigtuerei seinen ArbeitskollegInnen gegenüber auf, und dennoch erleben seine ArbeitsbegleiterInnen seine Kontakte als sehr starr und maskenhaft. Spürbare Affekte bzw. Emotionen erleben sie bei ihm im direkten Kontakt beinahe überhaupt nicht; immer wieder glauben sie, für ihn gar nicht existent zu sein.

In seinen psychoanalytisch-sozialtherapeutischen Einzelstunden findet Franz nach einem behutsamen Prozeß des Kennenlernens und eines wachsenden Vertrauens zu seinem »Therapeuten« recht schnell Zugang zu seinen verletzten und depressiven psychischen Anteilen. Ebenso wie in der Wohngruppe äußert er auch hier den Wunsch, zu seiner leiblichen Mutter zurückzukehren; jedoch zeigt er im geschützten Zweier-Setting der Einzelstunde keine so drängende Tendenz, diesen zu agieren, sondern kann ihn auf seinen Realitätsgehalt hin überprüfen. Zumindest ansatzweise gelingt es ihm, seine Flucht-Tendenzen als Ausdruck seiner – letztlich unerfüllbaren – Sehnsucht nach einer bedingungslos guten Mutter zu begreifen.

In der betreffenden Woche beklagt sich Franz bei seinem »Therapeuten« über die Wohngruppen-MitarbeiterInnen: er fühle sich in Hagenwört oft sehr alleingelassen; wenn er in seinem Zimmer sei, wünsche er sich häufig einen Kontakt. Dann schaffe er es aber nicht, diesen selber herzustellen, indem er auf die BetreuerInnen zugehe.

Mit Hilfe seines »Therapeuten« kann er dieses Gefühl des Allein- und Ausgeschlossenseins als eine Art »roten Faden«, der sich durch sein Leben zieht, erkennen und als Ausdruck und Folge seiner häufigen Beziehungsabbrüche verstehen.

Besonders beachtenswert in dieser Woche ist, daß Franz erstmals eine direkte Verbindung zwischen diesen depressiven Gefühlen und seinem Alltag in der Wohngruppe herstellt: mit Unterstützung seines »Therapeuten« ruft er in Hagenwört an, um uns seine

Verlassenheitsgefühle mitzuteilen. Mit hörbarer Erleichterung reagiert er darauf, daß wir diese ernstnehmen und ihm anbieten, hin und wieder nach ihm zu schauen, wenn er sich in sein Zimmer zurückgezogen hat.

In der Außen-Supervision werden die unterschiedlichen Begegnungen mit Franz zunächst einmal zusammengetragen. Was so gar nicht zusammenzupassen scheint – wie z. B. seine Depressivität in der Einzelstunde und seine fast weltmännische Eloquenz am Arbeitsplatz (Franz erscheint dort mit Krawatte) – »entpuppt« sich bei genauerer Betrachtung als in einem psychodynamischen Zusammenhang stehend. Unser Außensupervisor fokussiert Franz' aktuelle Problematik auf die Auseinandersetzung mit einem nun stärker ins Bewußtsein drängenden Verlust seiner Heimat. Franz verarbeitet diesen Verlust auf sehr unterschiedliche Art und Weise: je mehr er in der »Gesprengten Institution Hagenwört« ankommt und sich dort einläßt, desto stärker versucht er, seine früheren Beziehungsabbrüche zu reinszenieren. Sein Wunsch, wegzugehen, dient dazu, ihn vor einem »Abgleiten« in depressive Erlebensbereiche zu schützen. Vor einem Agieren dieses zwar verlockenden, jedoch auch gefährlichen Wunsches wiederum schützt ihn die Überzeugung, daß ein bestimmter Mitarbeiter der Wohngruppe (Mitarbeiter Nr. 1) ein strenges väterliches Gesetz vertritt und ihn nicht gehen läßt. Am adäquatesten schafft er es im sicheren Rahmen der Einzelstunde, die Trauer über seine Kindheitsgeschichte und über den Verlust der Heimat zu bearbeiten. Dort präsentiert er sich auf einem recht hohen Entwicklungsniveau, während seine – von den ArbeitsbegleiterInnen als unecht empfundene – Beredsamkeit am Arbeitsplatz als Abwehr dieser depressiven Gefühle interpretiert wird. Der Supervisor bestärkt uns, insbesondere die ArbeitsbegleiterInnen, darin, diese Abwehr nicht zu durchbrechen, um Franz' »Funktionieren« am Arbeitsplatz, das sehr bedeutsam für sein narzißtisches Gleichgewicht ist, zu gewährleisten. Dieser »sichere Boden« ist notwendig, damit er sich seinen erlittenen Verletzungen, seiner Trauer und seinen Ängsten überhaupt stellen kann. Als ersten Schritt zu einer Integration seiner verletzten Persönlichkeitsanteile können wir Franz' Kontaktaufnahme mit der Wohngruppe aus seiner Einzelstunde heraus begreifen – auch wenn er seine innere Leere weiterhin zum großen Teil, z. B. durch eine Idealisierung seiner leiblichen Mutter, abwehren muß, so gelingt ihm doch immer wieder auch im Alltag ein Gewahrwerden seiner Ängste.

Aus diesem Zusammenhang heraus schlägt unser Außen-Supervisor vor, den von Franz gewünschten Besuch in seiner Heimatstadt real voranzutreiben, da Franz allem Anschein nach genügend vertrauensvolle Bindungen eingegangen ist, um eine mit diesem Besuch verbundene Desillusionierung zu verkraften und für seine Ich-Integration zu nutzen.

Wir MitarbeiterInnen der »Gesprengten Institution Hagenwört« verlassen diese Supervision mit dem Gefühl, nicht alles zu wissen, doch einiges besser zu verstehen und in der Hoffnung, zu einem »psychoanalytisch-pädagogischen Takt« gefunden zu haben, der Franz – trotz unseres partiellen Nicht-Wissens – dazu verhilft, nicht »mit Pauken und Trompeten« unterzugehen!

Sowohl in der Außen-Supervision als auch in der KollegInnen-Supervision meinen wir ein Medium gefunden zu haben, das uns zu einem neuen Verständnis in den täglichen Begegnungen mit den jungen Erwachsenen der »Gesprengten Institution Hagenwört« verhilft und die Betreuten ihrerseits in einer bisher so nicht gekannten oder aber verloren geglaubten Selbstentfaltung unterstützt, immer – im konstruktiven Sinne – entlang »zwischen Katastrophe und Veränderung«!

Anmerkungen

1 Für »Unsere Jungs« und M.

2 Bei autistisch-psychotischen Menschen »bleibt die Nebenrealität dominierend und führend, und eine gemeinsame Realität entsteht nur ansatzweise oder zumindest in eingeschränktem Maße« (Lempp 1992, S. 114).

3 »Die Verwendung von Abwehr, besonders der Abwehr durch ein erfolgreiches falsches Selbst, befähigt manche Kinder, so zu erscheinen, als seien sie vielversprechend, aber am Ende offenbart ein Zusammenbruch den Umstand, daß das wahre Selbst nicht vorhanden ist« (Winnicott 1984, S. 76).

4 »Erfahrungen des Vereins für psychoanalytische Sozialarbeit ... haben gezeigt, daß die Teilhabe am allgemeinen sozialen Austausch auch im Sinne der Teilhabe an der gesellschaftlichen Ökonomie, d. h. am Markt, verstanden werden muß. Der Markt, für den produziert wird, stellt – psychoanalytisch gesehen – einen ›generalisierten Anderen‹ dar. Über die psychische Struktur, die ein solcher ›generalisierter Anderer‹ darstellt, verfügen autistische junge Menschen gerade nicht. Sie bleiben deshalb abhängig von ›bestimmten Anderen‹, was für sie oft unerträglich ist und eine weitgehende Individuation verhindert. In diesem Zusammenhang sind sie unter Umständen auch bereit, von ihnen selbst als ›primitiv‹ bezeichnete Teilarbeiten zu verrichten, weil sie wissen, daß die von ihnen

hergestellten Waren schließlich die Wünsche anderer Menschen befriedigen würden. Diese anonymen Wünsche anderer Menschen konstituieren für sie einen ›generalisierten Anderen‹. Diese ›generalisierten Anderen‹ sind aber für den Autisten wesentlich weniger bedrohlich als ein ›konkreter Anderer‹, der ihnen gegenübersteht« (Lempp 1992, S. 121).

5 »Unter dem Hineinnehmen verstehen wir wesentlich, daß wir für alles, was die Kinder äußern, auch und gerade, wenn es uns ganz unverständlich erscheint, zunächst einmal eine Behälterfunktion ausüben« (Bion, W. R., zit. n. Becker 1976, S. 179).

6 »Objektbezogenheit läßt sich mit den Erfahrungsbegriffen des Subjekts erfassen, eine Beschreibung des Objektgebrauchs bedingt eine Betrachtung der Natur des Objekts. Ich stelle hiermit die Gründe zur Diskussion, warum meiner Meinung nach die Fähigkeit zum Objektgebrauch geistig differenzierter ist als die Fähigkeit der Objektbezogenheit: Die Bezogenheit kann auf ein subjektives Objekt gerichtet sein, aber der Gebrauch impliziert, daß das Objekt ein Teil der äußeren Realität ist. Der folgende Ablauf läßt sich feststellen:
1. Das Subjekt bezieht sich auf das Objekt.
2. Das Objekt durchläuft einen Prozeß, der bewirkt, vom Subjekt in der Welt gefunden anstatt in sie hineinversetzt zu werden.
3. Das Subjekt zerstört das Objekt.
4. Das Objekt übersteht die Zerstörung.
5. Das Subjekt kann das Objekt gebrauchen ...
Auf diese Weise wird eine Welt gemeinsamer Realität erschaffen, die das Subjekt gebrauchen und die ›Anders-als-ich-Substanz‹ in das Subjekt zurückleiten kann« (Winnicott, zit. n. Khan 1977, S. 34).

Literatur

Becker, S. (1990): Die Supervision der Behandlung psychotischer Jugendlicher. In: Lempp, R. (Hrsg.): *Die Therapie der Behandlung psychotischer Jugendlicher*, S. 177–186, Bern, Stuttgart, Toronto.

Becker, S. (1990): *Objektbeziehungspsychologie und katastrophische Veränderung. Zur psychoanalytischen Behandlung psychotischer Patienten*, Tübingen.

Feuling, M. (1988): Zur Psychoanalyse (in) der Institution. In: *Fragmente Bd. 26*, Kassel.

Fuchs, K., Goudriaan, A., Maas, M., Nonnenmann, H. (1993): Von der Konstruktion äußerer Orte zur Bildung innerer Strukturen. Anmerkungen zum Aufbau einer »Gesprengten Institution« – Die Wohngruppe Hagenwört für junge Erwachsene. In: Verein für psychoanalytische Sozialarbeit (Hrsg.): *Innere Orte – Äußere Orte*. Die Bildung psychischer Strukturen bei ich-strukturell gestörten Menschen, S. 33–66, Tübingen.

Kager, R. (1992): Mut zum Risiko und Beharren auf Tradition. In: *Bühne. Das österreichische Kulturmagazin, Heft 3*, S. 22–24.

Khan, M.M.R. (1977): Das Werk von D. W. Winnicott. In: Eicke, D. (Hrsg.): *Die Psychologie des 20. Jahrhunderts*. Freud und die Folgen (2), S. 348–382, Zürich.

Kleefeld, H. (1990): »Begleitungen« bei psychotischen Patienten: Eine Form von Therapie im Alltag. In: Lempp, R. (Hrsg.): *Die Therapie der Psychosen im Kindes- und Jugendalter*. Bern, Stuttgart, Toronto, S. 160–168.

Körner, J. (1992): Was ist psychoanalytisch an einer psychoanalytischen Sozialpädagogik? In: Körner, J. (Hrsg.): *Werkstattberichte Sozialpädagogik. Beiträge zur Psychoanalytischen Sozialpädagogik. Heft 1*, Berlin (Eigenverlag).

Krappmann, L. (1969): *Soziologische Dimensionen der Identität*. Aktuelle Bedingungen für die Teilnahme an Interaktionsprozessen, Stuttgart.

Lazar, R. A. (1990): Supervision ist unmöglich: Bions Modell des »Container und Contained«. In: Pühl, H.: (Hrsg.): *Handbuch der Supervision*, S. 371–394, Berlin.

Lempp, R. (1992): *Vom Verlust der Fähigkeit, sich selbst zu betrachten*. Eine entwicklungspsychologische Erklärung der Schizophrenie und des Autismus, Bern, Göttingen, Toronto.

Mannoni, M. (1978): *Ein Ort zum Leben*. Die Kinder von Bonneuil, Frankfurt a. M.

Roedel, J. (1986): *Das heilpädagogische Experiment Bonneuil und die Psychoanalyse in Frankreich*. Frankfurt.

Thiersch, H. (1984): *Orte zum Leben*. Manuskript zu einem Referat zum gleichnamigen Symposion. Tübingen (unveröffentlicht).

Tustin, F. (1989): *Autistische Zustände bei Kindern*. Stuttgart.

Winnicott, D. W. (1984): *Reifungsprozesse und fördernde Umwelt*. Frankfurt a. M.

Michael Günter

Psychoanalytische Supervision in der Behandlung und Betreuung chronisch psychotischer und autistisch-psychotischer junger Erwachsener

Qualifizierte psychoanalytisch-pädagogische Arbeit mit psychotischen Patienten im stationären Rahmen bedarf der psychoanalytischen Supervision. Die Intensität der psychotischen Gegenübertragungs- und Übertragungsreaktionen, denen sich die Mitarbeiter ausgesetzt sehen, erfordert eine institutionell verankerte Möglichkeit der Distanzierung. Die der psychotischen Fraktionierung korrespondierende Übertragung voneinander isolierter Persönlichkeitsaspekte auf einzelne Mitarbeiter des Teams und die daraus resultierenden Spaltungsprozesse in den Behandlungsteams machen es notwendig, in Form der Supervision einen Raum zur Verfügung zu stellen, in dem die unverbundenen, in der Gegenübertragung erscheinenden Teile des Patienten integriert werden können (vgl. Becker 1990). Man könnte auch sagen, die Supervision bildet einen Container für die unerträglichen depressiven und paranoiden Ängste, die die Patienten im Rahmen einer intensiven Übertragungs-/Gegenübertragungspsychose im Team auslösen. Die Supervision ist dabei in ihrer distanzierenden Funktion notwendig, damit die Mitarbeiter immer wieder in der Lage sind, sich als Container für die unintegrierten Betaelemente der Patienten zur Verfügung zu stellen, bevor diese überhaupt einer Deutungsarbeit zugänglich gemacht werden können (Bion 1977, Lazar 1990). Diese Notwendigkeit der Supervision hängt keineswegs mit einer eventuell mangelnden Qualifikation des Teams zusammen, wie es beispielsweise von Deutschmann (1990) implizit angenommen und dargestellt wird, sondern mit der prinzipiellen Notwendigkeit, zwischen zwei Positionen oszillieren zu können: Einerseits sich einzulassen auf das psychotische, fraktionierte Erleben des Patienten, um ihn da abholen zu können, wo er sich gemäß seiner psychischen Struktur befindet, andererseits aber auch soviel Distanz gewinnen zu können, daß man nicht gemeinsam mit dem Patienten in einer psychotischen Welt versinkt, sondern zu einer Integrationsleistung i. S. der Alphafunktion fähig bleibt. In diesem Sinne war für uns die analytische Supervision von Anfang an unverzichtbarer Bestandteil einer psychoanalytisch orientierten Behandlung und Betreuung von psychotischen Jugendlichen und Erwachsenen, indem über die Reflexion und Deutung der unbewußten Gegenübertragungsreaktionen indirekt eine Veränderung des handelnden Umgangs mit den Patienten im Alltag induziert wurde und somit über die Stärkung der Integrationsfunktion des Teams eine Integration zersplitterter Ich-Anteile des Patienten ermöglicht wird.

Die Betreuung chronisch psychotischer und psychotisch- autistischer Jugendlicher und junger Erwachsener im »Projekt Hagenwört«, das an anderer Stelle ausführlich dargestellt wurde (Fuchs et. al. 1993) wirft im Hinblick auf ein solches Verständnis psychoanalytischer Supervision verschiedene Fragen auf. Dies hängt vor allem mit der Konzeption des Projektes als »Gesprengte Institution« (Mannoni 1978) zusammen, in der es um eine weitgehende Binnendifferenzierung verschiedener Lebensvollzüge und um ein ständiges Aufsprengen der tendenziell totalitären und entsubjektivierenden Auswirkungen einer umfassenden Versorgung in Institutionen geht. Konkret äußert sich dies darin, daß zwar unter dem Dach einer gemeinsamen institutionellen Trägerschaft und getragen von mehr oder weniger informellen persönlichen Beziehungen, aber letztlich doch unabhängig voneinander drei Lebensbezüge eingerichtet wurden, in denen die Patienten sich bewegen, die sie benutzen und die sie gegebenenfalls auch im Rahmen von Spaltungsprozessen gegeneinandersetzen: Zum einen die Wohngruppe in der Hagenwörtstraße, zum anderen das sogenannte Arbeitsprojekt – eine intensive Betreuung und Begleitung auf dem Weg zur Arbeit und bei der Arbeit selbst, meist in Werkstätten für psychisch Kranke – sowie als drittes Element eine psychoanalytisch orientierte Einzeltherapie mit einer Frequenz von einer oder mehreren Stunden pro Woche. Der einzige institutionalisierte Austausch aller drei Bereiche untereinander ist die Supervision, zu der einmal wöchentlich fallzentriert die Mitarbeiter der Wohngruppe, die den betreffenden Patienten betreuenden Mitarbeiter des Arbeitsprojektes sowie der Therapeut oder die Therapeutin zusammentreffen.

Aus dieser speziellen Situation ergeben sich drei Akzente der Supervisionsarbeit, wie sie in dieser Klarheit in anderen Teamsupervisionen m. E. nicht hervortreten. Sie sollen im folgenden unter Vernachlässigung allgemeiner Aspekte, wie sie den bereits genannten Publikationen zu entnehmen sind, dargestellt und diskutiert werden:

1. Das Problem der Integration der verschiedenen Bereiche und der Reflexion von Spaltungsprozessen, die insbesondere entlang der institutionellen Strukturen als Gegenübertragungsphänomene auftreten. Dabei muß die Gefahr der Rekonstruktion einer totalen Institution sozusagen durch die Hintertür der Supervision im Auge behalten werden.
2. Die Einstellung des Verhältnisses von pädagogischer und therapeutischer Arbeit, wobei der Tendenz zu einer falsch verstandenen »Therapeutisierung« entgegengewirkt werden muß und gleichzeitig die psychoanalytische Reflexion auch und gerade der pädagogischen Arbeit als unverzichtbar für die Qualität der Arbeit anzusehen ist (vgl. Aichhorn 1977).
3. Das Zusammentreffen der therapeutisch-pädagogischen Arbeit dreier unterschiedlicher Bereiche (Wohngruppe, Arbeitsprojekt und Therapie) bringt in faszinierender Weise die Gleichzeitigkeit verschiedener Strukturniveaus bei ein- und demselben Patienten zur Darstellung. Aufgabe der Supervision ist es daher vor allem auch, Hypothesen über das dynamische Zusammen- und Wechselspiel psychotischer und neurotischer Abwehrprozesse bzw. Strukturniveaus bei ein- und demselben Patienten zu entwickeln.

Die oben angesprochene Übertragung fraktionierter Persönlichkeitsanteile des Patienten auf das Team erfolgt häufig entlang institutioneller Strukturen. So klagt ein Patient beispielsweise beim Therapeuten über die mangelnde Versorgung und Vernachlässigung und gleichzeitig über die Verfolgung durch Mitarbeiter der Wohngruppe. Er tut dies in einer Weise, daß der Therapeut sich kaum aus einer Position äußerster Sorge um den Patienten herauslösen kann, während der Patient sich gleichzeitig in der Wohngruppe selbst als relativ stabil darstellt und wohlzufühlen scheint. Kurze Zeit später ist es dann die Therapie, die abgebrochen werden soll, dann wieder ist die Arbeit unzumutbar, und der Patient läßt sich ständig krankschreiben. Erst das Zusammentragen der einzelnen wechselnden Zustände in der Supervision ermöglicht es, sich ein umfassendes Bild von der inneren Dynamik des Patienten zu machen und einem Ausagieren isolierter Beziehungsanteile mit der Gefahr eines Abbruchs beispielsweise der Arbeitstätigkeit entgegenzuwirken.

Besonders deutlich wird dieses Problem daran, daß sehr viele Patienten vor allem Probleme damit haben, die Wege zwischen Wohngruppe, Arbeit und Therapie, die an verschiedenen, unter Umständen weit auseinanderliegenden Orten lokalisiert sind, selbständig zu bewältigen. Massive Ängste, daß der Patient verlorengehen könnte i. S. einer Gegenübertragungsreaktion im Zusammenhang mit psychotischen Objektverlusten bei Abwesenheit eines konkreten Objektes, fluktuieren oft zwischen den verschiedenen beteiligten Mitarbeitern. Auch diesbezüglich ist eine Verständigung untereinander ganz entscheidend, um nicht in projektiven Zuschreibungen von Überbesorgnis oder Fallenlassen des Patienten steckenzubleiben. Beides wiederum sind naheliegende Reaktionen im Zusammenhang mit analogen Problemen des Patienten, die projektiv-identifikatorisch bei den Betreuern lokalisiert werden.

Ihre volle Virulenz entfalten derartige Spaltungs- und Fraktionierungsprozesse oft im Rahmen von Diskussionen über notwendige oder geplante reale Veränderungen, insbesondere, wenn es um die Entlassung aus der Einrichtung und den Übergang in Regeleinrichtungen geht: Beispielsweise beschäftigte sich das Team damit, ob Frau K. nicht in ihrer Entwicklung so weit sei, daß mit der konkreten Suche nach einem geeigneten Heim für sie begonnen werden könne. Es kam in der Folge immer wieder zu Situationen, in denen sich entweder die langjährige Therapeutin der Patientin oder aber die Mitarbeiter der Wohngruppe nach einem zunächst konstruktiven Gespräch durch eine unter Umständen eher beiläufige Bemerkung plötzlich sehr angegriffen, mißverstanden und entwertet fühlten. Die Therapeutin sah sich dem Vorwurf ausgesetzt, sie klammere sich an die Patientin und verhindere dadurch die weitere Entwicklung, während umgekehrt die Mitarbeiter der Wohngruppe das Gefühl hatten, man werfe ihnen vor, hemdsärmelig ohne Rücksicht auf die Bedürfnisse der Patientin pragmatische Lösungen zu suchen, die vor allem am Druck durch die Kostenträger orientiert seien. Das Ausmaß destruktiven Hasses, das mit einem Gefühl der vernichtenden Entwertung der eigenen langjährigen Arbeit einherging, war zunächst sehr gut kaschiert durch das »Problem«, daß in der Arbeitsgruppe ansonsten ausgezeichnete persönliche und konstruktive Arbeitsbeziehungen vorherrschten, so daß es in einem ersten Schritt zunächst notwendig war, diese primitiven Haßaffekte überhaupt erst kenntlich zu machen. Erst im zweiten Schritt konnten diese als Inszenierung des inneren Dramas der Patientin auf der Bühne der Arbeitsgruppe verstanden werden. Diese Patientin hatte mit fraktionierten inneren Objekten zu kämpfen, die sich gegenseitig zu vernichten suchten. Die Identifikation mit einem dieser inneren Objekte war immer gleichbedeutend mit der Identifikation mit der grausamen Zerstörung der anderen Objekte. Angesichts der Auseinandersetzung der Patientin mit einer Perspektive der Veränderung, gewann diese lebensgeschichtlich determinierte innere katastrophische Welt eine solche Virulenz, daß die Patientin nur um den Preis einer erneuten massiven Externalisierung dieser zerstörerisch agierenden und selbst von Zerstörung bedrohten Objektrepräsentanzen den Versuch machen konnte, sich zunehmend realistisch mit ihrer Perspektive in einer Weise auseinanderzusetzen, daß sie sich ansatzweise als Subjekt dieser Veränderung und nicht als deren bloßes Objekt begreifen konnte. Ohne die integrierende Funktion einer gemeinsamen Supervision könnte es schwerlich gelingen, diese Dynamik adäquat zu verstehen und aufgrund dieses Verständnisses den langwierigen Prozeß der Ablösung und des Überganges, der potentiell einen außerordentlichen Entwicklungsschritt für die Patientin darstellen kann, ihren Bedürfnissen entsprechend zu gestalten.

Die Supervision hat also u. a. die Aufgabe, frei flottierende paranoide Elemente aufzudecken und zu integrieren, indem sie als Gegenübertragungsreaktion kenntlich gemacht werden und indem gleichzeitig die Fähigkeit gestärkt wird, die Bedeutung unterschiedlicher Beziehungsangebote an den Patienten nicht in Termini von angeblich höherwertiger therapeutischer Arbeit versus niedriger bewerteter pädagogischer Arbeit abgrenzend zu interpretieren. Eine solche Interpretation resultiert letztlich immer aus unbearbeiteten Omnipotenzphantasien, die ja gerade im therapeutisch-pädagogischen Bereich eine große Rolle spielen und im speziellen bei der Arbeit mit psychotischen Patienten bekanntlich eine besondere Virulenz entfalten. Demgegenüber ist es ein schmerzhafter, aber notwendiger Prozeß zu realisieren, inwiefern ein differenziertes Beziehungsangebot mit unterschiedlichen Arbeitsfeldern und einem gegenseitigen Aufeinander-angewie-

sen-sein erst die Möglichkeit schafft, dem Patienten eine haltge-
bende und schützende Umwelt zur Verfügung zu stellen, innerhalb
derer seine weitere Entwicklung erleichtert wird. Insofern geht es
keineswegs um ein Festschreiben des Patienten auf eine generell
gültige Hypothese, sondern im Gegenteil eher darum, Räume zu
öffnen für eine Wahrnehmung der Verschiedenheit, in der sich der
Patient in verschiedenen Beziehungen zu verschiedenen Momenten darstellt, ohne die Kohärenz zu verlieren.

Die Supervision ist damit genau im Spannungsfeld zwischen
zwei für diese Art der Behandlung und Betreuung psychotischer
Patienten zentralen Begriffen angesiedelt: Insofern sie zu einer
Konstruktion von Lebensverhältnissen beiträgt, die einer Integration fraktionierter Persönlichkeitsanteile dient, widerspricht sie
streng genommen in ihrer Organisationsweise als fallbezogene
gemeinsame Supervision der beteiligten Mitarbeiter dem Konzept
der »Gesprengten Institution«. Es findet noch weitergehend eine
Aufhebung der Trennung von Realraum und Therapieraum statt.
Die Gründe hierfür können an dieser Stelle nicht weiter erörtert
werden (vgl. hierzu Günter 1985, Lempp 1990 zur Behandlung
akuter juveniler Psychosen sowie Federn 1991 zur langfristigen
Betreuung psychotischer Patienten in der psychoanalytischen
Sozialarbeit). Jedenfalls hat dies zur Folge, daß besonderes
Augenmerk auf die Kontrolle und analytische Reflexion der totalitären Aspekte unbewußter therapeutischer Omnipotenzphanta-
sien gerichtet werden muß.

Aufgabe einer psychoanalytischen Supervision ist es auch, einer
in vielen pädagogischen Institutionen um sich greifenden falsch
verstandenen therapeutisch-deutenden Arbeit im engeren Sinne
entgegenzuwirken. In krasser Form wird ein bedrängendes Beziehungsangebot dann mit einer Pseudodeutung genetischer Art
abgewehrt etwa nach dem Motto: »Du meinst ja gar nicht mich,
sondern eigentlich Deine Mutter, wenn Du mich so angreifst.«
Gerade wenn also mit einem psychoanalytischen Erkenntnishin-
tergrund gearbeitet wird, muß in der Supervision die Gefahr wilder
Deutungen zu Abwehrzwecken im Auge behalten werden, und
solche Situationen müssen als Gegenübertragungsreaktionen
einer genauen Betrachtung unterzogen werden. Dies hat jedoch
auf seiten des Supervisors zur Voraussetzung, daß er selbst eine
stabile Identifikation mit pädagogischem Handeln besitzt und sich
nicht etwa insgeheim nach dem Motto richtet: Eigentlich wäre eine

Analyse immer die bessere Alternative, aber leider geht das bei diesem Patienten nicht. Für diese Art von Arbeit könnte man sich Freuds bekanntes Diktum aus der 34. Vorlesung ins Stammbuch schreiben: »... die Psychoanalyse begann als eine Therapie, aber nicht als Therapie wollte ich sie Ihrem Interesse empfehlen, sondern wegen ihres Wahrheitsgehalts, wegen der Aufschlüsse, die sie uns gibt über das, was dem Menschen am nächsten geht, sein eigenes Wesen, und wegen der Zusammenhänge, die sie zwischen den verschiedensten seiner Betätigungen aufdeckt.« (Freud 1933a, S. 169). Die Supervision soll also Möglichkeiten schaffen, pädagogisches Handeln an einer psychodynamischen Betrachtungsweise seelischer Vorgänge auszurichten, um den Mitarbeiter in die Lage zu versetzen – wie es Aichhorn für dissoziale Handlungen beschreibt – hinter den Handlungen »... noch ein Kräftespiel zu erkennen, das er vielleicht durch erzieherische Maßnahmen beeinflussen kann« (Aichhorn 1977, S. 14). Hierin berühren sich die Ziele einer solchen Supervision mit denen der klassischen Balint-Gruppe, wo es eines der wichtigsten Ziele ist, den Allgemeinarzt in seiner Kompetenz und Fähigkeit als Arzt, der Menschen mit ihren Krankheiten und seelischen Problemen und nicht isolierte Krankheiten behandelt, zu stärken, anstatt eine Art von »Barfuß-Psychotherapeuten« auszubilden (vgl. Nedelmann und Ferstl 1989). Insofern muß also Supervision einer Stärkung der Binnendifferenzierung bei gegenseitiger Bezogenheit von Therapie im engeren Sinne und psychoanalytischer Sozialarbeit dienen und – was eine recht schwierige Aufgabe für den Supervisor ist – einer Tendenz zur Einebnung dieser Differenzierung entgegenwirken.

Dies erleichtert letztendlich den Mitarbeitern in der Wohngruppe und im Arbeitsprojekt, sich sowohl die Souveränität zu entwickeln und zu bewahren, »verrückte« Bereiche, idiosynkratische Rückzugsgebiete der Patienten zu respektieren und gleichzeitig realistische Forderungen entsprechend ihrer Fähigkeiten an sie zu stellen. So war beispielsweise das Team bei der oben erwähnten Patientin aufgrund der Kenntnis der psychischen Funktion für die Patientin gut in der Lage, ihr den teilweise exzessiven Gebrauch autistischer Objekte nicht nur zu gestatten, sondern ihr diesbezüglich auch Freiräume zu schaffen bzw. beispielsweise mit ihr Jahrmärkte zu besuchen, bei der eine spezielle Form von Düsenjägern große Attraktivität für die Patientin i. S. eines autistischen Objektes hatte. Gleichzeitig konnte das Team aufgrund der positiven

Besetzung der Funktionen solcher autistischer Objekte sicher und unambivalent in weiten Bereichen von der Patientin die Einhaltung eines sozial akzeptablen Verhaltens fordern und sie ggf. auch konfrontieren. In ganz ähnlicher Weise war es möglich, die konstruktive Funktion ihrer Begeisterung für das autistische Objekt Kuckucksuhr und die daraus resultierende massive Forderung zu begreifen, in einer Kuckucksuhrenfabrik arbeiten und ihr gesamtes Leben unter dieser Prämisse organisieren zu wollen. Dieses Verstehen ermöglichte die Entwicklung realistischer Komponenten aus dieser Phantasie und konnte insofern handlungsleitend für die Entwicklung einer weiteren Perspektive werden, die dadurch dann wiederum an der Patientin als Subjekt ihrer Lebensverhältnisse orientiert ist und sie nicht zum Objekt gutgemeinter pädagogischer Maßnahmen macht.

Die ausgeprägte Binnendifferenzierung des Settings ermöglicht in der Supervision einen außerordentlich guten Einblick in die Dynamik und das Wechselspiel der Organisationsniveaus der Patienten bzw. des Nebeneinanderbestehens verschiedener Organisationsniveaus. Solche raschen Wechsel zwischen »reiferen« und weniger »reifen« Organisationsformen, zwischen Regression und Progression gelten allgemein als Charakteristikum des Jugendalters und im besonderen als ein zentrales Problem jugendlicher psychotischer Patienten (vgl. Günter et al. 1989). Unter den gegebenen Settingbedingungen läßt sich diese Dynamik oft sehr genau nachvollziehen: So ist eines der häufigsten Probleme, denen sich die Patienten und damit auch das Behandlungsteam konfrontiert sehen, der Umschlag von Trieb-Ängsten in Ich-Ängste, die dann aber unter Umständen an einem ganz anderen Ort symptomatisch zum Tragen kommen. Einer der Patienten fühlte sich von einem Kollegen in der Werkstatt immer wieder massiv bedroht und verfolgt. Im Rahmen der Supervision war zu rekonstruieren, daß er diesem Kollegen ausgeprägte sexuelle Fähigkeiten zuschrieb, die immer dann für ihn selbst bedrohlich wurden, wenn seine eigenen sexuellen Triebbedürfnisse gegenüber Mitbewohnerinnen der Wohngruppe verstärkt eine Rolle spielten. Derselbe Patient betätigte in der Anfangsphase mehrfach den zentralen Notschalter für die Werkstatt, in der er arbeitete, und legte damit die gesamte Produktion lahm. Eine Rekonstruktion der Geschehnisse in der Supervision ergab, daß je nach Blickwinkel eine Interpretation auf verschiedenen Niveaus der Abwehr stimmig erschien: Zum einen

handelte es sich um den Versuch, Omnipotenzphantasien beizube-
halten und sich gegen die Zumutung einer realitätsorientierten
Arbeitswelt in phantasmatische, mit der Mutter verbundene Phan-
tasiewelten zu flüchten, zum anderen aber wurde auch die Deter-
minierung durch ödipale Rivalitätsphantasien als wichtiges Motiv
erkennbar.

Eine zentrale Rolle bei der Organisation des Zusammenhangs
dieser verschiedenen Abwehrniveaus spielt offenbar die Reaktua-
lisierung der Geschwisterrivalität im Rahmen der Wohngruppe.
Die Mitbewohner sind einerseits potentielle sexuelle Objekte im
ödipalen Sinne, gleichzeitig werden sie aber auch in klassischer
Weise mit präödipalen Phantasien belegt, wobei die Rivalität um
die mütterliche Brust und der damit zusammenhängende Neid als
Stichworte genannt seien. Demgegenüber sind die Einzeltherapie
auf der einen Seite mit ihrem z. T. deutlich regressiven Angebot
und Arbeitswelt auf der anderen Seite mit der Aktivierung analer
Themen (Geld, Bezahlung, Zuverlässigkeit etc.) und ödipaler
Konflikte tendenziell als Pole in diesem Spannungsfeld anzusehen.

Während also die Supervision klinischer Behandlungen eher das
Hauptaugenmerk auf die Analyse der »tiefsten« Schichten richtet
– im stationären Rahmen auch aufgrund der Schwere der akuten
Erkrankung, im ambulanten Rahmen aufgrund des berechtigten
Anliegens, diese einer Analyse zuzuführen – besteht hier stärker
die Möglichkeit, auf das dynamische Zusammenspiel verschiedener Abwehrschichten zu fokussieren und damit vor allem auch
Aspekte, die für den langfristigen Verlauf autistisch-psychotischer
und psychotischer Erkrankungen von Bedeutung zu sein scheinen,
einer Bearbeitung und Diskussion zugänglich zu machen.

Literatur

Aichhorn, A. (1977): Verwahrloste Jugend. In: *Die Psychoanalyse in der Fürsorge-
erziehung*, 9. Aufl., Bern, Stuttgart, Wien.
Becker, St. (1990): Die Supervision der Behandlung psychotischer Jugendlicher.
In: Lempp, R. (Hrsg.): *Die Therapie der Psychosen im Kindes- und Jugendalter*,
S. 177–186, Bern, Stuttgart, Toronto.
Bion, W. R. (1977): *Seven Servants – Four Works by W. R. Bion*, New York.
Deutschmann, M. (1990): Ich-strukturelle und kognitive Störungen chronisch Schi-
zophrener als Herausforderung an psychiatrische Team-Supervision. In:
H. Pühl (Hrsg.): *Handbuch der Supervision*. Beratung und Reflexion in Ausbil-
dung, Beruf und Organisation, S. 213–232, Berlin.

Federn, E. (1991): Die Dauer der Behandlung psychotischer Patienten. In: Becker, St. (Hrsg.): *Psychose und Grenze*. Zur endlichen und unendlichen psychoanalytischen Sozialarbeit mit psychotischen Kindern, Jugendlichen, jungen Erwachsenen und ihren Familien, S. 16–28, Tübingen.

Freud, S. (1931): *Neue Folge der Vorlesungen zur Einführung in die Psychoanalyse*, G. W., Band 15, Frankfurt a. M.

Fuchs, K., Goudriaan, A., Maas, M., Nonnenmann, H. (1993): Von der Konstruktion äußerer Orte zur Bildung innerer Strukturen. Anmerkungen zum Aufbau einer »Gesprengten Institution« – Die Wohngruppe »Hagenwört« für junge Erwachsene. In: Verein für psychoanalytische Sozialarbeit (Hrsg.): *Innere Orte – Äußere Orte*. Die Bildung psychischer Strukturen bei ichstrukturell gestörten Menschen, S. 33–66, Tübingen.

Günter, M., du Bois, R., Kleefeld, H. (1989): Das Problem rasch wechselnder Ich-Zustände in der stationären Langzeittherapie psychotischer Jugendlicher. In: *Praxis der Kinderpsychologie und Kinderpsychiatrie 38*, S. 250–256.

Günter, M., Krautwald, P., Maas, M., Preute, H., Weiß-Bayer, M., (1985): Das Betreuerteam einer Jugendlichenstation als wichtiger Therapiefaktor. In: Rotthaus, W. (Hrsg.): *Psychotherapie mit Jugendlichen*, S. 168–180, Dortmund.

Lazar, R. A. (1990): Supervision ist unmöglich: Bions Modell des »Container und Contained«. In: Pühl, H. (Hrsg.): *Handbuch der Supervision*. Beratung und Reflexion in Ausbildung, Beruf und Organisation, S. 371–394, Berlin.

Lempp, R. (1990): Prinzipien der Therapie psychotischer Kinder und Jugendlicher, in: Lempp, R. (Hrsg.): *Die Therapie der Psychosen im Kindes- und Jugendalter*, S. 188–194, Bern, Stuttgart, Toronto.

Mannoni, M. (1978): *Ein Ort zum Leben*. Die Kinder von Bonneuil, ihre Eltern und das Team der »Betreuer«, Frankfurt a. M.

Nedelmann, C., Ferstl, H. (Hrsg.) (1989): *Die Methode der Balint-Gruppe*, Stuttgart.

Friedel Nielebock – Edith Ramminger

Lehrersupervision
– wo Schule neu erfunden wird

Jakob ist neu im Therapeutischen Heim und damit auch erst seit kurzem in unserer Schule. Er kommt gerne in den Unterricht und arbeitet – auf den ersten Blick – eifrig mit. Doch nach wenigen Wochen wirft er, für die Lehrerin unerwartet und unvermittelt, ihre Armbanduhr am Ende der Stunde aus dem Fenster. Dieser ersten Attacke folgen in den darauffolgenden Tagen ähnliche Aktionen. Es ist notwendig, Jakob zu fragen, warum er dies tut, doch er gibt keine Antwort. Jakob hat in der Schule bisher noch nicht gesprochen. Die Gefühle, die diese Vorfälle bei der Lehrerin auslösen, und die Fragen, die sie damit verbindet, sind Ausgangspunkt des Sprechens in der wöchentlichen Lehrersupervision. Sie knüpft daran die Hoffnung, dem Rätsel auf die Spur zu kommen und Strategien zu entwickeln, um für sich und Jakob ein besseres Ende der Unterrichtsstunden zu ermöglichen.

Im folgenden Text befassen wir uns mit der *Lehrer-Supervision*, einem notwendigen und zentralen Instrument für unsere Arbeit. Wir wollen das Spezifische der Schularbeit, wie sie sich im Supervisionssetting abbildet, deutlich machen. Dabei ist zuerst der *institutionelle Rahmen* der Lehrer-Supervision und die *Stellung der Lehrer* darin zu erläutern. Im zweiten Teil zeigen wir entlang zweier *Erfahrungsberichte*, wie dort, im Prozeß des Nachdenkens über unsere Arbeit, *Schul- und Unterrichtskonstruktionen* ge- und erfunden werden, die den Schwierigkeiten unserer Schulkinder Rechnung tragen.

Ein Lehrer und zwei Lehrerinnen unterrichten die schulpflichtigen Kinder, die im »Therapeutischen Heim für Kinder und Jugendliche Rottenburg« leben. Die Schule ist fester Bestandteil des therapeutischen Heim-Konzeptes. Es sieht vor, daß alle Mitarbeiter des Hauses sich einmal pro Woche zu einer gemeinsamen Supervision treffen. Dort besprechen sie Fragen des Behandlungsrahmens (zu dem die Schule gehört) sowie innere und äußere Entwicklungsmöglichkeiten und -blockaden der Kinder und Jugendlichen. Psychoanalytisches Denken prägt sowohl die Supervisionstechnik als auch die theoretischen Modelle, mit deren Hilfe analysiert und Bedeutung zugeschrieben wird.

Die Heim-Mitarbeiter nehmen an einer weiteren wöchentlichen Betreuer-Supervision (in der Gruppe) teil. Hauptamtliche Heim-Mitarbeiter haben darüber hinaus Anspruch auf eine Einzelsupervisionsstunde pro Woche. Wir Lehrer (im folgenden sprechen wir von »Lehrern«, auch wenn wir Lehrer und Lehrerinnen meinen) nehmen an einer weiteren wöchentlichen Lehrer-Supervision teil. Seitdem mehr als ein Lehrer im Heim tätig ist, war die Lehrer-Supervision immer Supervision in der Gruppe. Vielleicht zeigt sich darin, daß der Lehrer nicht als Einzelperson wichtig ist, sondern als Repräsentant der Institution Schule mitsamt ihren pädagogischen Implikationen (Gruppenfähigkeit, Interaktionsfähigkeit, Fähigkeit, sich mit dem Außen, der »Welt« zu beschäftigen). Das Hauptinteresse der Lehrer-Supervision richtet sich also auf die Beziehung des Schülers zu den Unterrichtsthemen und -gegenständen und auf seine sozialen Beziehungen zu den Mitschülern. Ausgangspunkt sind oft genug die persönlichen Verwicklungen und die emotionalen Konflikte zwischen Lehrenden und Lernenden.

Das Heim arbeitet derzeit mit zwei Supervisoren, die beide eine therapeutisch-psychiatrische Qualifikation haben. Unser Supervisor ist für uns damit in gewissem Sinne fachfremd. Er ist kein Schulpädagoge, aber spürbar an pädagogischen Fragestellungen interessiert. Sein Fachgebiet ist der therapeutische Raum. Wir erleben deshalb die Supervision auch als interdisziplinäre Zusammenkunft: Wir Lehrenden haben die Gelegenheit, schulpädagogische Probleme im differenzierten Erzählen zu reflektieren. Das psychodynamische Hintergrundwissen über ein Kind, vermittelt durch den Supervisor, befähigt uns, Unerklärliches und Fremdes aus Schulsituationen zu verstehen – eine wichtige Voraussetzung, um Unterricht planen zu können. Wäre unser Supervisor ein pädagogischer Fachmann, so erhielten wir sicherlich eine effektivere Beratung in schulpädagogischen Fragen. Wir wären dann vielleicht in unserer Wirkung ein stärker abgegrenztes Außen, das wir im therapeutischen Konzept ja sein sollen. Tatsächlich hieße dies jedoch, die Mehrzahl der Kinder zu überfordern. Bei den meisten von ihnen sind wir nämlich in der Position, sie überhaupt erst an Schulfähigkeit heranführen zu müssen. Zeichen, die sie setzen, Spuren, die sie legen, werden von uns im gemeinsamen Diskurs mit Wissen und Phantasien angereichert und in Beziehung gesetzt zu dem, was »lernen« ist. Das lernende Kind wird also von uns im Vorfeld konstruiert und existiert damit in unseren Köpfen lange, bevor es sich so im Unterricht zeigt. Um die Kinder, so wie sie sind, aber nicht der pädagogischen Konstruktionsarbeit zum Opfer fallen zu lassen, ist es unabdingbar, zumindest in der Anfangsphase (und diese kann sehr lange dauern!), die Nähe zum therapeutischen Raum zu garantieren. Die Unterrichtsformen, die auf diese Weise entstehen, haben mit der herkömmlichen Schule soviel oder sowenig gemein, wie mit der Therapie dieser Kinder. Die neue Form von Schule, die wir für jedes Kind gesondert erfinden müssen, braucht dringend die enge Zusammenarbeit von Therapeuten und Pädagogen. Die Schule wird damit zu einem Teil des therapeutischen Prozesses. Erst wenn ein Kind sich den Ort Schule zu eigen gemacht hat und der Unterricht sich an schulischen Lernzielen und Inhalten orientiert, sind wir Lehrer mit unseren Kompetenzen und unserem Wissen wieder Herr im eigenen Hause. Erst dann sind wir nicht mehr so angewiesen auf diese interdisziplinäre Supervision. Auf dem Weg dorthin aber ist sie für uns eine notwendige Arbeitsgrundlage.

Die Lehrer repräsentieren den anderen Ort Schule auch dadurch, daß sie Lehrer der »Staatlichen Sonderschule am Universitätsklinikum Tübingen« und nicht Angestellte des Therapeutischen Heims sind. Das Heim finanziert und sichert die Rahmenbedingungen der Supervision. Dadurch wird garantiert, daß die Schule Teil des therapeutischen Konzeptes ist. Das Heim übernimmt mit diesem Angebot aber auch eine Fürsorgefunktion für uns Lehrer, die eigentlich der staatlichen Schulbehörde obliegen müßte. Eine nicht gering zu schätzende Wirkung der Lehrer-Supervision ist die Wahrung unserer psychischen und physischen Integrität, denn bei der Arbeit mit autistischen und psychotischen Kindern wird diese immer wieder existentiell in Frage gestellt.

Erfahrungen mit Jakob
(aufgeschrieben von Friedel Nielebock)

Entlang einer Unterrichtssequenz und entlang ihrer Verarbeitung in der Supervision wird deutlich:
- wie wir das in der Schule als befremdend erlebte Verhalten von Jakob analysieren und nach realitätsadäquaten Resten suchen, die ein Ausgangspunkt für pädagogisches Handeln sind
- auf welche Weise wir uns unserer Lehreridentität rückversichern.

In den ersten Wochen seiner Schulzeit bei uns zeigte sich Jakob sehr weich, zurückhaltend, lernbereit. In Gruppensituationen verhielt er sich ruhig, beobachtend. Einfache Arbeitsaufträge erledigte er problemlos und weitgehend selbständig. In den Einzelunterrichtsstunden fanden wir zunächst auch rasch Dinge, mit denen er sich gern beschäftigte bzw. erkannten an der Art und Weise seines Umgangs mit Dingen, was er nicht besonders mochte. Im Laufe der Zeit kristallisierte sich jedoch in meinen Unterrichtsstunden immer deutlicher ein Problem heraus, das ich nicht erklären konnte:

Es begann damit, daß Jakob kurz vor Ende einer Freitagvormittags-Stunde plötzlich anfing, sich total auf meine Armbanduhr zu fixieren. Er starrte lachend darauf und nestelte mit seinen Fingern undifferenziert daran herum, während ich ihm etwas zeigen wollte. Ich ging zunächst nicht auf Jakobs Verhalten ein, wollte meinen Arm einfach zurückziehen indem ich ankündigte, daß wir die Armbanduhr am Ende der Stunde genauer betrachten könnten. Jakob aber schien von nun an nichts anderes mehr wahrnehmen zu können. Ständig versuchte er mein linkes Handgelenk zu fassen und mit den immer gleichen Bewegungen an Uhr und Handgelenk herumzufingern. Es war für mich nicht erkennbar, ob es ihm dabei um die Uhr oder um die Berührung meiner Hand ging. Ich fühlte mich ziemlich unwohl, zumal Jakob sein Tun mehr und mehr durch Lachen begleitete, das mir verrückt erschien. Um die mir unheimliche Körperberührung zunächst auszuschalten, nahm ich meine Uhr ab und bot an, sie ihm zu erklären. Noch während ich sprach, und ehe ich mich versah, schnappte er in Windeseile meine Uhr, sprang auf, öffnete das Fenster und warf sie aus dem 3. Stock. Ich war wie vom Schlag getroffen, zeigte deutlich meine Betroffenheit über den Verlust dieses mir sehr wertvollen Stückes. Jakob schickte ich sofort aus der Schule. »So etwas erlaubst Du Dir hier nicht noch mal! Wenn Du in diese Schule kommen willst, mußt Du bestimmte Regeln beachten. Geh! Ich werde Dir am Montag sagen, welche Regeln hier gelten.« Jakob ging. Ich fand im Garten die Uhr wieder. Jakob hatte meine Suche vom Fenster aus lächelnd beobachtet. Danach kam Jakob mit verändertem, ganz ernstem Gesichtsausdruck auf mich zu und reichte mir die Hand. Ich ergriff sie, sagte ihm, dieser Vorfall sei nochmals gut ausgegangen – die Uhr hatte den Sturz unbeschadet überstanden – und sei hiermit entschuldigt. Ich wolle ihm aber dennoch am Montag nochmals sehr deutlich die Gesetze dieser Schule sagen. Jakob erschien zum Montagsunterricht als sei nichts gewesen. Wir hatten eine ganz problemlose Unterrichtsstunde. In den letzten zehn Minuten sprach ich zu ihm über den Vorfall vom Freitag, meine Gedanken dazu und die unverrückbare Regel dieser Schule: wer Personen oder Eigentum von Personen willentlich attackiert, muß gehen. Jakob hörte zu, als habe er den Sinn meiner Worte verstanden. In den folgenden drei Unterrichtsstunden wiederholte sich aber noch zweimal die Rauswerf-Aktion kurz vor Ende der Stunde. Es waren jeweils die Stunden, die den Schultag abschlossen. Jakob mußte jedesmal vor dem Ende seiner Unterrichtzeit die Schule verlassen.

In unserer Lehrersupervision brachte ich dieses Problem ein, da ich auf keinen Fall wollte, daß sich diese Variante des Unterrichtsschlusses für Jakob zu einem Ritual verfestigt. Ich wollte meine Erklärungsversuche diskutieren, hören, wie die anderen Kollegen über diesen Jungen sprechen, vor allem aber die Spannung auflösen, die ganz deutlich gegen Ende jeder Unterrichtsstunde mit Jakob von Mal zu Mal spürbarer wurde. Wie so häufig in der schulischen Arbeit mit autistischen und psychotischen Kindern und Jugendlichen erlebten wir mit Jakob das Phänomen des totalen Befremdetseins durch seine Aktionen.

Allein vom vordergründigen Ablauf der aktuellen Unterrichtssituation her war sein Handeln für die Lehrerin nicht zu verstehen. Sie versuchte, die Situation zu strukturieren, indem sie sich des institutionellen Rahmens der Schule bediente (»In der Schule darfst Du nicht...«). Kurzfristig blieb sie damit handlungsfähig und konnte eine Wirkung erzielen. Der Junge verließ den Raum. Es folgten jedoch zwei Wiederholungen des verbotenen Verhaltens.

Danach konnte die Lehrerin nicht erwarten, das Mittel des Rahmens als strukturgebendes Element endlos strapazieren zu können. Da sie nur sehr vage Vermutungen über die Bedeutung von Jakobs Verhalten hatte, konnte sie keine Handlungsstrategie daraus ableiten. Das Befremdetsein blieb und stellte mehr und mehr eine Bedrohung ihrer Identität als Lehrerin dar.

In der Lehrersupervision wird zunächst dem Sprechen über das Befremdende, Irritierende, die Lehreridentität Bedrohende ein breiter Raum geboten. Der Supervisor ist bereit, unsere Empfindungen, Gedanken, Phantasien anzuhören. Durch seine neugierigen, gezielten Fragen wird manchmal erst artikulierbar, was in uns brodelt. Die Möglichkeit, in herrschaftsfreier Atmosphäre einfach ausschütten zu dürfen, bedeutet allein schon eine ganz entscheidende Entlastung. Das Mitteilen bewirkt ein Teilen des persönlichen Leidens, macht frei für die Möglichkeit, neue Eindrücke zuzulassen. In einer zweiten Phase werden Unterrichtssituationen der andern Lehrer mit demselben Schüler beschrieben. Gemeinsames und Divergierendes wird erkannt und benannt. Der Supervisor bringt ihm zu diesem Problem wichtig Erscheinendes aus dem therapeutischen Prozeß ein. Die Tatsache, daß im Laufe des Gespräches verschiedene Schülerbilder und das Bild eben dieses Kindes aus dem Heimalltag und der Therapie nebeneinander entstehen, läßt die Fragen nach den Bedingungen des ganz spezifischen Schülerverhaltens in der ganz spezifischen Situation immer präziser werden. Gemeinsam werden Details des jeweiligen Unterrichtsablaufs unter die Lupe genommen. Assoziationen zu Details aus der Geschichte des Kindes, dessen Alltag und anderen Unterrichtssequenzen tauchen auf. Wir lassen unseren Phantasien über die intrapsychischen Auswirkungen des konkreten Geschehens auf das betreffende Kind freien Lauf. Und meistens verwandelt sich im Lauf dieses Vorgehens die Position der undifferenzierten, lähmenden Betroffenheit eines Lehrers in eine Position der aktiven, systematischen Erforschung von kommunizierbaren Fakten.

Wir versuchten im Verhalten Jakobs das Befremdende, Unerklärliche zu trennen von den realitätsadäquaten Anteilen. Letztere wurden von uns aufgegriffen, um sie in Zusammenhänge zu stellen, die für die Schule verwertbar sind. Dabei wird der befremdende Anteil im Verhalten des Kindes nicht verleugnet, mit den realitätsadäquaten Anteilen aber arbeiten wir. Wir beschränken uns damit auf unsere pädagogische Aufgabe, den Patienten Jakob schulfähig zu machen und nehmen bewußt in Kauf, daß es zum gegebenen Zeitpunkt noch gar nicht möglich ist, die Handlungsweisen dieses Jungen umfassend zu verstehen. Jakob scheint ein Junge zu sein, dem es sehr schwer fällt, gute zwischenmenschliche Situationen auszuhalten. Um nicht von anderen enttäuscht zu werden (zum Beispiel durch eine Schlußsetzung seitens der Lehrerin), inszeniert er selbst einen radikalen Bruch. Er möchte die Illusion der absoluten Unabhängigkeit von anderen Menschen mit allen Mitteln aufrechterhalten. Seine Hinauswerf-Aktionen erschienen uns als ein Hinauswerfen von etwas Bedrohlichem aus ihm selbst. Die Tatsache, daß er sie im Gruppenunterricht nicht nötig hatte, interpretierten wir als Hinweis darauf, daß die Gruppe ihn bisher nicht in dem Maße der Gefahr aussetzt, von zwischenmenschlichen Beziehungen bedroht zu werden. Dieses im gemeinsamen Gespräch entwickelte Deutungsmuster machte es uns schließlich möglich, wieder über konkretes pädagogisches Handeln nachzudenken. Zunächst sollte Jakob das von uns erarbeitete Verständnis seines Verhaltens als Deutungsangebot vorgetragen werden. Absicht war, die für ihn scheinbar so gefährlichen Trennungssituationen durch gezielte Steuerung der Lehrerin zu entschärfen – zum Beispiel, indem die enge Bezogenheit, wie sie der Einzelunterricht zwangsläufig bietet, gegen Ende der Stunde durch die Lehrerin allmählich abgebaut wird, durch Öffnen der Tür zum anderen Schulzimmer oder indem Jakob der Abschied mit Hilfe eines schulentsprechenden »Übergangsobjekts« in Form von Hausaufgaben oder dem Ausblick auf die nächste Unterrichtsstunde erleichtert wird. Es scheint, als seien die radikalen Schlußsetzungen Jakobs seit der beschriebenen Supervision unnötig geworden.

Erfahrungen mit Meike
(aufgeschrieben von Edith Ramminger)

Entlang der Erfahrungen über einen längeren Unterrichtszeitraum mit Meike soll gezeigt werden:
– welche Irritationen von diesen Kindern ausgehen
– Irritationen, die geeignet sind, unsere berufliche Identität in

Frage zu stellen, so daß wir nicht mehr sicher wissen, was der Entwicklung dieser Kinder nützlich ist
– wie lange es dauert, bis wir für ein Kind angemessene Unterrichtskonstruktionen entwickeln können
– mit welchen neuen Aufgabenfeldern sich der Lehrer konfrontiert sieht: Aufgabenfelder, die den passiv abwartenden, durch den institutionellen Rahmen haltgebenden Lehrer erfordern
– welche Rolle die Supervision im Umgang mit diesen Problemen spielt.

Meike ist 13 Jahre alt, und sie spricht nicht. Sie kann hören und zuhören, sie kann Aufforderungen folgen und sich mitteilen – nonverbal, aber eindeutig. Sie kann unterscheiden, und sie hat manuelle Fertigkeiten. All diese Fähigkeiten aber kann Meike nur selten einsetzen. Nachdem sie zwei Jahre unterrichtet wird, kann man nicht mit Gewißheit sagen, auf welche Weise sie zu fördern ist.

Gleich in der ersten Unterrichtsstunde demonstrierte mir Meike, was sie kann: reißen, schmeißen, zerbeißen. Nach einigen Monaten zeigte sie zum erstenmal über mehrere Tage Interesse an einem Thema. Sie riß mit sehr viel Kraft und koordinierten Körperbewegungen über einige Unterrichtsstunden hinweg Stoffstreifen. Nach kurzer Zeit wollte sie meine Arbeitsanweisung nicht mehr. Meike hatte etwas »Besessenes« an sich, wenn sie in diese Tätigkeit vertieft war. Mir wurde zunehmend unwohler dabei. Schon nach zwei Unterrichtsstunden türmte sich vor uns ein großer Stoffberg auf. Sie lehnte aber jeden Versuch ab, die Streifen weiterzuverwenden. Es fiel mir schwer zu akzeptieren, daß wir einfach einen Haufen produziert hatten, der zu nichts nütze schien.

In der Supervision arbeiteten wir heraus, daß diese »Produktion« mit der Art und Weise zu tun haben könnte, in der Meike mit ihren Körperausscheidungen umgeht: Bis dahin hatte sie permanent Verstopfung und wollte Ausscheidung eigentlich verhindern. Es folgte eine Phase, bei der sich Perioden der Verstopfung und des Durchfalls bei ihr abwechselten. Sie schenkte ihrer Ausscheidung erstmals Beachtung. In der Supervision entwickelten wir die Vorstellung, daß der Stoffhaufen ein Äquivalent ihrer Ausscheidungsproduktion war. Meike sei überfordert, wenn sie zu diesem Zeitpunkt damit konstruktiv umgehen sollte.

Als ich den Sinn von Meikes Streifenproduktion verstanden hatte und diese wieder gerne zulassen konnte, wollte Meike nicht mehr. Nach einem weiteren halben Jahr war sie bereit, am »Stoff«

weiterzuarbeiten. Sie ließ es zu, daß wir mit den alten und mit neuen Streifen entlang den Speichen eines Fahrradreifens webten. Das heißt, Meike half beim Streifenreißen, und ich webte für sie. Diesen Reifen konnte sie drehen, rollen oder schaukeln. Meike schmetterte ihn aber auch oft einfach entwertend in die Ecke. Mir schien, als ob Meike dann das Rad wegschmiß, wenn ich die Unterrichtsszenen emotional positiv besetzte. Für mich kam solch plötzliche Ablehnung überraschend. Das Regelhafte an Meike ist ihr unregelhaftes Verhalten. Sie durchlebt verschiedenste Stimmungen und Entwicklungsniveaus in kürzester Zeit. Einmal nimmt sie das ihr angebotene Thema freudig an, will man am andern Tag an die Dinge anknüpfen, fegt sie sie vom Tisch und zerstört sie. Es fällt ihr schwer, mit dem Unterricht zu beginnen, und es fällt ihr nicht minder schwer, damit wieder aufzuhören. Zuweilen ist ungewiß, ob sie überhaupt zur Schule kommt. Manchmal betritt sie schreiend das Schulzimmer, um sich dann nach kurzer Zeit an den Tisch zu setzen und das Unterrichtsangebot anzunehmen. Am nächsten Tag wiederum erreicht sie das Klassenzimmer nicht, und wir verbringen die Unterrichtszeit im Treppenhaus. Oder sie kommt, scheint sich zu freuen, aber dann versucht sie, die Dinge, die ich ihr zum Handeln anbiete, zu zerstören. Noch komplizierter: Es gab Zeiten, in denen Meike bei dem einen Lehrer sehr gut und leicht mitarbeitete, dem Unterricht des anderen Lehrers aber fernblieb und umgekehrt. Beim jeweils anderen war dann nur Ratlosigkeit, Hilflosigkeit, Zorn und Wut, manchmal auch Trauer über Meikes unerklärliches Verhalten.

Entlang dieser beschriebenen Situationen ist deutlich geworden, in welche Gefühlswechselbäder Meike ihre Lehrer tauchen kann.

Weil diese Beispiele keine Einzelfälle sind, fühlte ich mich zeitweise sehr entwertet durch ihr Handeln. Sie attackierte nicht nur die Dinge, sondern sie traf damit auch mich. Es gab Phasen des Unterrichtens, bei denen Meike in mir vielfältige positive Unterrichtsphantasien weckte. Doch es gab auch Zeiten, in denen keine positiven Vorstellungen mehr möglich waren, weil sich gähnende Langeweile breitmachte, weil jegliche Phantasie abgetötet wurde, weil zuletzt das Gefühl entstehen konnte, nichts zu können, nichts zu wissen.

In einer solchen Situation ist die Supervision letzter Angelpunkt. Meine Enttäuschung darüber, daß mein Handwerkszeug als Lehrer nicht greift, und mein Gefühl der Verzweiflung und

Hoffnungslosigkeit waren wichtige Gesprächsthemen in der Supervision. Diese Gefühle wurden besprochen und mit dem Kind in Beziehung gesetzt. Wiederholt betrachteten wir die Geschichte dieses Kindes. Die Betroffenheit über die darin zum Ausdruck kommenden extremen Störungen ließ mich wieder glauben, daß nicht mein persönliches Versagen Ursache der momentanen Ausweglosigkeit in der Schule sei. Ich konnte dann die im Schulraum sich breitmachende Verzweiflung als die Verzweiflung dieses Kindes sehen. Meine Aufgabe war es, sie mit ihr auszuhalten. Die Tatsache, daß Meike positiven Erwartungen destruktiv begegnet, wurde dahingehend analysiert, daß Meike möglichst ohne emotionale Erwartungen begegnet werden sollte. Gleichzeitig muß aber, damit für Meike eine Entwicklung möglich ist, in ihre Fähigkeit vertraut werden, destruktive Energien in konstruktive umzuwandeln. Dieses Vertrauen darf aber an keine Erwartung gekoppelt sein. Ein Kunststück – entspricht es doch dem Selbstverständnis des Lehrers, Erwartungen zu haben. Durch die Supervision angeregt, wird der Lehrer zum Lernenden: Er übt sich darin, seine Erwartungshaltung zurückzunehmen, damit Raum entsteht für Wünsche der Schülerin, die sie möglicherweise noch gar nicht kennt. Daß Meike Wünsche hat, ist am ehesten im Sportunterricht zu erkennen. Die wöchentliche Sportstunde findet in der Turnhalle in der Gruppe statt.

Es scheint, als fiele es Meike in diesem Rahmen leichter, ein Angebot freudig anzunehmen. So spielt sie manchmal zusammen mit einem Lehrer mit dem Ball oder mit dem Reifen. Manchmal geht sie sogar von sich aus auf ein Spiel oder auf ein Gerät zu. Realisieren kann sie ihren Wunsch, mit einem Lehrer zu spielen, jedoch erst, wenn die Begegnung mit ihm eher zufällig erscheint und Meike deutlich spürt, daß nicht alle Aufmerksamkeit ihrer Person gewidmet ist. Überwiegend schaut sie aber dem Geschehen zu und scheint das Treiben der anderen zu genießen und interessiert zu verfolgen.

In der Supervision analysierten wir, daß diese Schaulust, die Meike vor allem zeigt, wenn sie sich unbeobachtet wähnt, für Meike positive Entwicklungschancen birgt. Vielleicht könnten, so analysierten wir, bei Meike positive Entwicklungswünsche am ehesten entstehen, wenn sie das Tun anderer Kinder beobachten kann, ohne den Druck, damit Erwartungen an sich selbst geknüpft zu sehen. Dies legt die Teilnahme am Unterricht in kleinen, für

Meike angstfreien, Gruppen nahe. Die Schule, die wir für Meike entlang unserer Erfahrungen schrittweise erfinden, sollte folgende Bedingungen erfüllen: Es sollte eine erwartungsfreie Schule sein, mit einem Lehrer, der warten kann, um Meike Platz zu machen für Wünsche bezüglich der Schule. Die Schule muß dem Schauen einen entwicklungsförderlichen Sinn geben, auch wenn das Kind scheinbar unendlich lang damit zufrieden ist. Anregungen für positive Entwicklungen soll Meike dadurch erhalten, daß das, was ihr geboten wird, das spiegelt, was ihre Wünsche sein könnten. Im Herstellen von derartigen Szenen liegt die Hauptaktivität des Lehrers.

Diese Beispiele haben gezeigt, wie unkonventionell der Unterricht mit unseren Schülern zuweilen ist. »Pädagogik vom Kinde aus« nannten die Reformpädagogen das, was wir versuchen. Uralt also die Methode? Dennoch ist sie für uns eine dauernde Herausforderung. Wenn wir sie bestehen wollen, brauchen wir ein wohlwollendes Außen. Weil unsere Kinder so ganz anders sind, als die, die man üblicherweise in Schulen antrifft, brauchen wir einen Supervisor, der uns so nahe steht wie unseren Schülern. Dadurch gewährleistet er, daß keiner von beiden in seiner Identität beschädigt wird durch diese besondere Art der Schule.

Frank Grohmann

Zu Fall kommen

Versuch über das Sprechen in der sogenannten ›Supervision‹

› … schließlich kommt man »auf den Text
selbst zurück, auf den Text in seiner Nacktheit
und zugleich auf das, was im Text als Loch, als
Abwesenheit, als Lücke markiert ist. Man
kommt zurück auf eine gewisse Leere, die das
Vergessen umgangen oder maskiert, die es
mit einer falschen oder schlechten Fülle zuge-
deckt hat, die Rückkehr muß diese Lücke und
diesen Mangel wieder aufdecken.«[1]

»Wen kümmert's, wer spricht?«[2]

I. Welcher Fall?

Ich fürchte, nicht sagen zu können, weshalb ich glaube, gerade mit
diesen drei Worten vom ›zu Fall kommen‹ einen Anfang wagen zu
können. Ihr Reiz allerdings geht von einer gewissen Doppeldeutigkeit aus. Zum einen sind es drei Worte, die das eine von der ›Supervision‹ ersetzen können. Zum anderen ersetzen sie dieses nur,
indem sie die *Praxis des Sprechens*, die die ›Supervision‹ ist, in die
Perspektive eines möglichen Stolperns, um nicht zu sagen eines
möglichen Scheiterns, stellen. Diese drei Worte versprächen also
nicht nur, auf das mir aus verschiedenen Gründen unpassend
erscheinende Wort von der ›Supervision‹ verzichten zu können.
Um nur zwei dieser Gründe andeutungsweise zu nennen: ›Super‹
bestimmt den Ort dieser Praxis als einen ›oben‹ bzw. ›darüber‹ lie-
genden, als einen ›höheren‹ Ort. ›Vision‹ legt für meine Begriffe
den Schwerpunkt zu sehr auf das ›Sehen‹ und den ›Blick‹. Die drei
Worte vom Anfang gäben mir darüber hinaus zugleich Gelegenheit, auf die Grenzen, das heißt, auf die Bedingungen und die
Möglichkeiten einer Praxis hinzuweisen, die letztlich, das hoffe ich
im folgenden zeigen zu können, die Praxis des sprechenden Subjekts ist. Die drei Worte vom Anfang versprechen also einen

Zugang und mahnen zugleich daran, daß man an ein Versprechen vielleicht nicht heranreicht, ohne daß es zugleich infragegestellt wird. Auch an ihnen hängt, wie am Wort von der ›Supervision‹ und wie an jedem anderen Wort, lediglich ein geteiltes, unvollkommenes Versprechen.

Die Notwendigkeit dieses Eingeständnisses ist Teil jener Kränkung, die die Psychoanalyse dem Menschen zufügt.[3] Kränkung auch, weil ein solches infragegestelltes Heranreichen – an einen ›Fall‹ etwa (oder an das ›Selbstverständnis‹ in der eigenen Arbeit) – demnach gerade dort statthaben kann, wo man .... *sich verspricht*: wo man im *Versprechen* an eine Grenze des Sprechens stößt. Freud ist – hörend – entlang des Sprechens des Subjekts auf diese Grenze gestoßen, die letztlich die Grenze des bewußten Denkens des Subjekts ist. Diese Grenze, die etwa durch einen ›Versprecher‹ markiert ist, verweist somit auf ein jenseits liegendes, *unbewußtes* Denken. Wie die Erde nach der ›kopernikanischen Revolution‹, so hat das Sprechen des Menschen nach der Freudschen Kränkung einen anderen Ort. In beiden Fällen geht es um die Anerkennung einer Dezentrierung und damit um den Verlust einer jeglichen ›souveränen‹ subjektiven Position oder Verortung. Es geht um die Anerkennung eines anderen Ortes oder ›Schauplatzes‹ des Sprechens, wie Freud selbst sagt. Ohne das Spiel mit der Doppeldeutigkeit eines Wortes zu weit treiben treiben zu wollen, ließe sich sagen, daß das Sprechen des Menschen seit Freud zwischen zwei Versprechen liegt: zwischen dem Versprechen auf Kohärenz seines bewußten Denkens auf der einen und auf der anderen Seite dem *Versprechen*, einer ›Fehlleistung‹ also, in der sich gerade das Versprechen auf jegliche Kohärenz oder Vervollkommnung im Sprechen bricht. Der Mensch, so ließe sich im Sinne der psychoanalytischen ›Revolution‹ der alte Satz von der Kränkung paraphrasieren, – ist nicht Herr im eigenen Sprechen.

Das heißt, es wird nicht immer ohne Wunden gehen, will man – im Sprechen – an etwas heranreichen, und vielleicht kommt man dabei, öfter als es einem lieb ist, nur stolpernd voran. Ein wenig anders gesagt: Es wird nicht gehen, ohne daß im Sprechen etwas verloren geht, zu Fall kommt. Auf diesem Weg, so ließe sich sagen, würde allein die Arbeit, die auf die ersten Worte folgt, Frage und Antwort noch einmal auseinanderreißen und damit das Versprechen – so oder so – in der Schwebe halten können.

Ich habe mir die Frage gestellt, was in der sogenannten ›Supervision‹ geschieht. *Es wird gesprochen* – so lautet die erste einfache, aber nichts vereinfachende Antwort. Was mache ich hier? Ich spreche: eine Antwort wie eine andere Frage. Bei ihr aber möchte ich ansetzen, diese Frage nach dem Stellenwert eines Sprechens will ich im folgenden aufgreifen und sehen, wie weit sie mich führt. Ich möchte mich im folgenden auf diese Fragestellung beschränken und zu ihr einen Zugang zu finden versuchen. Andere, nicht minder wichtige Aspekte dessen, was geschieht, wenn ›Supervision gemacht‹ wird, bleiben also notwendigerweise unangesprochen.[4]

Auf dem Weg, den ich hier einschlage, leitet mich insbesondere mein Interesse an der Frage nach der Psychoanalyse (in) der Supervision. Die folgenden Überlegungen sind daher auch der Versuch, herauszuarbeiten, wie von der Psychoanalyse her das Sprechen in der ›Supervision‹ *gehört* werden kann. Zugleich stellt sich damit die Frage nach den Möglichkeiten und Grenzen einer psychoanalytisch orientierten ›Supervision‹. Diese Fragestellung rückt die ›Supervision‹ in die Nähe von persönlicher Analyse, Lehranalyse und Kontrollanalyse und ist somit zugleich die Frage nach ihrem Ort bzw. den möglichen Überschneidungen und den notwendigen Unterscheidungen dieser Orte des Sprechens.[5]

Aus der ›Supervision‹ somit einen ›Fall‹ der Psychoanalyse zu machen, heißt zuallererst, sagen zu müssen, was meines Erachtens den spezifisch psychoanalytischen Standpunkt ausmacht. Ich möchte dies an dieser Stelle im Sinne einer weiteren Vorbemerkung tun, weil diese Grundannahmen zur Gliederung der folgenden Überlegungen beitragen und diese Gliederung vielleicht nachvollziehbarer machen können.

Die eigentliche psychoanalytische Frage ist die *Ödipusfrage*.[6] Diese Frage, die es vom analytischen Standpunkt aus aufzugreifen und zu formulieren gilt, ist in jede der psychopathologischen Strukturen eingewoben und stellt sich, je nach Struktur in unterschiedlicher Weise und von einem jeweils anderen Ort her. Die Ödipusfrage ist die Frage danach, welchen singulären Zugang zum Gesetz, das heißt, zur Normativierung des sexuellen Begehrens, das Subjekt gefunden hat. Die Ödipusfrage ist demnach zugleich die Frage nach dem Dritten. Man kann deshalb sagen, daß sich jede psychopathologische Struktur durch einen besonderen Bezug zum Dritten gestaltet. Im Bezug zum Dritten liegt nämlich eine Grenze für das sexuelle Begehren des Subjekts. Die Hinwendung des Subjekts zum ersten anderen erfährt etwa durch die Hinwendung dieses ersten anderen zu einem zweiten anderen – einem Dritten – eine Begrenzung. Diese Begrenzung durch den Dritten bricht auch die Unmittelbarkeit auf, in der das Subjekt mit dem Objekt seines sexuellen Begehrens verbunden zu sein glaubt. Die Aufgabe des Dritten ist es also, zu trennen und ein anderes Band entlang einer Grenze zu knüpfen, die durch den Bruch der Unmittelbarkeit in der Begegnung zwischen Subjekt und anderem, zwischen Subjekt und dem Objekt, entstanden ist.

Entlang dieser Grundannahmen stelle ich im folgenden (II., III., IV., V.) vier Grundforderungen auf, denen eine psychoanalytisch orientierte ›Supervision‹ meiner Auffassung nach Rechnung zu tragen hat. Sie darf sich diesen vier Grundannahmen der Psychoanalyse gegenüber zumindest nicht verschließen – Spaltung des Subjekts, Objekt als ursprünglich verlorenes, Ort/Begehren des Anderen und Begegnung als Begegnung mit dem Dritten. Ich versuche, mich dem Stellenwert dieser vier Grundannahmen für die Praxis der ›Supervision‹ jeweils in einer Art Dreischritt (z.B. II.1., II.2., II.3.) zu nähern. Der erste Schritt ist jeweils die Beschreibung einer klinischen Sequenz aus dem Alltag im Therapeutischen Heim für autistisch-psychotische Kinder und Jugendliche. Der zweite Schritt ist jeweils der Versuch, von der theoretischen Seite her eine der psychoanalytischen Grundannahmen ansatzweise zu entfalten. In einem dritten Schritt versuche ich, ausgehend von den ersten beiden Schritten, etwas über die Ausrichtung der ›Supervision‹ als eine Praxis des Sprechens zu formulieren.

Mit der Zeit ist für mich diese Frage der Ausrichtung der ›Supervision‹ wichtiger geworden. Unweigerlich mit dieser Verschiebung verbunden ist die Erfahrung, daß diese Ausrichtung im äußersten Fall davon abhängig ist, was ich subjektiv ertragen, mir zumuten zu können glaube. Der Versuch der Klärung der Frage, worin der eigene Zugang zu gewissen Fragen besteht, spielt dabei eine außerordentliche Rolle.

II. Spurensuche

1. Im Sprechen erweist sich mir eine neue, eine andere Wirklichkeit. Das Gewahrwerden der Kluft, die diese Wirklichkeit von jener trennt, die vor den Worten liegt, kommt in den meisten Fällen einer Überraschung gleich. Ich habe damit nicht gerechnet. Im

Sprechen selbst stoße ich an eine Grenze meines Vermögens. Werde ich derart vom eigenen Sprechen überrascht, bemerke ich zugleich, wie sich etwas gerade in dem Moment entzieht, in dem ich es erst richtig zu fassen bekommen will. Oder eben, wie sich etwas aufdrängt, von dem ich nichts gewußt habe, vielleicht nichts habe wissen wollen. Das eigentlich schon Bekannte verliert sich und erweist sich als tatsächlich noch Unbekanntes. Ich gewinne eine andere Wirklichkeit – die Wirklichkeit meines Sprechens – und zugleich geht etwas verloren. Ich verliere im Sprechen zumindest einen Teil dessen, was ich mir vorgestellt habe, einen Teil der Vorstellung also, die ich mir von einer Sache gemacht habe. Dieses Verlorengehen im Sprechen ist letztlich Voraussetzung für die subjektive Annäherung an das, was über das eigene ›Vorstellungsvermögen‹ hinausgeht. Die Vorstellung – etwa die, die ich mir von einem anderen Menschen gemacht habe, steht letztlich im Dienste meines Narzißmus. Verlasse ich mich daher in der Begegnung mit einem anderen Menschen allzu sehr auf mein ›Vorstellungsvermögen‹, laufe ich Gefahr, den Anderen zu vereinnahmen, ihm, das heißt seiner Andersheit, keinen Platz zu lassen.

Als ich anfangs in der ›Supervision‹ dazu ansetzte, von der nun zwei Jahre dauernden Arbeit mit einem heute vierzehnjährigen Mädchen zu sprechen, deren Zurückhaltung in der Öffnung einem anderen gegenüber sich nie in ihrem Leben von einem Nicht-Sprechen losgerissen hat, – als ich also in dieser ersten Zeit der Betreuung, zu der ich mit den folgenden Überlegungen zurückkehre, von meinen Begegnungen mit diesem Mädchen sprach, war meine Überraschung allerdings von einer anderen, unangenehmen Art. Es fiel überhaupt schwer zu sprechen. Die Spuren einer subjektiven Beteiligung an diesen Begegnungen schienen sich nur äußerst mühsam in Worte übersetzen zu lassen. Zum einen konnte ich mich oftmals gar nicht recht daran erinnern, was gewesen war. War da was gewesen? Am besten konnte ich gerade noch beschreiben, was vor meinen Augen stattgefunden hatte, doch zu dem Preis, daß ich diese Geschichte nur erzählen konnte, als wäre ich eigentlich gar nicht beteiligt gewesen. Was löste diese Geschichte in mir aus? Wo war ich, wo war mein Platz in dieser Geschichte? Wort und Affekt waren auseinandergerissen, und aus der Kluft zwischen beiden stieg eine namenlose Angst auf. Ohne es zu wissen, hatte ich begonnen, mich zu schützen. Das Sprechen allerdings bot offenbar keinen Schutz. Und doch ließ sich im Sprechen Schutz suchen, – zu dem Preis allerdings, daß in diesem eine zeitlang nur wenig mehr sich offenbarte als mein Rückzug, meine Flucht zu den damals wenigen eigenen Vorstellungen über diese Begegnung.

So waren es also nicht so sehr gewisse Vorstellungen, die in meinem Sprechen verlorengingen, in meinem Sprechen schien überhaupt die Vorstellung von einer Begegnung verlorengegangen zu sein. Anders gesagt: Angesichts offenbar fehlender Spuren stellte sich die Frage, ob es überhaupt zur Bildung von Vorstellungen, von Vorurteilen[7] gekommen war. Oder war meine ›Unempfänglichkeit‹ in dieser Zeit gar mein einziges Vorurteil?

2. Für die Psychoanalyse liegt diesem unausweichlichen Stolpern auf dem Weg einer Annäherung in der Tat ein zu Fall Kommen zugrunde. Das Subjekt stolpert im Sprechen über sein Gespaltensein. In der Annahme, das heißt auch: in der Anerkennung dieser *Subjektspaltung* kommt die Einheit, die Einheitlichkeit, die Vorstellung des Ganzseins des Subjekts zu Fall. Das Subjekt spricht, und durch sein Sprechen ist es geteilt. Es sagt mehr, als es sagen will und damit weniger, als es denkt. Weshalb der Worte des Subjekts nie genug sein werden, denn es sind ihrer immer schon zuviele. Im Mittelpunkt der psychoanalytischen Theorie und des Sprechens in einer analytischen Situation steht somit, es geht nicht anders, das von einer Reihe von Fragen umgebene, das infragegestellte Subjekt. Infragegestellt wird es durch seine Spaltung in ein Subjekt der Aussage auf der einen und ein Subjekt des Aussagens auf der anderen Seite. Dort das bewußte Subjekt, das ›weiß, was es sagt‹, hier das unbewußte Subjekt, das dieses Bewußtsein übersteigt.[8]

Das Subjekt (in) der Psychoanalyse ist somit das Subjekt des Signifikanten, das durch seine Unterordnung unter den Signifikanten gespalten ist. Subjektspaltung heißt also nicht nur, daß das Subjekt nicht sprechen und sich zugleich der Gesetzmäßigkeiten, denen sein Sprechen unterworfen ist, bewußt sein kann. Im Hinblick auf die oben angesprochene Ödipusfrage heißt Subjektspaltung in erster Linie: Das das sexuelle Begehren des Subjekts normativierende Gesetz, zu dem jenes seinen singulären Zugang zu finden hat, – ist unbewußt. Das Subjekt kann also weder die Gesetze der Sprache noch das sprachlich vermittelte Gesetz kennen, zumindest nicht in ihrem ganzen Ausmaß. Man kann hier einen Schritt weiter gehen und sagen, daß das unbewußte Gesetz, um das es in der Psychoanalyse geht, Sprache ist.[9] Das Subjekt kann somit seine (Ödipus-) Frage nicht stellen, ohne dabei über seine Spaltung zu stolpern und zu Fall zu kommen.

Eine erste Antwort auf die im Motto diesen Überlegungen vorangestellte Frage ›wen kümmert's, wer spricht?‹, lautet daher: Die Psychoanalyse kümmert das Sprechen des unbewußten Subjekts. Die erste Frage nach dem Subjekt des Unbewußten heißt also: Wer spricht?

3. Ich habe schließlich doch gesprochen. Ich habe einem anderen gegenüber zum Sprechen gefunden und von meiner Begegnung mit diesem Mädchen sprechen können.

Meines Erachtens ist es nicht gleichgültig gewesen, auf welchem Weg ich zum Sprechen gekommen bin: Aus einer gewissen Not heraus habe ich die Notwendigkeit des Sprechens erfahren können. ›Supervision‹ hat also in meinem Fall diese Not nicht verhindert, sie ist – das kann ich sagen – sogar erst am Punkt dieser gewissen Not zu einem wesentlichen Teil meiner Arbeit geworden. Auch wenn es also das Angebot zur ›Supervision‹ von Anfang an gibt, hängt von der Frage, ob ich es bin, der zu einem bestimmten Zeitpunkt von sich aus diese Gelegenheit zum Sprechen aufgreift oder ob ›Supervision‹ gewissermaßen institutionelle Vorgabe bleibt, schon entscheidend die andere Frage nach der *Aus*richtung der ›Supervision‹ ab: In welchem Rahmen kann unter psychoanalytischer Perspektive diese ›Praxis des Sprechens‹ sich auf die Subjektivität der an dieser Praxis beteiligten Personen *ein*richten, – dieser Frage möchte ich im folgenden nachgehen.

Ausgehend von der oben entwickelten Grundannahme der Subjektspaltung stellt sich sogleich die Frage, welchen Stellenwert das Sprechen – als die eigentliche Subjektivität – in der ›Supervision‹ hat. Sie stellt sich im Rahmen dieser Ausrichtung der ›Supervision‹ umso dringender, – zum einen je mehr hier das sich in der ›Praxis des Sprechens‹ befindende Subjekt in den Vordergrund rückt. Sein Sprechen allein ist es, das einen Zugang zum ›Fall‹ überhaupt erst erlaubt. Zum anderen ist diesem in-den-Vordergrund-Rücken des sprechenden Subjekts zugleich eine Grenze gesetzt, da es in der ›Supervision‹ – anders als in der persönlichen Analyse – nicht um den ›eigenen Fall‹ geht. Zum einen spricht das Subjekt von sich, von seiner Begegnung mit einem anderen Menschen. Kein solches Sprechen, so lautet die oben entwickelte Grundannahme, in dem sich nicht die Spuren der Spaltung des Subjekts eintragen würden. Zum anderen stößt diese Ausrichtung der ›Supervision‹ genau mit dieser Grundannahme an eine ihr immanente Grenze. In letzter Konsequenz, das heißt auch, über eine gewisse Grenze hinaus, ist es nämlich nur die ›persönliche Analyse‹, die als eine andere ›Praxis des Sprechens‹ der Spaltung des Subjekts Rechnung tragen kann. Schon die erste Grundannahme einer psychoanalytischen Ausrichtung der ›Supervision‹ führt uns somit an eine ihrer Grenzen. Die Spaltung des Subjekts weist letztlich über diese Grenze hinaus und läßt somit das Sprechen in der ›Supervision‹ zu einer Gratwanderung werden.

Es geht also um mein Sprechen. Es geht aber nicht in erster Linie – wie in der Analyse – um die Signifikanten meines Diskurses. Es geht nicht um die Entzifferung meines unbewußten Diskurses, nicht um die Lektüre der Signifikanten, die mein unbewußtes Begehren strukturieren. Um was geht es dann? Es geht in der ›Supervision‹ um die Signifikanten des Diskurses eines anderen – es geht, in diesem konkreten ›Fall‹, um meine Beziehung zu den Signifikanten des Diskurses des Mädchens, dem ich begegnet bin.

An diesem Punkt taucht eine zweite Frage auf: Was aber, wenn dieses Mädchen nicht spricht und es somit keine gesprochenen Signifikanten ihres Diskurses gibt? Was also, wenn dieses Mädchens offenbar keinen Zugang zur primären Symbolisierung hat finden können? Ich bin diesem Mädchen gegenüber mit den Effekten eines Scheiterns der Beziehung zum ersten anderen konfrontiert. Aufgrund dieses Scheiterns hat das Mädchen sich auf sich selbst und von seiner Subjektwerdung zurückgezogen. Sie findet somit auch keinen Zugang zur primären Symbolisierung, die ein wesentlicher Schritt in der Konstituierung des Subjekts ist. Sie hat keine Signifikanten aufnehmen, keine Worte finden können, die der Abwesenheit und der Anwesenheit des ersten anderen einen Namen gegeben hätten.[10] Ich bin also in der Begegnung mit diesem Mädchen auch mit dem Scheitern eines ersten Zugangs überhaupt zur Sprache konfrontiert.

Offensichtlich hat sich dieses Scheitern der ersten Beziehung zum anderen in der Anfangszeit meiner Begegnung mit diesem Mädchen zu wiederholen begonnen. Sind überhaupt Spuren auffindbar, die die Begegnung mit diesem Mädchen bei mir hinterlassen hat, – so lautete eine der ersten Fragen. Die ›Supervision‹ war der Ort, an dem diese beginnende Wiederholung erkannt werden und diese Frage gestellt werden konnte. Mein Sprechen wurde dort zur ersten Spur, einer paradoxen Spur aber, die eine Zeitlang nirgendwohin und zu nichts zu führen schien.

Und doch schien es keinen Zugang zum nicht sprechenden Diskurs des Mädchens zu geben, der nicht über den sprechenden Diskurs des anderen führte. So notwendig dieser Umweg in diesem ›Fall‹ ist, – er wirft zugleich eine äußerst problematische – ethische – Frage auf und birgt eine Gefahr in sich. Diesen Umweg in der ›Supervision‹ gehen zu müssen, ist gleichbedeutend mit der Aufgabe, das, was das Mädchen tut und das, was dieses Tun in mir auslöst, in einen gesprochenen Satz zu übersetzen. Die Aufgabe ist aber auch, bei dieser Übersetzung einen gewissen Abstand zu wahren, der den Raum freihält für die Subjektivität dieses Mädchens. Das heißt, daß in dieser Übersetzung unbedingt Platz zu lassen ist für *das, was sich nicht übersetzen läßt.* Anders ausgedrückt heißt diese Aufgabe zuallererst, die allmählich sich einstellenden ›Vorstellungen‹, die ich vom Tun dieses Mädchens habe, nicht zu verwechseln, nicht gleichzusetzen, mit dem *Sinn,* der diesem subjektiven Tun anhaftet.

Die ›Supervision‹ ist für mich also der Ort eines Umweges und Ort einer Übersetzung gewesen. Dieser Umweg über mein Sprechen ist notwendig, um der Gefahr zu begegnen, in dieser Übersetzung die Frage nach dem Sinn der Symptome dieses Mädchens mit der Artikulation meiner ›Vorstellungen‹ von unserer Begegnung schon zu beantworten. Das Sprechen ist im Gegenteil notwendig, damit in ihm etwas von meinen ›Vorstellungen‹ verloren gehen kann. Der Umweg ist also ein notwendiger Weg zurück: In meinem Sprechen begebe ich mich zuallererst auf einen Weg, der von einer vermeintlichen Antwort hin zu einer gewissen Frage führt. Es ist dies ein notwendiger Umweg, um daran festhalten zu können, daß es auf die Frage des Mädchens keine Antwort geben kann, solange dieses nicht imstande ist, es als seine Frage zu erkennen. Der im Sprechen gesuchte Zugang ist somit nicht der zu einer Antwort, sondern einer, der zu einer Frage führt. ›Supervision‹ ist notwendig gewesen für mich, damit ich meiner Aufgabe, dem Mädchen dazu zu verhelfen, seine Frage zu stellen, gerecht werden konnte.

Die Forderung, daß die ›Supervision‹ als eine ›Praxis des Sprechens‹ sich der Annahme der Subjektspaltung gegenüber zumindest nicht verschließen darf, wird durch die Erfahrung, daß das Subjekt in der Begegnung mit einem Menschen, der nicht spricht, an die Grenzen des Sprechens geführt wird, nur unterstrichen. Die

Forderung ist demnach zuallererst nur die, einer Notwendigkeit einen Platz zu geben: dem Subjekt einen Ort zum Sprechen zu geben, an dem es seinen Ort im Sprechen zu finden versucht.

III. Vor einem Abgrund

1. Das Mädchen, von dem ich gesprochen habe, und das ich Meike nennen möchte, – es selbst spricht also nicht. Lange Zeit war ich deshalb mehr oder weniger auf ihren konkreten ›Fingerzeig‹ angewiesen, der äußerste Punkt eines in ihr festsitzenden Kompromisses zwischen der vagen Hinwendung zum und dem vorwiegenden Rückzug vom anderen. Den einen Arm hat sie dabei um ihre Ohren und Augen gelegt, den anderen streckt sie aus, um schließlich mit dem Zeigefinger der Hand ihres ausgestreckten Armes dem anderen gegenüber auf etwas ... *hinzudeuten*. Aber auf was? Keine Stimme, die, kein Blick, der hier eine Stütze hätte sein können bei dem Versuch, eine Antwort auf diese Frage zu finden. Von diesem Punkt ihres Rückzuges aus blieb dieser ›Fingerzeig‹ öfter als es einem lieb sein konnte nahezu gänzlich unverständlich. Sie machte uns allerdings deutlich, was es heißen kann, ›nur einen Fingerzeig‹ von der Welt der Sprechenden entfernt zu sein. Man konnte manches Mal den Eindruck haben, als gäbe es zu dieser Welt hin keine tragfähigen, verbindenden Brücken mehr.

In diesen Situationen blieb mir oft genug keine andere Wahl, als ohne weitere Anhaltspunkte auf die Suche zu gehen nach einem Sinn, den mir der Fingerzeig machte. Was sollte das – in dieser und jener Situation – bedeuten? Was wollte das Mädchen sagen? Aber: Wollte es etwas sagen? Es war manchmal schon schwer genug, sich den Glauben daran, daß es etwas sagen wollte, zu bewahren. Die Gefahr, die beständig lauerte, bestand jetzt darin, sich mitunter hoffnungslos in den eigenen Gedanken zu verstricken, ohne Anhaltspunkte und Widerstand zu bleiben und sich in dieser Verstrickung ein ums andere Mal zu verlieren.

Was konnte ich wissen? Was erlaubte mir dieses Mädchen von ihr zu wissen? Diese Fragen drängten sich auf und stellten sich in ungewohnter Dringlichkeit. Alle Brücken, die da zu schlagen versucht wurden, fielen eine Zeit lang sofort wieder in mir und vor Meike zusammen. Wiederum beschlich mich das Gefühl, daß etwas absterben wird, wenn sich nicht bald ein Zugang auftut.

Wenig Hoffnung machte mir auch der Gedanke, daß dieses Absterben möglicherweise gerade der Zugang war, den ich, manchmal verzweifelt, suchte. Ich war mit einer Grenze konfrontiert. Mit einer Grenze des vermeintlichen Wissen-könnens, einer Grenze des Zugangs zu einem anderen Menschen. Ich stand *vor* diesem Wissen und *vor* diesem Zugang. Dorthin getrieben, angelangt an einem Abgrund. Zu Meike hin? Was für ein ›Fall‹ stand mir da bevor?

2. Für die Psychoanalyse ist das erste Objekt das *verlorene Objekt*. Von diesem ursprünglichen Verlust zeigt sich jeder subjektive Bezug, zu dem *wiederzufindenden Objekt* determiniert. Das heißt, das wiedergefundene Objekt wird nie das ursprüngliche, wird lediglich und immer Ersatzobjekt sein. Zwischen jenem ursprünglichen Verlust und diesem anfänglichen Wiederfinden stößt das Subjekt unweigerlich auf die *Angst*. Selbst das Wiederfinden des Objekts steht unter dem Zeichen dieser Angst, denn das Objekt – Brust, Kot, Urinfluß, Phallus, Stimme, Blick, das Nichts[11] – wird am anderen wiedergefunden und vom anderen abgetrennt. In der Begegnung zwischen dem Subjekt und dem Anderen strukturiert sich der Zugang des Subjekts zum wiederzufindenden Objekt. Die Möglichkeiten des Zugangs zu diesem Objekt *hängen* für das Subjekt somit zu einem Gutteil *von diesem anderen ab*, dem es begegnet. Die in der Begegnung auftauchende Angst steht im Zusammenhang mit einer jene grundlegend auszeichnenden Ungewißheit: Was bin ich für dich? Unter psychoanalytischer Perspektive geht es hierbei letztlich um die Frage der Kastration.

Die Ödipusfrage als die Frage nach dem Dritten ist von Anfang an da und letztlich auch in der sich an den ersten anderen richtenden Frage ›was bin ich für dich?‹ enthalten. Von Anfang an ist das Subjekt mit der Frage beschäftigt, was es für den anderen ist, insbesondere, weil über diesen anderen das Subjekt seinen Zugang zum Objekt findet. Der Erfahrung eines gewissen Rhythmus' des Alternierens von Abwesenheit und Anwesenheit des anderen – und damit des Objekts – kommt in diesem Zusammenhang ein besonderer Stellenwert zu.

3. Man wird nicht voran-, nicht von der Stelle kommen, wenn die Angst zu groß ist. Doch man stolpert, man kommt erst recht zu Fall, wenn es dieses Signal nicht gegeben hat, der sprachlose Schrecken hereinbricht. Oft genug markiert deshalb das Auftau-

chen der Angst den Anfang des Sprechens. So spricht man – man spricht von der Angst. Man spricht der Angst entgegen: gegen sie an, auf sie zu und wenn es gutgeht, begegnet man ihr dabei auch, indem sie einen Namen bekommt. An diese Angst will das Subjekt im Sprechen heranreichen. Doch taucht sie nicht auf, ohne daß zuvor etwas verloren gegangen wäre: Die Gewißheit, auf die Frage ›was kann ich wissen?‹ (darüber was ich bin für dich) eine Antwort finden zu können? Ist es tatsächlich dieser im Zweifel sich bemerkbar machende ursprüngliche Verlust, der das Auftauchen der Angst markiert, so will das Subjekt nicht an diese allein heranreichen, sondern ebenso an jene *Gewißheit*, an jenes *Wissen*, das es wiederzuerlangen versucht. Vergeblich letztlich, weshalb das Sprechen sich demnach nicht sagt, ohne daß es einer grundsätzlichen Ambivalenz Rechnung trägt, und vielleicht muß man sogar so weit gehen zu sagen, daß das erste Objekt des Sprechens des Subjekts den Namen dieser Ambivalenz trägt.

Die Frage danach, was im Sprechen des Subjekts zu Fall kommt, ließe sich von diesem anderen Punkt aus präzisieren: Es kommt eine Gewißheit zu Fall, ein Wissen oder vielleicht besser: die Gewißheit eines Wissen-Könnens. Die ›Supervision‹ als Ort des Sprechens wird somit zum Ort der Auseinandersetzung mit diesem zu Fall kommenden Wissen.[12] Das sprechende Subjekt kann – falls es sich in der Folge nicht umso mehr an ein vermeintliches Wissen zu klammern versucht – dort erkennen, wie grundsätzlich jedem Wissen eine Ungewißheit zugrundeliegt, ein Nicht-Wissen-Können. Deshalb ist die Frage ›was kann ich wissen?‹ eine der ersten und wichtigsten Fragen des Subjekts.

Zwischen der Angst und dem Wissen situierte sich auch mein Sprechen in der ›Supervision‹. In ihm bin ich auf die Spuren jener grundlegenden Ungewißheit gestoßen. Meikes Fingerzeig ohne Worte, stumm und blicklos, ihre Angst davor, ihre Stimme, auch nur einen Blick ›an den anderen zu verlieren‹, hat mich zur Auseinandersetzung mit den subjektiven Spuren der Nachwirkungen eines ursprünglichen Verlustes des Objekts – für mich – gezwungen. In der Begegnung mit Meike, die diesen Verlust nicht ertragen kann, die sich stattdessen an das Objekt klammert – für sie ein Objekt, das nicht wiedergefunden werden muß, weil es niemals verloren wurde – stellt sich die Frage des verlorenen Objektes umso drängender: beim anderen. Unter Umständen kann bei diesem anderen die Angst in besonderem Maße hereinbrechen, Angst angesichts eines scheinbar grenzenlosen *Genießens* des – dem Subjekt verfügbar scheinenden – Objektes. Diese beim anderen auftauchende Angst könnte demnach auch Angst vor dem Objekt genannt werden, bei der es um die Frage nach einem Wissen *um* das Objekt geht. Als die Frage danach, was ich wissen kann, taucht sie beim sprechenden Subjekt auf und läßt dieses an deren Unabschließbarkeit stoßen. Die Unabschließbarkeit der Frage ist zugleich die Grenze der Antwort, die darauf zielt zu sagen, was ich bin für dich.

Ausgehend von der Annahme des Objekts als ursprünglich verlorenem, wäre eine weitere Forderung der Psychoanalyse an die ›Praxis des Sprechens‹ (in) der ›Supervision‹, daß sie sich den Effekten dieses ursprünglichen Verlusts des Objektes gegenüber zumindest nicht verschließt. Es ist dies nur eine andere Art und Weise zu sagen, daß die ›Supervision‹ in den ihr gesetzten Grenzen dem sprechenden Subjekt einen größtmöglichen Platz einräumen muß. Das Sprechen selbst, seine Notwendigkeit, ist schon ein Effekt des ursprünglichen Verlusts des Objekts. Im Sprechen des Subjekts verrät sich, wie dieses mit der grundlegenden Ungewißheit, auf die es in der Begegnung mit dem anderen stößt, umzugehen weiß. Die ›Supervision‹ bietet dem Subjekt somit Gelegenheit, ›sein‹ Objekt im Sprechen wiederzufinden, – das heißt auch: ›seinen‹ Verlust. Sein Verlust besteht darin, daß es nicht sprechen kann, ohne zugleich etwas verloren zu geben. Sein Objekt, das es in der ›Praxis des Sprechens‹ wiederfindet, ist letztlich – nicht mehr und nicht weniger – der Bezug zu seiner Arbeit. In psychoanalytischer Perspektive ist dies letztlich sein Bezug als Subjekt zu den unbewußten Prozessen, die die Begegnung mit dem anderen determinieren. Sofern es in dieser Perspektive, wie oben ausgeführt, um die Signifikanten des Diskurses eines anderen geht, ist die Beziehung zu diesen Signifikanten das eigentliche Objekt dieser Arbeit. Mit anderen Worten, wir stoßen hier auf die Frage nach dem Begehren des sprechenden Subjekts in seiner Arbeit.

IV. Einer wie jeder andere

1. Wie jeder andere habe ich Meike im Alltag begleitet. Ich habe sie morgens geweckt, damit sie pünktlich in der Schule sein wird und vorher noch frühstücken kann. Ich habe ihr Geschrei zu ertra-

211

gen versucht, mit dem sie morgens aufgewacht ist, als hätte ihr das Erwachen nicht nur den Schlaf geraubt, sondern sie auch in eine Welt gerissen, die nichts als Kampf bedeutet, Lebenskampf. Ich bin entweder bei ihr im Zimmer gewesen, wenn sie noch immer unter großem Geschrei sich auf ihren Topf gesetzt und – verzweifelt – versucht hat, aus ihrem Darm herauszupressen, was dort aber *festsaß*.[13] Oder ich habe sie an anderen Tagen morgens in einem stinkenden Zimmer gefunden, das übersät war mit Fetzen der zerrupften Windel, Fußboden, Bett und Meikes Körper kotverschmiert. Zu diesen Zeiten ihres *Durchfalls* war es notwendig, mit ihr zuallererst ein Stockwerk tiefer in das Bad zu gehen. Doch dazu mußte erst einmal ihr Schreien verebbt und einige Zeit vergangen sein, in der ich sie mit keinerlei Anforderung oder gar Drängen meinerseits konfrontierte. Es wurde nur schlimmer, wenn es schnell gehen mußte. Dann konnte es sein, daß ihr Schreien lediglich abgelöst wurde von der Aufnahme des Kampfes mit dem anderen. Mit ihren kotverschmierten Fingern wollte sie sich an meinen Kleidern festkrallen, versuchte zu zwicken, zog sich an meinen Haaren fest und wollte nicht mehr loslassen. Einmal im Badezimmer angekommen, entspannte sich die Situation manchmal sehr schnell. Meike genoß das Bad. Meine Anwesenheit schien nicht mehr nur und von vorneherein eine Aufdrängung zu sein. Ihr schien jetzt weniger eine Bedrohung anzuhaften. Oft war es dann aber auch höchste Zeit, um nach unten zum Frühstück zu kommen und diese Notwendigkeit der Eile war an manchen Tagen schon die nächste Hürde. Es ging, weil es schnell gehen mußte, gar nichts. Meike setzte sich im Schneidersitz auf den Fußboden, vergrub ihr Gesicht unter ihrem Arm, und mit dem anderen attackierte sie mich, sobald ich ihr in meinem Drängen zu nah kam. Der einzige Unterschied war nun, daß ihre Finger nicht mehr mit Kot verschmiert waren. Natürlich gab es auch Tage, an denen es ohne großen Kampf ging. Doch auf der anderen Seite konnte es sein, daß Meike ohne Frühstück zur Schule mußte. Und auch wenn wir am Frühstückstisch angekommen waren, mußte ich mich schon manchmal fragen, was der Sinn dieses ganzen Kampfes bis dahin sein sollte. Und dies insbesondere dann, wenn Meike ein gierig an sich gerissenes Stück Brot in Windeseile zerrupfte und sich von den abfallenden Stückchen zuerst die weichen Teile in den Mund stopfte. Es blieben dann mehr oder weniger die Ränder, die Krusten übrig, und niemand konnte wissen, ob Meike bereit war, das nächste Stück Brot erst einmal ganz und es sich schmieren zu lassen. War der anschließende Weg, das Treppenhaus hinauf in die Schule von ähnlichen Kämpfen begleitet, von weiteren Attacken Meikes, von einem fortgesetzten Ziehen und Zerren aneinander, so war es spätestens, nachdem Meike dann schließlich doch in der Schule angelangt war, daß die zwischendurch sich bemerkbar machende Frage, welcher Sinn in diesem Kampf liegen mochte, endgültig Platz nahm. Warum mußte dieser Kampf sein? Es schien keinen anderen Weg zu geben. Und warum habe ich ihn überhaupt aufgenommen? Warum ihn auch das nächste Mal wieder aufnehmen?

2. In Lacans Theorie ist der Diskurs des Anderen das Unbewußte des Subjekts.[14] Der *Ort des Anderen* ist Ort des Sprechens für das Subjekt. An diesen Anderen wendet sich das Subjekt, um seine Frage zu stellen – von der es nichts weiß: Was willst du? Vom Anderen erwartet es eine Antwort. Vom Ort dieses Anderen her, kann eine Antwort, die keine ist, dem Subjekt zu seiner Frage verhelfen, zur Frage, die letztlich jene nach seinem Begehren ist. Die Antwort bleibt aus, doch die Frage des Subjekts kann über einen Umweg, der über den anderen führt, in umgekehrter Form zum Subjekt zurückkehren. Die Frage, ›was willst du?‹, bleibt unbeantwortet und weiterhin von einer ursprünglichen Ungewißheit umgeben. Als die Frage nach dem *Begehren des Anderen* ist sie Quell einer ständigen Unruhe für das Subjekt. Gewißheit wird es angesichts einem ›was bedeute ich dir?‹ – in letzter Hinsicht – nicht geben können. Allein, das Subjekt lernt seine Frage kennen, nicht ohne sich dazu dem Anderen gegenüber zu öffnen, nicht ohne allerdings einen Umweg gehen zu müssen. Sie kann *nachträglich* zur seinigen werden, wenn das Subjekt nicht davor zurückschreckt, daß diese Frage sich ihm erweist als vom anderen kommend und daß sie ohne Abschluß, ohne Antwort bleiben muß.

Am Ort des Anderen stellt sich für das Subjekt die Ödipusfrage. Seine Frage kommt vom Anderen her, auf Wegen, die für das bewußte Denken des Subjekts zu verschlungen sind. Deshalb ist *seine* Frage dem Subjekt unbewußt. Deshalb ist sein Begehren das Begehren des Anderen. Und deshalb ist der singuläre Bezug zum Gesetz, den das Subjekt findet, abhängig vom Begehren, auf das es am Ort des Anderen stößt. Die Frage nach dem Begehren des Anderen wird somit zur eigentlichen ethischen Frage der Psychoanalyse.

Es geht bei der Frage nach der Begegnung des Subjekts mit dem Anderen nicht um die Frage nach einer ›Zweierbeziehung‹. Man kann einen Schritt weiter gehen und sagen, daß es die sogenannte ›Zweierbeziehung‹ eigentlich nicht gibt. Die Frage, auf die das Subjekt am Ort des Anderen stößt, übersteigt bereits jede ›Beziehung zu zweit‹. Was willst du? Was bedeute ich dir? – das sind Fragen danach, was der Andere begehrt, Fragen danach, was er bei mir nicht findet. Warum geht der Andere fort, was ist der Grund für seine Abwesenheit? Wo geht der Andere hin, was steckt hinter seiner Abwesenheit?

Je mehr das Subjekt und der andere in einer ›Zweierbeziehung‹ ohne Öffnung auf ein Drittes, auf das sie ihr Begehren verweist, verbunden sind, desto eher befindet man sich in der Begegnung mit ihnen auf dem Feld der Psychopathologie.

3. Welchen Stellenwert haben diese Grundannahmen über den Ort und das Begehren des Anderen für die ›Praxis des Sprechens‹ (in) der ›Supervision‹?

Fragen wir zuerst: Welcher andere bin ich wohl in der oben beschriebenen Begegnung für Meike? Als welcher andere trete ich ihr in diesen Begegnungen entgegen? Wer könnte das wissen? Ich wecke sie, helfe ihr beim An- und Ausziehen, ich leere ihren Topf, begleite sie ins Bad, sorge für Essen und helfe ihr dabei. Ich bringe sie in die Schule und hole sie dort auch wieder ab. Nicht zuletzt begleite ich sie draußen außerhalb des Hauses. Dort muß diese Begleitung in den meisten Fällen noch enger sein. Ich bin für Meike also der andere der realen körperlichen Versorgung, ein anderer in körperlicher Nähe zu ihr. Ich bin aber auch ein anderer der körperlichen Verwicklung mit ihr. Ein anderer, der sobald er in ihre Nähe kommt, Gefahr läuft, mitunter schmerzlich attackiert zu werden. Die Alternative zu diesen Formen der Verwicklung schien nur in einem Abstandnehmen zu liegen, das nicht immer von den Versuchen, aus der Begegnung zu flüchten, zu unterscheiden gewesen ist. Die extreme Verwicklung schien dann dem Versuch, Abstand zu nehmen ihr Maß aufgedrückt zu haben, und es tauchte die Frage auf, welche Verbindung in der Flucht bleiben kann. Ich bin als anderer zu fern oder zu nah. Es gibt offenbar keine aushaltbare Mitte. Wie jeder andere also tat ich mir schwer, mich aus dieser Verwicklung zu lösen. Wenn Meike sich in dieser Zeit und in all dem an mich wendete, um ›ihre Frage‹ zu stellen, so hat sie das wohl ohne irgendwelche Umwege getan. Unmittelbar, so ließe sich sagen, kam ihre Frage zuallererst beim *anderen Körper* an. Offenbar muß man sagen, daß es für Meike den oben ausgeführten Umweg über den Ort des Anderen (als Ort des Sprechens) nicht gibt. Da sie jedoch, wie jedes andere Subjekt, eine Frage zu stellen hat, wendet sie sich – auf dem kürzesten Weg – dem Körper des anderen zu. Diese körperliche *Unmittelbarkeit* in unserer Begegnung hat sich von Zeit zu Zeit in mein Sprechen in der ›Supervision‹ eingetragen bzw. eingeschrieben. Dort ist diese körperliche Unmittelbarkeit zu hören gewesen.[15] In dieser Unmittelbarkeit droht Meikes Wendung an den Anderen als einen Ort des Sprechens, ihre Frage und damit sie selbst als Subjekt, immer wieder unterzugehen.

Kehren wir nun zu der anfangs gestellten Frage nach dem Stellenwert des Ortes des Anderen für die ›Supervision‹ zurück. Dieser Stellenwert läßt sich von drei Seiten her begründen.

Erstens: Der drohenden Gefahr einer zerstörerischen Unmittelbarkeit in der Begegnung von Subjekt und dem anderen kann in der ›Supervision‹, die sich der Annahme des Ortes des Anderen als Ortes des Sprechens zumindest nicht verschließt, Widerstand geleistet werden. Zum einen, weil mein Sprechen an sich eine Mittelbarkeit darstellt, als *Vermittler* fungiert. Ich nehme in meinem Sprechen Abstand ohne zu flüchten. Zum anderen, weil mit dieser Annahme die Unterstellung verbunden ist, *daß das Subjekt –* Meike – eine Frage zu stellen hat, ja, *nicht anders kann, als seine Frage zu stellen.* Der Ort der ›Supervision‹ ist also auch der Ort, an dem zu dieser Unterstellung immer wieder zurückgekehrt und an ihr festgehalten wird. Mir als dem Anderen in der Begegnung bleibt somit keine andere Möglichkeit, als mich von dieser Frage des Subjekts treffen zu lassen. Gesteht mir Meike bei dieser Aufgabe der Begegnung keine von ihr kommenden Signifikanten zu, so bleibt mir nur übrig, so gut es geht, den eigenen Signifikanten zu lauschen, denen ich unterstelle, daß sie eine Frage beinhalten, die zumindest etwas mit Meike und ihrer Frage zu tun hat. Welchen Sinn hat dieser unser alltägliche Kampf, so lautete eine dieser bei mir auftauchenden Fragen. Unsinnig war es wohl, von Meike eine Antwort zu erwarten, war dieser Kampf doch erst der Versuch einer Artikulation ihrer Frage.

Zweitens: Und doch ist diese Frage nach dem Sinn dieses Kampfes schon eine andere als diejenige nach der Bedeutung von Meikes ›Fingerzeig‹. Das Sprechen in der ›Supervision‹ ist deshalb immer wieder auch Gelegenheit, sich von der Frage, was dieses oder jenes bedeutet, zu entfernen, Gelegenheit, sich stattdessen von der Frage nach dem Sinn treffen zu lassen. Die ›Supervision‹ ist der Ort gewesen, an dem ich die oben aufgeworfene Frage, was Meikes ›Fingerzeig‹ mir bedeuten will, anders hören konnte. Das hat es letztlich möglich gemacht, daß sich mir die Frage nur ein wenig und doch ganz anders stellte. Sie lautete dann nicht mehr ›was bedeutet dein Fingerzeig?‹, ›was willst du mir damit bedeuten?‹, sondern heißt: *Was bedeutest du mir?* Die Frage nach der Bedeutung von Meikes Fingerzeigen verwandelt sich in die bei mir auftauchende Frage ›was bist du für mich?‹, die mich letztlich auf mein eigenes Begehren verweist. Bevor Meike am Ort des Anderen auf die Frage ›was bin ich für dich?‹ stoßen kann, taucht die Frage nach dem Begehren beim Anderen auf. Nicht unabhängig, sondern in Abhängigkeit der Antwort, die der Andere auf diese Frage geben wird, wird Meike Zugang zur Frage ihres Begehrens finden können. Ein weiteres Mal stoßen wir hier auf die ethische Dimension der Begegnung von Subjekt und dem Anderen.

Drittens: Der ›Supervisor‹ ist der Andere, an den sich das Sprechen des Subjekts wendet. Er ist damit auch in der Position eines realen Dritten. Indem er sich einem Sprechen zur Verfügung stellt, wird der Ort der ›Supervision‹ zu einem Übergangsort, einem notwendigen Durchgang, der zum Ort des Anderen führt.

Nehmen wir hier die oben gestellte Ausgangsfrage noch einmal auf, von der ich wissen wollte, wie weit sie mich führt: Es wird also gesprochen. Und, so muß ergänzt werden: *Es wird gehört.* Der andere, an den sich das Sprechen des Subjekts richtet – sein Platz ist der eines *Hörenden.* Dessen Sprechen allerdings mag dem Subjekt dazu verhelfen, das, was es gesagt haben wird – vielleicht nur ein wenig – *anders zu hören.* Notwendig dafür ist, daß das Sprechen des Subjekts zuvor durch einen Anderen hindurchgegangen ist. Das Subjekt wird das Gesprochene also erst nachträglich anders hören können. Notwendig dafür ist aber ebenso, daß bei diesem ›Hindurchgehen‹ nicht zuviel vom Anderen am Sprechen des Subjekts hängenbleibt. Andernfalls hört das Subjekt nicht sich nachträglich anders, sondern vorneweg und immerzu nur den Anderen.

Wie auf der Seite des ›Supervisanten‹, so anerkennt die Psychoanalyse auch auf der Seite des ›Supervisors‹ eine Spaltung. Und dies nicht nur – aber auch – weil dieser andere selbst Subjekt ist.

Dieser Spaltung hat der Andere als Hörender in seinem Sprechen dem Subjekt gegenüber Rechnung zu tragen: Was das Sprechen des Subjekts betrifft, so richtet es sich zum einen an jemand anderen, an denjenigen, der ihm gegenüber ist. Zugleich und zum anderen wird in diesem Sprechen etwas Anderes angerufen, ein Anderer, der nicht mit der Person, zu der das Subjekt spricht, identisch ist. Pointiert könnte man daher sagen, daß (auch) wer zu zweit ist niemals *ganz* oder nur ›zu zweit‹ ist. Es ist immer (noch) ein Anderes im Spiel, das Andere als der Ort des Sprechens, das im Sprechen der Subjekte angerufen wird. Beider Aufgabe letztlich, der des ›Supervisors‹ wie der des ›Supervisanten‹, ist es, diesem ganz Anderen, das im eigenen Sprechen versteckt ist, einen Platz einzuräumen. Es zu hören, wo dieser Andere – der nicht antwortet – angerufen wird. Anders gesagt besteht die Aufgabe darin, *den Dritten in einem Text* ausfindig zu machen, ihn dort manchmal ausgraben zu müssen und ihm einen Platz zu lassen oder zu geben. Es ist die Aufgabe der ›Supervision‹, diesen Platz des Dritten *freizuhalten*. Der Ort des Anderen ist hier die Stelle, von der aus die Suche nach dem Dritten aufgenommen werden kann. Nichts aber garantiert von vornherein dafür, daß das sprechende Subjekt hier tatsächlich eine Spur aufnehmen oder besser: auf sich nehmen kann.

V. Was nicht geht

1. Überspitzt formuliert ließe sich vielleicht sagen, der erste bleibende Eindruck, den Meike bei mir hinterließ, war der des (körperlichen) Schmerzes. Es gab eine Zeit, da schien dieser die einzige sichere Spur zu sein, das sicherste Band, das mich mit ihr verband. Unsere Begegnungen waren gekennzeichnet von einer übergroßen Nähe in den körperlichen Auseinandersetzungen. Eine Nähe, die, sowie sie sich einstellte, die Gefahr einer körperlichen Attacke in sich barg. So sehr es, was die Erfordernisse des Alltags betrifft, unvermeidlich schien, Meike anders als in einer solchen körperlichen Nähe zu begegnen, so sehr waren unsere Auseinandersetzungen auch mit dem Schrecken eines stummen ›komm'-mir-nicht-zu-nah‹ verbunden, mit dem Zurückschrecken vor und anstelle eines ›Sich-Näherkommens‹. Hineingezogen war ich also in vielen Situationen in Formen eines körperlichen Zweikampfes.

So nah wir uns im Kampf kamen, so wenig schien über diesen hinaus auf eine (andere) Nähe hinzuweisen. Der Kampf verhinderte diese andere Nähe, und manchmal schienen wir einem zu erreichenden Jenseits des Kampfes ferner denn je.

Insbesondere eine Situation wiederholte sich eine Zeitlang immer wieder. Meike besaß offensichtlich ein sehr feines Gespür dafür, in welchen Momenten derjenige, der ihr gegenüber war, ›unter Druck‹ geriet, das heißt, wann der andere sich ihr gegenüber gezwungen fühlte, sich in einer Sache bzw. zur Durchsetzung einer Sache besonders zu engagieren. Sie merkte also sofort, wann es schnell bzw. überhaupt gehen mußte – z.B. wurde nach einem Klinikumsbesuch in Tübingen ein Taxi bestellt, das dann vor dem Eingang auf uns wartete und uns zurück nach Rottenburg bringen sollte – und schien gerade auf dieses ›jetzt-muß-es-gehen‹ in vielen Situationen nicht anders reagieren zu können als mit einem Verlust ihres Könnens oder Können-Wollens: Gerade jetzt setzte sie sich im Schneidersitz auf ihren Hosenboden, rührte sich nicht vom Fleck, bewegte sich nicht und ließ sich auch zu keinem Aufstehen, keinem auf-die-Beine-Kommen, keiner Fortbewegung überreden. Meike ging nicht und zeigte uns nur, daß es nicht geht, wenn es gehen muß. Dabei schien sich die Art und Weise, wie sie nun dasaß und sich durch kein noch so geduldiges Zureden dazu bewegen ließ, aufzustehen und zu laufen, durch eine grundlegende Uneindeutigkeit auszuzeichnen. Es fiel schwer – ähnlich wie angesichts ihres ›Fingerzeiges‹ – zu sagen, was der Grund ihres Hinsitzens war, schwer war es auch, einzuschätzen, ob Meike so große Angst hatte, daß sie nicht gehen konnte oder ob sie einmal mehr die Gelegenheit zu einem Machtkampf ergreifen und von daher nicht gehen wollte.

Es waren dies Situationen, in denen ich – wie jeder andere – offensichtlich nichts machen, nichts sagen konnte, was Meike dazu bewegen konnte, sich zu bewegen. In Windeseile konnte ich mich in solchen Situationen – insbesondere dann, wenn Meike auf mein Zureden, meine Aufforderungen lediglich mit ihren ›Attacken‹ antwortete – mitunter hoffnungslos in das Engagement verrennen, mich schließlich darin verlieren, sie doch noch dazu zu bewegen, aufzustehen und zu laufen. Oft genug geschah es, daß die Situation äußerst schnell eskalierte und einmal mehr nur zur Aufnahme schließlich des körperlichen Kampfes führte, der regelmäßig darin gipfelte, daß Meike ›gepackt‹ und – manches Mal nurmehr in Wut und Verzweiflung – dorthin getragen wurde, wohin sie eigentlich hätte laufen sollen.

Ungern erinnere ich mich an das oben erwähnte vor dem Klinikum in Tübingen wartende Taxi, in das ich Meike schließlich ziehen und zerren und mich gleichzeitig ihren an meinen Haaren reißenden Händen erwehren mußte. Gerade diese Situationen eines ab einem gewissen Punkte immer wieder äußerst leidenschaftlich geführten Kampfes hinterließen bei mir, war dieser einmal zuende, einen bitteren Nachgeschmack und nicht zuletzt ein ungläubiges Erschaudern vor der Wucht, mit der diese Auseinandersetzung geführt und mit der ich in ihr mit meiner eigenen Wut und Verzweiflung konfrontiert wurde. Die hier bei mir auftauchende Angst war nicht zuletzt die Angst vor der möglichen Grenzenlosigkeit dieser Wut und dieser Verzweiflung. Einzig das Eingeständnis der eigenen Hilflosigkeit, das sei an dieser Stelle vorweggenommen, schien hier im Sinne einer Begrenzung wirksam werden zu können.

2. Für die Psychoanalyse geht es in der Begegnung von Subjekt und dem anderen um die *Begegnung mit dem Dritten*. Gemeint ist die Begegnung mit etwas, das weder vom Subjekt noch vom anderen ist. Etwas, das Subjekt und anderen miteinander verbindet *und* zugleich Anerkennung ihres grundsätzlichen voneinander Getrenntseins ist. Solange nichts einzustehen vermag für diese verbindende Trennung oder diese trennende Verbindung, ist die Begegnung von Subjekt und anderem vor allem eine Begegnung der drei großen menschlichen Leidenschaften Liebe, Haß und Ignoranz. Die Leidenschaft des Subjekts ist Suche nach seinem Objekt. Wegen der diese leidenschaftliche Suche nach dem Objekt auszeichnenden Wucht der Unmittelbarkeit in der Begegnung stellt sich mitunter besonders dringlich die Frage nach einem *vermittelnden*, einem der Vermittlung fähigen Element.

Es ist dies die Frage nach dem Dritten. Das Dritte, so ließe sich im Hinblick auf die Ödipusfrage formulieren, ist damit auch die Grundlage dessen, was das Gesetz ist für die Psychoanalyse. Die Anerkennung der Position des Dritten ist gleichbedeutend mit der Vermittlung dieses Gesetzes, das letztlich das Gesetz zur Normativierung des sexuellen Begehrens des Subjekts ist. Warum es mitunter so schwer ist, etwas vom Dritten zu vermitteln, warum diese Aufgabe der Vermittlung das Subjekt an seine Grenzen führt, warum vielmehr nur an den Grenzen des Subjekts etwas vom Dritten vermittelt werden kann, – hat letztlich damit zu tun, daß das Gesetz und damit der Dritte als dessen Grundlage *unbewußt* sind.

Jede psychopathologische Struktur, daran hatte ich angeknüpft, gestaltet sich durch einen besonderen Bezug zum Dritten. Für die Psychoanalyse gibt es also kein solches vermittelndes Element, das nicht in besonderem Maße von der Begegnung mit dem Dritten gezeichnet wäre. Das Dritte in der Begegnung von Subjekt und dem anderen ist für die Psychoanalyse das Sprachliche, das Symbolische. Ein Zugang, der zu diesem Dritten führt, kann auch die Begegnung mit einer grundlegenden *Hilflosigkeit* dem anderen gegenüber sein. Die subjektive Begegnung mit einer *Grenze des Könnens* gegenüber dem anderen.

3. Fragen wir also auch nach dem Stellenwert, den die psychoanalytische Annahme jeder Begegnung als einer Begegnung mit dem Dritten für die ›Supervision‹ hat.

Sofern diese eine ›Praxis des Sprechens‹ ist, ist sie der Ort dieser Begegnung mit dem Dritten. Nichts, was dort diese Begegnung garantieren könnte. Und doch führt über das Sprechen des Subjekts der einzige mögliche Zugang zu dieser Begegnung. Allein in der Praxis des Sprechens bin ich gezwungen, die sich aufdrängende Frage nach der Begegnung mit dem Dritten zu stellen. Gezwungen, weil sie sich stellt, wenn jemand spricht.

Meike gegenüber schienen es meine Worte in dieser Zeit nur selten zu vermögen, zwischen dieses Körper-an-Körper treten zu können. Sie konnten diese schmerzliche Verwicklung eines Körper-an-Körper nicht verhindern, auch nicht mäßigen. Allenfalls gelang es, nachträglich, Meike gegenüber von diesem zu leidenschaftlich geführten Zweikampf zu sprechen.

Nachträglich habe ich ja auch von diesen Begegnungen einem anderen gegenüber gesprochen. Nachträglich zuerst konnte ich in dieser ›Praxis des Sprechens‹ versuchen, zu meinen (Körper-)Grenzen zurückzufinden, die in der Wucht der Unmittelbarkeit dieser Auseinandersetzungen beinahe verlorenzugehen drohten. Mein Sprechen verschaffte mir zuerst eine Distanz zu meinem Zorn und meiner Verzweiflung. War dieser Zugang einmal geöffnet, überraschte es nicht, über diesen Weg letztlich bei der eigenen Ohnmacht, der eigenen Hilflosigkeit Meike gegenüber anzulangen. Was hätte ich tun, was hätte ich sagen können, das Meike schließlich *bewegt* hätte? Konnte ich nicht nur Meike zu etwas bewegen, sondern ebenso und wichtiger: Konnte etwas von mir

Meike bewegen? Konnte etwas von mir bei Meike etwas bewegen, etwas anderes, das nicht zum Zweikampf führte?

Zum dritten Element, dem ich in meinem Sprechen einem anderen gegenüber begegne, wurde in dieser Perspektive das, was nicht mehr in meiner Macht stand. Das *Eingeständnis* der eigenen Hilflosigkeit, das in der Aufgabe des Kampfes mündet, ist in diesem Fall die Anrufung eines dritten Moments. Die Aufgabe des Kampfes meint in dieser Hinsicht auch, die Aufgabe, den Kampf zu beenden, der nur auf der Ebene des Zweikampfes sich abspielen konnte. Es meint also auch: den Kampf mit Meike, die Auseinandersetzung auf eine andere Ebene zu heben, auf der der Kampf sein zerstörerisches Potential verliert, sich ein Ausweg eröffnet. Dieser Ausweg ist, wenn es gutgeht, die Öffnung auf den Dritten: Im Augenblick meines Eingeständnisses einer Grenze des Könnens tritt dieses dritte Moment *zwischen* Meike und mich, ist somit *trennendes* Moment und stellt die Frage nach einer anderen Bindung, einem anderen Band.

VI. Zu Wort kommen

Als Meike und ich uns ein weiteres Mal im Treppenhaus gegenübersaßen und sie sich durch nichts dazu bewegen ließ, aus ihrem Schneidersitz aufzustehen und sich nach oben in ihr Zimmer bringen zu lassen, schien sich die weitere Szene zuerst wie so oft schon abzuspielen. Zum einen war bereits eine ganze Zeit vergangen, in der ich zuerst alleine, dann zusammen mit einer Kollegin und schließlich wieder alleine mit Meike darüber verhandelte, daß sie nicht noch länger hier sitzenbleiben dürfe. Alles Reden schien umsonst, Meike schien sich sogar in dieser Situation zu gefallen. Immerhin drehte sich schon seit geraumer Zeit alles um sie, notwendige Arbeiten blieben liegen, die anderen Kinder kamen zu kurz. Und wiederum war es genau an diesem Punkt, an dem bei mir der Ärger und der Zorn über diese ausweglos scheinende Situation hochzusteigen begann, daß Meike plötzlich lächelte, sich diebisch über diesen spürbaren Ärger freute und sich – so schien es mir – ein weiteres Mal darin einzurichten begann. Mir war klar, daß jetzt der Zeitpunkt gekommen war, an dem sich nur mehr zu wiederholen brauchte, was wir schon so oft durchgemacht hatten. Stärker denn je hatte ich auch den Eindruck, daß Meike schon lange genau auf diesen Punkt zugesteuert war. Jetzt ›hatte‹ sie endlich wieder diesen ohnmächtigen Zorn des anderen, eine Situation, die sie so gut zu kennen schien. Bald war es jetzt wieder so weit und sie würde ein weiteres Mal nach oben getragen werden, wie es niemandem guttut.

Aber diesmal wuchsen nicht mein Zorn und meine Verzweiflung, es machte sich Traurigkeit breit. Anstatt aufzustehen und einen weiteren Anlauf zu nehmen, blieb ich diesmal neben Meike sitzen. Ich kam mir vor, als sei ich unendlich weit von ihr entfernt. Von irgendwo her begann ich dann zu ihr zu sprechen. Ich habe von meiner Hilflosigkeit gesprochen, von meinem Ärger darüber, daß sie manchmal alles daran setzen muß, ›die Welt auf den Kopf zu stellen‹. Ich habe ihr davon gesprochen, daß sie mich und die anderen manchmal an den Rand der Verzweiflung bringt und auch davon, wie es an den Kräften zehrt, ständig mit ihr kämpfen zu müssen. Ich habe ihr auch – traurig wie ich in diesem Moment war – gesagt, wie wütend es mich macht, wenn sie sich dann auch noch in meiner Verzweiflung, meinem ohnmächtigen Engagement zu sonnen und sich über diese Situationen zu freuen scheint, als seien sie das einzige, das mich sicher und wohlbekannt an sie binden würden.

Und dann habe ich diesen Satz gesagt, der von da an so wichtig für Meike und mich werden sollte, der endlich etwas auch in ihr in Bewegung versetzte: »Meike, wenn du nicht mitmachst, hab' ich keine Chance.« Wenn sie nicht ihren Teil beisteuerte, blieb mir fortan nur zu ertragen, daß es eben nicht ging. In diesem Moment war es für mich ausgeschlossen, sie zu ›packen‹, zu tragen, mit ihr noch einmal in diesen körperlichen Zweikampf zu geraten. »Ich kann dich nicht zwingen, und ich will es auch erst gar nicht versuchen. Ich hab' dieses Geziehe und Gezerre satt, das führt zu nichts. Meine Wut kriegst du nicht. Und doch wirst du mich nicht los, denn ich werde dir Widerstand leisten, ich werde darauf pochen, und du wirst es immer wieder von mir hören, – daß du die Welt nicht auf den Kopf stellen kannst.«

Kaum hatte ich meinen Satz beendet, lächelte sie mich zu meinem Erstaunen an, legte kurz eine Hand auf mein Knie, wie um zu sagen: ›jetzt ist es gut‹, stand auf, wandte sich der Treppe zu und streckte mir ihre rechte Hand hin, was sie immer tut, wenn wir uns auf dem Weg die Treppe hinauf befinden.

Grundsätzlich bin ich davon ausgegangen, daß das Subjekt in

der Begegnung mit dem anderen bei diesem Spuren hinterläßt. Wie schwer diese manchmal auch zu finden sein mögen, sie dort aufzunehmen, wo sie sich eintragen – im Sprechen desjenigen, der für das Subjekt in der Begegnung anderer ist – ist die allererste Aufgabe dieses anderen. Dieser Aufgabe wird er nur gerecht werden können, wenn er sich von Zeit zu Zeit an einen zweiten anderen, einen Dritten, wendet, – indem er also anerkennt, daß auch sein subjektiver Weg einer Annäherung über einen Anderen führt. In Begegnungen mit Menschen, für die dieser Weg, der über den Anderen führt, verstellt zu sein scheint,[16] lauert die Gefahr des Einschlusses von Subjekt und dem anderen in einem Zweikampf, der nicht selten äußerst zerstörerische Züge trägt. Um dem (ersten) Anderen angesichts einer solchen Begegnung Gelegenheit zu geben, einen Ausweg – für sich und für das Subjekt – aus diesem Zweikampf zu finden, ist es eine erste und grundsätzliche Voraussetzung, ihm einen Ort zum Sprechen offenzuhalten. Dieser zu findende Ausweg ist letztlich der im subjektiven Sprechen sich eröffnende Zugang zu einem vermittelnden, einem trennenden und zugleich verbindenden Element.

Um was es dabei geht – sowohl in den Begegnungen in der Arbeit als auch und insbesondere in der diese Arbeit begleitenden ›Praxis des Sprechens‹ der ›Supervision‹ –, das ist letztlich die *Frage der Kastration*.[17] Ich habe oben versucht, von verschiedenen Zugängen her auf *diesen* ›Fall‹, der das Subjekt und sein Sprechen konstituiert, zu sprechen zu kommen. Von der Subjektspaltung her, vom verlorenen Objekt, das heißt insbesondere von der Frage des Wissens und der Angst her; vom Ort und vom Begehren des Anderen und schließlich von der Begegnung mit dem Dritten her. Ich habe zudem versucht, davon ausgehend vier Forderungen an eine psychoanalytisch ausgerichtete ›Supervision‹ zu formulieren.

Wir sehen jetzt, wie sich diese Forderungen zu einer einzigen zusammenfassen lassen: Die ›Praxis des Sprechens‹ sollte es dem Subjekt ermöglichen, (s)einen Zugang zur *symbolischen Kastration* offenzuhalten. Das Subjekt kann sich in seinem Sprechen weder von seiner Spaltung und dem verlorenen Objekt, noch vom Ort und dem Begehren des Anderen und auch nicht von der Begegnung mit dem Dritten ›freimachen‹, – weshalb es letztlich in seinem Sprechen selbst auf die Frage der Kastration stößt. In einem gewissen Sinn, so ließe sich sagen, *ist* das Sprechen Kastration.[18]

Die Frage der symbolischen Kastration ist die Ödipusfrage. Es geht in ihr für das Subjekt darum, seinen singulären Bezug zum Gesetz, sein Unterworfensein unter dieses Gesetz, anzuerkennen. Diese Frage nach der Anerkennung der symbolischen Kastration betrifft das Subjekt grundlegend in seinem Sein. Es geht bei dieser Anerkennung etwa darum, nicht im Besitz der Wahrheit zu sein. Es geht dabei auch um die subjektive Anerkennung, dem Begehren des Anderen ausgesetzt und diesem gegenüber mit einer grundlegenden Hilflosigkeit konfrontiert zu sein. Es geht schließlich und nicht zuletzt darum, nicht mit seinem Wissen über die Bedeutung der Worte verfügen zu können.[19] Es kann nicht deutlich genug darauf hingewiesen werden – das tun gerade die angeführten Sequenzen meiner Begegnungen mit Meike –, daß sich diese Frage der Kastration zuerst als Frage nach der *Kastration des Anderen* stellt. Es handelt sich dabei also auch um die Frage, wie der Andere mit dem, was nicht geht, umzugehen weiß.

Es geht in der psychoanalytischen Ausrichtung einer ›Praxis des Sprechens‹ um die Anerkennung der symbolischen Kastration. Vor den Worten allerdings gibt es – auch an einem solchen Ort zum Sprechen, der die ›Supervision‹ sein kann – nichts, das garantieren würde, daß es dort nicht zu einem ›Versprechen‹ kommt.

Anmerkungen

1 Foucault (1969), S. 28: Foucault kommt in seinem Text unter anderem auf Freud zu sprechen, den er, neben Marx, als einen »Diskursivitätsbegründer« sieht. In der Auseinandersetzung mit diesen Diskursivitäten, mit der Psychoanalyse Freuds wie mit dem Marxismus, stoße man, so fährt Foucault fort, »auf die Forderung nach ›einer Rückkehr zum Ursprung‹ als unumgänglicher Notwendigkeit [...].« Seinen Ausführungen über die in diesem Zusammenhang sich stellende Frage einer »›Rückkehr zu‹« ist das obige Zitat entnommen.

2 Foucault (1969), S. 7, 11: Foucault zitiert hier Samuel Beckett. Ich möchte an dieser Stelle Martin Feuling und Olaf Schmidt danken für die Durchsicht des Entwurfes zu diesem Beitrag sowie für ihre Anregungen zu dessen Überarbeitung.

3 In Fortführung der Freudschen Artikulation dieser Kränkung hat Lacan seine Theorie des Signifikanten erarbeitet. In einem Text aus dem Jahre 1958 wird bei ihm aus dieser Kränkung ein Erleiden.

Lacan (1958), Seite 124: »Dieses Erleiden, diese Passion des Signifikanten wird von daher zu einer neuen Dimension der *Conditio humana*. Sofern nämlich nicht einfach der Mensch spricht, sondern es in dem Menschen und durch den Menschen spricht; sofern seine Natur eingewoben ist in Wirkungen, in denen die Struktur der Sprache, zu deren Material er wird, wieder auftaucht und sofern damit die Relation des Sprechens in ihm Resonanz findet, jenseits von allem, was dem Vorstellungsvermögen der Vorstellungspsychologie zugänglich ist«.

4 Insbesondere auf eine weitere Einschränkung möchte ich an dieser Stelle schon hinweisen: Ich stelle die Frage nach dem Stellenwert des Sprechens in der ›Supervision‹ im folgenden explizit lediglich im Hinblick auf die ›Einzelsupervision‹. Die Frage nach dem Stellenwert des Sprechens hat natürlich auch im Hinblick auf die ›Gruppensupervision‹ ihre Berechtigung. Auf diesen Bereich auszuweiten wäre die Fragestellung meines Erachtens aber nur über grundlegende Gedanken zur Gruppe und zur Institution, die den Rahmen dieses Beitrages sprengen würden.

5 Ein Gutteil der folgenden Überlegungen verdankt sich der Lektüre eines Interviews, das Bettina Noddings und Peter Müller mit dem Straßburger Psychoanalytiker Marcel Ritter über die Kontrollanalysen geführt haben (vergl. dazu: Ritter (1993), Seite 53–66). Die Frage nach den Überschneidungen bzw. den Gemeinsamkeiten von Analyse, Lehranalyse, Kontrollanalyse und ›Supervision‹ wäre etwa von der Hypothese her aufzunehmen, daß es sich jeweils – hier, da, dort und dort – um eine Praxis des Sprechens handelt, in der die Frage auftaucht nach einem Subjekt, dem Wissen unterstellt wird. Ich fürchte aber auch hier, der aufgeworfenen Frage nach den Überschneidungen und Unterscheidungen im Rahmen meines Beitrages nicht umfassend nachgehen zu können.

6 Vgl. dazu Freud (1912), S. 439; Lacan (1953), S. 118; Michels (1993), S. 70f.

7 Es ist dies nur eine andere Art und Weise, die Frage nach der sogenannten »Gegenübertragung« zu stellen. Vergl. dazu Lacan (1953–54), Seite 33: »[...] daß die Gegenübertragung nichts anderes als die Funktion des Ego des Analytikers ist, das, was ich die Summe der Vorurteile des Analytikers genannt habe«.

8 Das in einer Rede auftauchende ›ich‹ ist keine Entität oder Instanz, sondern sogenannter *shifter*, der im Subjekt der Aussage das Subjekt als aktual sprechendes bezeichnet. Mehr nicht. Das ›ich‹ einer Rede bezeichnet somit die Stellung des Subjekts – das heißt, das Subjekt des Aussagens –, bedeutet es aber nicht. Das ›ich‹ in seiner Shifterfunktion hält die Bestimmung des sprechenden Subjekts in der Schwebe, weshalb das Subjekt sich letztlich nur als Metonymie (Verschiebung) seiner Bedeutung artikuliert (vgl. dazu Lacan (1957/58), S. 67 und S. 72, sowie Lacan (1960), S. 173ff. und S. 184).

9 Lacan formuliert: Das Unbewußte ist wie eine Sprache strukturiert.

10 Freud hat diese primäre Symbolisierung eindrücklich als *Fort-Da-Spiel* beschrieben (vgl. Freud (1920), S. 224f.). Im ›Fall‹ des Mädchens steht das Scheitern der ersten Beziehung zum anderen im Zusammenhang mit einer ungenügenden Anpassung der alternierenden Anwesenheit und Abwesenheit dieses erstern anderen an den Rhythmus der ersten Bedürfnisäußerungen des Mädchens. An dieser Stelle möchte ich folgende Anmerkung machen: Die hier und im folgenden beschriebenen Sequenzen meiner Begegnung mit diesem Mädchen sind nicht als ›Falldarstellung‹ (oder, nach einer glücklichen Formulierung Hiltrud Amusers, als ›Fallherstellung‹) zu lesen. Wo immer dem Leser Anmerkungen zum lebensgeschichtlichen Hintergrund von Meike fehlen, verweise ich daher auf meine Ausführungen in Grohmann, Gschwender, Schmidt (1993), S. 87–125.

11 Vgl. dazu Lacan (1960), S. 194.

12 Auch wenn in dieser Auseinandersetzung ein bestimmtes Wissen verlorengeht – das Subjekt kann nicht ohne Wissen bleiben. Aber es mag sein, daß sich durch diese Auseinandersetzung der Stellenwert verändert, den dieses Wissen bislang für das Subjekt hatte. Von diesem Stellenwert hängt auch die Frage nach dem subjektiven Zugang zu diesem Wissen ab.

13 Meike schwankt mehr oder weniger zwischen Verstopfung und Durchfall, zwischen Zurückhaltung und grenzenloser Öffnung.

14 Vergleiche dazu Lacan (1960), Seite 179 ff.: Lacans Einführung des ›Graphen des Subjekts‹.

15 Nicht zuletzt meine Stimme mußte diese körperliche Unmittelbarkeit tragen. Nicht zuletzt auf die Stimme schlagen sich alle Anzeichen eines an die Grenzen des Subjekts reichenden Engagements nieder.

16 Dies wäre die eigentliche ›psychische Behinderung‹ dieser Menschen.

17 Vgl. dazu Mannoni (1972), S. 24: »*Kastration* ist eine Metapher. Wir sehen [in der Klinik – FG] entweder die Angst oder das Symptom«.

18 Und dies, auch wenn es genügend subjektive Arten und Weisen des Sprechens gibt, die nichts anderes als Bollwerk gegen die Anerkennung der symbolischen Kastration sind, sind Versuche, sich von dieser Anerkennung ›freizusprechen‹.

19 Vgl. dazu: Ritter (1993).

Literatur

Foucault (1969): »Was ist ein Autor?«. In: *Schriften zur Literatur*, Ffm. 1988.

Freud (1912): »Totem und Tabu«. In: *Studienausgabe Bd. IX*, Ffm. 1982.

Freud (1920), »Jenseits des Lustprinzips«. In: *Studienausgabe Bd. III*, Ffm. 1982.

Grohmann, Gschwender, Schmidt (1993): »Fenster zum Rahmen – Begegnungen auf-einander-zu im Therapeutischen Heim Rottenburg«. In: *Innere Orte – Äußere Orte*, hrsg. vom Verein für psychoanalytische Sozialarbeit e. V., Tübingen.

Lacan (1953): »Funktion und Feld des Sprechens und der Sprache in der Psychoanalyse«. In: *Schriften I*, hrsg. von Norbert Haas, Weinheim, Berlin 1986.

Lacan (1953/54): *Das Seminar von Jacques Lacan, Buch I, Freuds technische Schriften*, Olten, Freiburg 1978.

Lacan (1957/58): »Über eine Frage, die jeder möglichen Behandlung der Psychose vorausgeht«. In: *Schriften II*, hrsg. von Norbert Haas, Weinheim, Berlin 1986.

Lacan (1958): »Die Bedeutung des Phallus«. In: *Schriften II*, hrsg. von Norbert Haas, Weinheim, Berlin 1986.

Lacan (1960): »Subversion des Subjekts und Dialektik des Begehrens im Freudschen Unbewußten«. In: *Schriften II*, hrsg. von Norbert Haas, Weinheim, Berlin 1986.

Mannoni (1972): *Das zurückgebliebene Kind und seine Mutter. Eine psychoanalytische Studie*, Olten, Freiburg 1972.

Michels (1993): »Der Ort des Anderen – Die Psychosen und die Bedeutung des Dritten«. In: *Innere Orte – Äußere Orte*, hrsg. vom Verein für psychoanalytische Sozialarbeit e. V., Tübingen 1993.

Ritter (1993): »Über die Kontrollanalyse«. In: *Diskurier Nr. 3*, hrsg. von André Michels und Peter Müller, Karlsruhe 1993.

Olaf Schmidt

Holding – Containing – Laughing Environment
– Über das Lachen in der Supervision –
Supervision als »Fröhliche Wissenschaft«

> »Vielleicht weiß ich am besten, warum der
> Mensch allein lacht: er allein leidet so tief, daß
> er das Lachen erfinden mußte. Das unglück-
> lichste und melancholischste Tier ist, wie billig,
> das heiterste« (Friedrich Nietzsche).

> »Nur mit Komik kann man überleben, man
> braucht das Lachen« (Mel Brooks).

I. Einleitung

»Lachen ist gesund«, so sagt man. Andererseits kann Lachen –
wenn man nicht Subjekt des Lachens ist, sondern zu seinem
Objekt wird – sehr verletzend und kränkend sein. Welchen Wert
hat Lachen in der Arbeit mit autistischen und psychotischen Kindern und Jugendlichen, in der Begegnung mit Menschen, die oft
»keinen Spaß verstehen«? Welche (Be-)Deutung gibt es, wenn es
dort *zum Lachen kommt*, wo alles *zur Sprache kommen* soll – in
der Supervision?

Die Frage nach dem Lachen in der Supervision – unabhängig
davon, daß es viele Schattierungen des Lachens gibt – kann nicht
isoliert betrachtet werden vom übrigen Kontext der Arbeit, vom
Lachen in der Arbeit und vom Lachen oder nicht Lachen-können
der Kinder und Jugendlichen. Die Fragen, die sich mir gestellt
haben, ließen sich vielleicht so formulieren: Wie kann Supervision
dabei helfen, wenn mir überhaupt nicht mehr »zum Lachen
zumute« ist? Wie kann man in der Supervision und durch sie, nicht
nur zum Sprechen, sondern auch zum Lachen wieder zurückfin-
den, falls man es »vergessen« oder »verlernt« hat. Und schließlich:
Wie überträgt sich unser Lachen auf die Kinder und Jugendlichen
und die Abeit mit ihnen? Was macht Lachen möglich? Einen Ver-
knüpfungspunkt in allem sehe ich in der ökonomischen wie topi-
schen Notwendigkeit eines »Dritten«, eines »Außen« und »Ande-

ren«, den meines Erachtens im Idealfall der Supervisor repräsentieren soll.

Die Kinder und Jugendlichen, die wir im Heim betreuen, die selbst meistens nicht viel zu lachen haben und wenig oder keinen Sinn für (unseren) Un-Sinn zeigen, bringen uns oft doch eher zur Verzweiflung als zum Lachen. Ist Supervision nicht eher die Manifestation einer »traurigen Wissenschaft«? Stehen auf dem »Schauplatz« der Supervision nicht vielmehr Tragödien als Komödien, bestenfalls Tragikomödien auf dem Programm? Ist der »Stoff« der Supervision nicht einer, aus denen Dramen gestrickt werden? Zum Lachen oder zum Schmunzeln gereizt, scheint eher der Zuschauer und Zuhörer der Inszenierungen, der lachende »Dritte« in der Mitte oder am sicheren Rand des Geschehens – der Supervisor.

Abgesehen davon, daß ich selber gerne lache und mehr als einmal gesagt habe, daß, wenn ich einmal nichts mehr zu lachen hätte, ich diese Arbeit aufgeben *müßte*, glaube ich, daß Lachen mehr als nur eine persönliche Vorliebe von mir ist und Witz, Komik und Humor einen angemessenen Platz in der Arbeit/der Supervision verdienen. Ich spreche nicht nur von dem »therapeutischen Wert« des Lachens. Lachen hat auch einen »Wahrheitsgehalt«, zeugt von Wahrheit, der Wahrheit vom Widerstreit im Subjekt. Gegen alle heilige Seriosität verstehe ich meinen Beitrag auch als ein Plädoyer für eine unheilige Heiterkeit in der Supervision – für eine Supervision als »Fröhliche Wissenschaft«.

Der Stellenwert des Lachens in der Supervision kann nicht beurteilt werden, ohne wenigstens einen Blick auf die Funktion und den Zweck der Supervision zu werfen. Hierzu etwas zu sagen, bedeutet den Versuch, die Supervision selbst zu *deuten*, dem Selbst(miß-)verständnis der eigenen Praxis nachzugehen. Um wen und um was geht es in der Supervision, was ist ihr »Gegenstand«? Was kommt in ihr zum Tragen? Was macht Supervision not-wendig? Innerhalb des hier gegebenen Rahmens kann ich nur einiges an-deuten. Beim Schreiben dieses Textes habe ich gemerkt, daß ich mit den Fragen, die ich spezieller in bezug auf die Supervision zu stellen versucht habe, immer wieder auch auf Fragen grundsätzlicher Art, die die Arbeit überhaupt betreffen, gekommen bin.

II. Zur Not-Wendigkeit der Supervision

Die Funktion und die Ausrichtung der Supervision ist nicht ablösbar von dem Platz und der Bedeutung, den sie innerhalb unserer Praxis einnimmt bzw. an den sie gestellt wird. Sie orientiert sich stark an den Bedürfnissen und Nöten der Praxis, was sich auch in unterschiedlichen Erwartungen und Ansprüchen der Mitarbeiter an die Supervision und die Supervisoren ausdrückt. Supervision ist für uns kein »Luxus«, sprich überflüssig, sondern eine »Mangel-Erscheinung«, d. h. aus den Notwendigkeiten der Arbeit geboren. Welche Not meine ich? Wessen Not ist es? Welche »Wendung« kann die Not in der Supervision bekommen? Und welche und wessen »Wendigkeit« (im Sinne von Beweglichkeit, Elastizität, Geschmeidigkeit) ist dafür erforderlich?

Die Nöte der Arbeit äußern sich in der Supervision zunächst als unsere Not, als Not der Betreuer im Umgang mit den Kindern und Jugendlichen, als Not, nicht mehr zurecht zu kommen, nicht weiter zu wissen. Die Nöte sind unterschiedlich gelagert und können sich als Gefühl von Unsicherheit, Hilflosigkeit, Angst oder schlicht als namenloses »Unbehagen« und als Sprachlosigkeit niederschlagen. So fühlen wir uns oft innerlich – manchmal auch äußerlich – angekratzt, vergiftet, aufgerieben, überreizt, abgefüllt, leer, haben das Gefühl, daß wir auf der Stelle treten oder ständig – wie Richard Kimble – auf der Flucht und nicht in der Arbeit sind.

Die Not manifestiert sich zum Beispiel im Gefühl, unter den erlebten Zwängen eines Handlungsdruckes, um nicht zu sagen »Leidensdruckes«, zu stehen. Der *Druck*, der einem *Drängen* der Kinder und Jugendlichen entspricht und gegenübersteht, der bei allen oder bei einzelnen Mitarbeitern »sitzt«, duldet, so scheint es, oft keinen *Aufschub*, keinen *Umweg*, manifestiert sich auch als Zeitdruck, darin, daß gefordert wird, *zuerst* müsse der Rahmen gesichert, »Halt« gegeben werden und *dann* könne man sich den »Luxus« leisten, weiter und offener über das Problem nachzudenken. Im besten Fall kann man dies noch als ein »Agieren« beschreiben, im ungünstigsten Fall nur noch als hinterherhinkendes »Re-Agieren«, als Reaktion auf die erlebten Manipulationen, die Kontrolle, Terrorisierung und Tyrannei von seiten des Kindes bzw. des »Heeres« der Kinder. So stellen sich Fragen in den Supervisionen nicht nur in bezug auf den »Einzelfall«, das einzelne Kind, sondern es ergeben sich auch Probleme in Hinsicht auf die ganze Gruppe der Kinder und Jugendlichen und den konzeptionellen Gesamt-Rahmen. Ich möchte dies an einem Beispiel verdeutlichen, wo dieser Rahmen In-Frage stand.

Zur Situation: In der Rund-um-die-Uhr-Betreuung sind wir nicht nur als Mann (und Frau) für »gewisse Stunden«, sondern auch als »Mädchen (und Jungen) für alles« in Anspruch genommen. Bei uns entsteht immer wieder das Gefühl, nicht allen »gerecht werden zu können«. Entweder fallen immer wieder einzelne Kinder durch das Netz der Beziehungen, da die anderen oder ein anderer zu viel von uns »abzieht«, werden »ungerecht«, oder bekommen das Gefühl, niemandem mehr – auch unseren eigenen Grenzen nicht – gerecht werden zu können. Als Folge treten Schuldgefühle, Neid oder Vorwürfe auf: Undankbares Volk!, denkt man sich. Maßlose und unverschämte Kinder! Kriegen den Hals nicht voll! Unersättlich! Es kursiert dann der Witz über den »optimalen« Sozialarbeiter, den mit den 5 bis 6 Brüsten, den 8 Armen und den Siebenmeilenstiefeln – der »optimale« Betreuer – ein wahres Ungeheuer! Im Extremfall wird man zum inneren und äußeren Verfolger und Verfolgten der Kinder. Die Pflege und Betreuung der Kinder und Jugendlichen wird zur »fürsorglichen Belagerung«.

Konkret sah es so aus, daß – um den einzelnen Kindern »gerecht« werden zu wollen – jeweils besondere Begleitungsformen eingerichtet wurden. Zwei psychotische Jugendliche konnten zeitweilig nur über eine ständige Einzelbegleitung gehalten werden. Gruppensituationen hielten sie nicht lange aus. Sie waren äußerst durchlässig für alle möglichen inneren wie äußeren Reize, komplexere Situationen wurden ihnen schnell »zuviel«, so daß ihnen ständig eine Reizüberflutung drohte. Wir versuchten, zumindest die äußeren Reizeinflüsse zu reduzieren und begleiteten sie vorwiegend auf dem Zimmer, wo sie auch die Mahlzeiten in Begleitung eines Betreuers einnahmen. Durch die Gewährleistung dieser sicherheitgebenden Begleitung wurde es aber schwieriger, die anderen Kinder nicht aus dem Blick zu verlieren. So schrieben wir jeweils einen Tagesplan, einen genau abgestimmten Zeitplan, um die Lage in den Griff zu bekommen. Diese Bewegung bekam eine Eigendynamik, so daß wir ständig der Zeit hinterherliefen. Es »durfte« eigentlich nichts Außergewöhnliches passieren, ein Telefonanruf zur falschen Zeit konnte uns schon aus dem Konzept bringen. So wie wir funktionieren mußten, um den Plan (einschließlich

Einkaufen, Kochen, Putzen, Waschen, Einzelstunden ...) einhalten zu können, muteten wir auch den Kindern zu, zu funktionieren – womit wir zum Teil (natürlich) das gegenteilige Resultat erzielten. Wir selber hatten das Gefühl, weder inneren Raum noch Zeit zu haben, wenigstens etwas zu verschnaufen, zwischendurch Luft zu holen oder nachzudenken. Die Zustände bekamen etwas Unerträgliches.

Ist die Supervision nun der Ort, an dem »Recht gesprochen« wird, Gerechtigkeit herrscht?[1] Spätestens hier zeigt sich, daß Supervision nicht nur zum »Forum« technischer Fragestellungen, sondern auch ethischer Probleme wird. Dieser (auch) reale Druck, handeln zu müssen, ist manchmal schwer vermittelbar an die Supervisoren, so daß *das Gefühl einer Kluft* entstehen kann, bis hin zum Eindruck, daß an den »realen« Problemen und Anforderungen vorbeigeredet und keine wirkliche Abhilfe geschaffen wird, die Aussprache zur Ausrede wird. Hier geht es auch um Grundsätzliches in der Arbeit – um Grund-Sätze und -Regeln. Wir sind mit den Kindern nie wirklich allein in einer Zweierbeziehung. Es gibt immer schon dritte, andere, die den oder das Dritte notwendig machen.[2]

In der geschilderten konkreten Problemstellung schienen wir zunächst in einem »Diskurs der Klage« auf der Stelle zu treten. Wir, die Betreuer, beharrten widerständig darauf, daß an der Not wenig durch das Sprechen zu verändern sei. Wir könnten einfach nicht mehr leisten unter den Bedingungen unserer Personal-Besetzung. Auch den Supervisoren schien die Unmöglichkeit offenbar, mit 2 bis 3 Betreuern an sechs verschiedenen Orten gleichzeitig zu sein und das »Ungute«, im Spurt alle Kinder nacheinander »abzufüttern«. Der Versuch, durch eine genauere Zeitplanung des Tages das Problem in den Griff zu bekommen, führte zu dem Ergebnis, daß man das Gefühl bekam, ständig auf der Flucht zu sein und keinen inneren Raum und keine Zeit mehr zu haben und trotzdem nicht »zu genügen«. Der »Dreh«, der eine gewisse Wendung möglich machte, war dann der, daß wir uns vom Konstrukt der vorwiegenden »Individualbetreuung« zu lösen versuchten. Die Supervisoren fragten nach der Möglichkeit von mehr Gruppensituationen. Diese Idee stieß zunächst auf großen Widerstand im Team. Nicht, weil uns die Logik dieses Schlusses falsch erschien, sondern, weil »die Erfahrung gezeigt habe«, daß das ganz schwer zu realisieren sei und die Gruppensituationen oft nur äußerst schwer haltbar

seien und leicht Chaos hervorriefen. Der Einwurf der Supervisoren stellte das Problem aber in ein anderes Licht. Unter dieser Perspektive war es nicht mehr primär ein Problem der realen Besetzung vom Personal her, sondern zunächst eines der »Besetzung«
einer Vorstellung. Nach den erwähnten großen Widerständen im
Team, bei allem »guten Willen«, sei dies »unvorstellbar«,
»undenkbar«, »schon oft genug probiert«, war doch etwas passiert.
Wir waren zwar nach wie vor sehr skeptisch, aber etwas bereitwil-
liger, Versuche zu wagen, mehr Gruppensituationen bewußt herzustellen und einzurichten. Das Experiment erforderte zunächst
vor allem eine »innere« Umstellung auf unserer Seite, eine Wand-
lung der Besetzung der Vorstellungen in bezug auf Gemeinschafts-
situationen, eine »positivere« Besetzung. Er wirkte sich dann aus
in der realen Tagesstrukturierung. Der Rahmen wurde offener,
dadurch aber auch (aus)haltbarer.

Dies ist auch ein Beispiel dafür, daß die so oft beschworene
Dichotomie von »Halten« und »Öffnen« keinen grundsätzlichen
Widerspruch darstellt, daß im Gegenteil eine innerliche Öffnung
und die Überwindung der eigenen Widerstände und Vorurteile die
Situationen nicht nur verändern, sondern auch real haltbarer
machen können. Damit wurden die Probleme nicht aufgehoben,
aber sie wurden aus einer Verfahrenheit herausgelöst und anders
bearbeitbar. Die Not-Wendung bedeutete auch ein anderes Verständnis in bezug auf die Bedeutung des Gruppenerlebens für die
einzelnen Kinder und Jugendlichen. Die Gruppe wurde nicht mehr
nur als ökonomisch-notwendiges Übel – als Zumutung – gedeutet,
in der die einzelnen die Aufmerksamkeit in der Gruppe mit anderen teilen müssen und eine Anpassung und Unterwerfung unter die
Regeln der Gruppe zu leisten hatten. Vielmehr sah man die Gruppenerfahrung als etwas Bereicherndes an, in der es die Kinder
nicht nur auszuhalten hatten, sondern in der es galt, ihren Wunsch
zu antizipieren und zu fördern, damit sie an etwas anderem teilhaben konnten. Diese Erfahrung wurde nicht nur als Selbst-
Beschränkung, sondern auch als Selbst-Erweiterung angesehen.
Die Gruppe bedeutete nicht mehr nur, etwas teilen zu müssen und
dadurch etwas zu verlieren, sondern auch die Möglichkeit, an
etwas Anteil zu haben und etwas zu gewinnen, eines aufzugeben
und etwas anderes – einen »Ersatz« – dafür zu erwerben.

Man kann die Situation auch so lesen, daß in unserer Gegenübertragung zunächst vorwiegend der Anspruch der Kinder reprä-

sentiert war, jemand ganz und gar für sich zu beanspruchen, ungeteilte Aufmerksamkeit genießen zu wollen. Der große Widerstand, Gruppensituationen nicht mehr nur als notwendig und als Verlust einer »trauten Zweisamkeit« zu verstehen, sondern positiv zu besetzen, auch als möglichen Gewinn zu sehen, spiegelt auch eine grundsätzliche Ambivalenz der Kinder wider, wie sie etwas Drittes beurteilen, verurteilen, verleugnen oder verwerfen. Anders ausgedrückt: wird die Trennung von der »Mutter«, dem ersten anderen, nur als Verlust empfunden oder wird die Loslösung von ihr und die Hinwendung zum »Vater« und den »Geschwistern« auch als Chance, Bereicherung und Befreiung erfahren? Ist der Dritte nur ein »Störenfried« in der dyadischen Beziehung oder macht er als »Befreier« aus dem goldenen Käfig auch eine Subjektwerdung möglich?

III. Zur Frage der Ökonomie – Was kostet »psychoanalytische Sozialarbeit«?

> »Es scheint alles Sache der Ökonomie zu sein,
> wie Prinz Hamlet sagt.«[3]

Niemand kann ständig über seine Verhältnisse leben. Es bedarf einer Balance zwischen einer allgemeinen Ökonomie der Reserve und einer Ökonomie der Verausgabung. Die Frage der psychischen »Ökonomie«, d.h. in welcher Verfassung (Form) sich der psychische Haushalt der Mitarbeiter und des Teams befindet, spielt meines Erachtens in unserer Arbeit eine immense Rolle. Unter diesem Gesichtspunkt erscheint mir die einfachste, formalste Bestimmung der Supervision die zu sein, daß sie dabei helfen soll, die Arbeitsfähigkeit der Mitarbeiter und der Institution zu erhalten und zu ermöglichen, die Arbeit mit den Kindern und Jugendlichen unter dem »Druck der realen Verhältnisse« fortzuführen.

Eine, wenn nicht die erste Voraussetzung der Arbeit ist, daß die Betreuer »gesund«, einigermaßen zufrieden und wohlgestimmt sein und bleiben müssen, was sich unter anderem auch darin ausdrückt, ob man genügend Kraft, Energie und Lust für die Kinder und die Arbeit hat. In diesem Sinne muß es in der Supervision auch um die Mitarbeiter gehen. Diese These suspendiert nicht von der

Frage, um wen oder was es in der Supervision gehen soll. Wem soll sie »zugute« kommen? Wem soll es durch sie »besser gehen«? Den Kindern oder den Mitarbeitern? Meines Erachtens hängen diese beiden Fragen auf eine bestimmte Art sehr eng zusammen.

Diese Frage stelle ich aus der Erfahrung heraus, daß zumindest potientiell ständig die Gefahr droht, etwas (sich) in der Arbeit zu verlieren, sei es das Vermögen, etwas wahrzunehmen, aufzunehmen und zu denken oder auch »nur« seine Lust. Dies liegt zumeist weniger nur an einem Mangel an Erfahrungen und Fähigkeiten der Mitarbeiter, sondern hängt mit der Dichte und Intensität der Arbeit zusammen, der Form und Wucht der psychotischen Übertragungen und dem, was sie im Betreuer und im Team an Dymamik auslösen können. Es läßt sich besser beschreiben als ein Nicht-Verarbeiten-Können eines Zuviels an Eindrücken oder als Dynamik einer »Beraubung« oder »Enteignung«. Man könnte auch von Selbstentfremdung und Selbst-Entzug sprechen. In diesem Sinne sind wir eben nicht immer im sicheren »Voll-Besitz« unser körperlichen und geistigen Kräfte, da sie immer wieder den Angriffen der Kinder und Jugendlichen ausgesetzt sind, auf dem Spiel stehen und oft schmerzvoll verteidigt bzw. mühsam wiederangeeignet und hergestellt werden müssen. Dies ist nicht immer möglich ohne die Hilfe eines anderen (Kollegen oder Supervisors), den Umweg über einen Dritten, ohne die Flucht-Wendung zum Anderen, indem ich mich an ihn in meiner Not wende, um meine Not zu überwinden oder zu verwinden. Wenn er mir meine Not auch nicht abnehmen, »ersparen«, kann, so doch vielleicht »erleichtern«, weil er mir etwas anderes (be)deutet.

Am massivsten äußert sich die Not in der *Angst*. Niemand kann einigermaßen gesund und zufrieden diese Arbeit längerfristig machen, wenn er ständig nur darum bemüht sein muß, seine Ängste abzuwehren. Wer nur um sich besorgt sein muß, kann sich um niemanden anderen kümmern. Wir treffen oft auf eine Angst bei den Kindern, eine frei flottierende, namenlose, ungebundene (psychotische) Angst oder Panik. Eine wesentliche Aufgabe besteht darin, diese Angst, die das Maß des Erträglichen übersteigt, an etwas oder jemanden zu binden, wozu die Kinder und Jugendlichen zunächt nicht aus eigener Kraft in der Lage sind. Anders formuliert: das Kind ist »besessen« von einem »bösen« Introjekt, als Bezeichnung für ein unassimilierbares, bedrohliches inneres (»bizarres«) Objekt, welches es ausspucken oder hinauswerfen will. Dieser Angst sind die Kinder und zunehmend die Betreuer ausgesetzt bzw. sie ergreift von ihnen Besitz, sie sind »besessen« von dieser Angst. Via projektiver Identifikation versuchen die Kinder, diese aus sich heraus loszuwerden, in uns »hineinzustecken«. Bestenfalls sind wir in der Lage, diese Ängste in uns aufzunehmen, ohne sie sofort an den Absender zurückzugeben oder zurückzuschleudern. Es geht zunächst also um eine »Er-Tragung«. An den Schwellen zur Angst spielen sich meines Erachtens auch die meisten Entwicklungen ab. Sie sind abhängig von der Intensität der Affekte.

Ein anderes wesentliches Moment ist die *Lust* in der Arbeit. Ohne Lust in oder mindestens an der Arbeit verliert man jegliches Interesse und somit auch eine Bereitschaft, sich offen auf die Prozesse mit den Kindern und Jugendlichen einzulassen. Diesem Punkt schenke ich besondere Beachtung, zumal wir mit Kindern und Jugendlichen arbeiten, für die unsere eigene Fähigkeit und Lust zur Regression, zu Spiel und Kreativität unabdingbar für einen emotionalen Wachstumsprozeß ist, was eine Bereitschaft der Betreuer erfordert, sich selbst zu verändern, ein anderer zu werden, sich und anderes ins Spiel zu bringen. Vielleicht ist neben der Angst die Lust (oder Lust-losigkeit) die Achillesferse, der »empfindlichste«, wundeste Punkt der Mitarbeiter, den die Kinder auch oft treffen, so daß man jegliches Interesse (an der Arbeit und an ihnen) verliert. Nebenbei bemerkt ist dies nicht nur eine Frage der Lust in der Arbeit, sondern es wird auch der Punkt berührt, ob man überhaupt noch Lust hat – »lustig genug« ist, auch außerhalb der Arbeit etwas anderes zu machen, oder ob man nur noch abschalten und vergessen will. Dies berührt ebenso die Frage, warum wir überhaupt diese Arbeit machen, was wir in ihr »suchen«, die Frage nach dem »Begehren des Psychoanalytischen Sozialarbeiters«.

In diesem Sinne geht es in der Supervision auch um einen (notwendigen) Lust-Erhalt bzw. Lust-Gewinn, und sei es nur in der Form einer »negativen« Lust oder eine »Mehr-Lust«. Es fragt sich nur, auf welchem (Um)Weg, auf wessen Kosten ich mich »lustig« mache, mir Lust verschaffe und um welchen Preis; was dabei verloren gehen muß, auf was man dabei verzichten muß. Wie kommt man auf seine Kosten? Es bedarf Mitarbeiter und Supervisoren, die die Arbeit nicht nur aushalten und am Leben erhalten, sondern Lebendigkeit befördern. Es betrifft die Frage der Sublimierung, was ich hier nicht weiter ausführen kann.

IV. Holding – Halt(ung) bewahren

Die Notwendigkeit, während und im therapeutischen Prozeß »genügend« und »ausreichend gut« zu »halten«, ist immer wieder betont worden, insbesondere von Winnicott in seinem Konzept des »Holdings«, des »holding environments« und der »good enough mother«, von Bion und seinem Konzept des »Containings«, im Konzept des »Rahmens« (Bleger) etc.

Eine wesentliche Funktion des »Holdings« liegt vor allem im Bereich der Sicherung im Sinne eines emotionalen Reiz- und Trauma-Schutzes[4] und einer tragenden, die (psychotischen) Ängste bindenden Beziehung im Sinne einer verläßlichen Objektbeziehung und Objektkonstanz, derer sich das Kind gewiß sein kann und die es bestenfalls im Sinne einer Hilfs-Ich-Funktion nutzen kann und die auch Angriffe von seiten des Kindes überlebt. Das (bis zum konkret körperlichen gehende) Halten hat selbst schon deutenden Charakter, als Anerkennung eines Wunsches, »Gehalten-werden-zu-wollen« und als Antwort auf einen notwendigen Anspruch.

Dem Halten und Aushalten der Kinder und Jugendlichem spreche ich eine *primäre* Bedeutung in unserer Arbeit zu, ohne die nichts (mehr) läuft. Ein ausreichend guter Halt für die Kinder und Jugendlichen realisiert sich in erster Linie vor allem auch im und über das Halten und den Zusammen-Halt der Mitarbeiter, auch in realer Hinsicht. Nicht umsonst sind die Kinder bei uns, weil sie woanders nicht ausgehalten wurden oder gehalten werden konnten, was auch heißt, die Kinder haben es dort nicht ausgehalten oder sich nicht einrichten können. Um einen genügend guten Halt zu gewährleisten, muß im Mehrpersonensetting nicht nur die Hauptbezugsperson, die drei bis viermal Einzelstunden mit dem Kind macht, und alle Nebenbezugspersonen gehalten werden, sondern es bedarf haltender Strukturen der gesamten Institution. Die Behandlung eines Kindes benötigt immer einen Gesamtrahmen – einen Zusammenhalt aller Beteiligten – der existentiell tragfähig ist und eine »genügend gute« Zukunft erwarten läßt, die Hoffnung und den Glauben ermöglicht, daß die Betreuung weitergehen kann. Ziel ist es, eine Haltung wieder zu gewinnen, dort wo man im Alltag aus der Fassung geraten ist und seinen Halt, seine Haltung und einen »rechten Abstand« zu den Geschehnissen verloren hat. Es gilt vor allem einen »*inneren Raum*« wiederzugewinnen, den man im Alltag – von den Kindern abgefüllt, zugestopft, mit Material überschwemmt und überflutet – verloren hat.

Die Supervision soll dabei helfen, diesen überlebensnotwendigen »inneren Raum« zu erhalten und wieder zu gewinnen. Dies möchte ich als die eher bewahrend-»konservative« Aufgabe der Supervision bezeichnen. Sie übernimmt hier eine versorgende, sichernde und schützende Funktion.

V. Containing – Die Kunst des Hürdenlaufens auf dem Feld der Supervision

> »Was immer die Fortsetzung der Arbeit stört, ist ein Widerstand.«[5]
> »Die Überwindung der Widerstände ist der Teil unserer Arbeit, der die meiste Zeit und die größte Mühe in Anspruch nimmt.«[6]

Die Supervision ist nicht nur »discours« – ein Hin- und Her-Laufen –, sondern auch »parcours« – ein dynamisches Kräfte-Feld mit Hindernissen. Es hat zu tun mit einem Über-etwas-hinwegkommen-müssen, was als Hindernis, als Widerstand, eine Bewegung des Voranschreitens (Progress) hemmt. Wie können die Hürden genommen, die Widerstände überwunden werden? Wie müssen die Bewegungsabläufe beschaffen sein, damit ich – falls ich die Hürden nicht umlaufen (im doppelten Sinn) und mich dabei der Gefahr einer Verletzung aussetzen will – sie so gut wie möglich überwinden kann. Jeder, der schon mal Hürden gelaufen ist, weiß, daß dazu auch eine bewegliche Technik notwendig ist. Welche Hürden stehen in der Supervision? Wessen Widerstände sind es, die hinderlich sind? Welche »Sätze« müssen getan (bzw. gesagt werden), damit ich, wenn schon nicht ans »Ziel«, dann zumindest an die nächste Hürde gelangen kann? Daß ich mit diesen Metaphern vor allem auf *innere* Widerstände anspiele, ist hoffentlich deutlich geworden. Daß sie sich auch als äußere, reale Grenzen und Widerstände zeigen bzw. zunächst als solche gesehen werden, wird vielleicht aus meinem oben genannten Beispiel deutlich. Diese Sichtweise verschiebt die Fragestellung von der Analyse von Übertragung und Gegenübertragung auf die Frage der Widerstandsanalyse. »... es gibt keinen andern Widerstand gegen die Analyse als den des Analytikers selber.«[7]

Vielleicht stärker noch als die Funktion des »Holdings« verweist Bions Konzept des »Containings« über die Funktion des Haltens (Beinhalten und Aufnehmens) und Bewahrens der via projektiver Identifikation externalisierten und in den anderen hineingesteckten Selbst- und Objektanteile hinaus auf einen Prozeß der *Verarbeitung* und *Durcharbeitung*. »Containing« meint nicht nur ein »Müllschluckerverfahren«, wo man vieles »einstecken« muß, sondern einen transformatorischen Prozeß, der die bis dahin unverdaulichen und ungenießbaren »Stoffe«, die die Kinder »ausspukken«, »annehmbarer« macht. *Prozeß* möchte ich hier in zweifacher Hinsicht verstehen; einmal als einen Prozeß im Sinne einer Bewegung und Veränderung (Metabolisierung = Sinneswandlung), zweitens aber auch als einen Prozeß im Sinne eines Urteilens oder einer Bewertung. Im zweiten Fall stellt sich die Frage nach einer Instanz oder »richterlichen« Funktion, die das »Verfahren« durchführt. In beiden Fällen handelt es sich um einen *inneren* Urteils-Prozeß, ein Tribunal. Wie der »Prozeß« ausgeht, und wie der »Fall« beurteilt wird, wer oder was verurteilt, verdrängt oder verworfen wird, hängt davon ab, was jeweils in welcher Form »zugelassen« (affirmiert oder negiert) wird. Die Voraussetzung dafür, daß in der Begegnung mit dem Kind und im Kind sich etwas entwickeln kann, ist, daß der Betreuer die Fähigkeit besitzt, bei sich selbst die Wahrnehmung der vollen Tragweite dessen zuzulassen, was der Patient abwehren muß.

VI. Zur Sprache kommen

Die Supervision ist für uns zunächst ein Ort des »Zur-Sprache-Kommens«, des Nachdenkens und des Nachspürens, der nachträglichen Reflexion auf das, was sich im Alltag ereignet hat, was in der Begegnung mit den Kindern und Jugendlichen passiert ist und (un)merklich Spuren in uns hinterlassen hat. Das Sprechen und Fragen in der Supervision unterliegt einem Schwank zwischen einerseits Unsicherheit, Angst und Verzweiflung und andererseits einer Lust und Neugierde, mehr »verstehen« zu wollen und etwas »Neues«, bis dahin nicht Gesehenes oder Unerhörtes zu erfahren. Zunächst geht es in den »Fall«-orientierten Einzel- und Gruppensupervisionen um die Kinder und Jugendlichen. Sie sollen – via Sprechen der Betreuer – zur Sprache kommen können.[8] Was heißt

»zur Sprache kommen«? Wie kommt es dazu? Wie etwas und jemand zur Sprache kommen kann, hat mir »Nino« vor Augen und Ohren geführt. Zudem zeigt das Beispiel, wie es auch zum Lachen kommen kann.

So kommt es regelmäßig während und nach den Mahlzeiten zu »Aus-einander-setzungen« mit ihm. Nino ist 11 Jahre alt und inzwischen seit 3 Jahren im Heim. Nino hat die Eigenart, seinen Nebenmenschen immer wieder nicht wahrnehmen zu wollen, zu ignorieren. Ansprüche stellt er weniger in Form des Sprechens, als Bitte oder als Frage, sondern in der fordernden Gestalt eines für unsere Ohren schmerzhaften Quietschens in höchsten Tonlagen, des Weinens oder darin, sich selber zu schlagen, zu kratzen oder zu beißen. Bei den Mahlzeiten äußert sich dies so, daß, wenn er etwas will, sei es Nutella oder einen Zwieback, er erwartet, daß wir ihm seinen Wunsch von den Lippen ablesen. Zeitweise steigt er auch regelrecht über uns rüber, wenn er an etwas gelangen will, was nicht in seiner unmittelbaren Reichweite auf dem Tisch steht. Der spannendste Augenblick ist aber inzwischen immer dann, wenn er vom Tisch aufstehen will, um auf sein Zimmer zu gehen. Sein Platz ist nämlich auf einer Sitzbank an der Wand, so daß er an uns vorbei muß. Anfangs haben wir einsehen müssen, daß es wenig Zweck hatte, ihm abzuverlangen, daß er doch, statt »nur« zu weinen, zu kreischen oder stehend auf der Bank zu trippeln, einen »Ton« sagen könnte, daß er aufstehen will oder wo er denn hin will. Wir haben ihn gewähren lassen. Inzwischen haben wir aber schon den Anspruch an ihn, ihm wenigstens ein Stück Aufmerksamkeit abverlangen zu dürfen, daß da noch ein anderer ist und er nicht einfach über uns rübersteigen kann, wie man über einen Gegenstand steigt oder eine Hürde nimmt oder etwas über den Haufen rennt. Nach anfänglichen wütenden Kämpfen ist es fast über ein Ritual zu einem Spiel geworden. Die Situation hat sogar schon eine gewisse Komik, um nicht zu sagen einen bestimmten Witz. Wir versagen ihm inzwischen öfters diese Unmittelbarkeit und Unmitteilbarkeit. Wir fragen ihn: »Wo willst du denn hin?«, willst du »ins Spiel-zimmer gehen...?« Man gewinnt den Eindruck, daß er sich manchmal lieber die Zunge abbeißen würde, als ein Wort von sich zu geben, manchmal sagt er aber schon, notgedrungen, das von uns zunächst übernommene: »Aufs Zimmer gehen«, oder »Ins Spiel-zimmer gehen, ja, ja!« Es fungiert wie ein Losungswort. Wenn er diese Sprechbarriere überwunden hat, macht er auf dem Weg nach oben oft noch einen kurzen Abstecher durchs Büro, wo sich nicht nur der »Naschschrank« befindet, den er im Vorübergehen auf eine mögliche Wegzehrung hin inspiziert, sondern auch die Supervisionen, unsere gemeinsamen »Sprechstunden«, stattfinden. Einmal antwortete er auf unsere wiederholte Frage, wo er denn hingehen wolle, statt »ins Spiel-Zimmer gehen«, »ins Sprech-Zimmer« und »durchs Sprechzimmer gehen«. Es war wie ein Versprechen und er verriet damit vielleicht mehr, als er vielleicht hätte sagen wollen und müssen. Beide Sätze paßten aber. Er verriet einerseits seinen Umweg über das »Sprechzimmer« (und den Naschschrank), hatte richtig bemerkt, wieviel wir im Büro sprechen und hatte erkannt, daß er, wenn er ins Zimmer gehen will, dies über den Weg des Sprechens – durchs Sprechen – geschehen solle. Daß es inzwischen nicht mehr nur ein leidiges Ritual ist, sondern zu etwas anderem geworden ist, zeigte sich zuletzt. Als er wieder zu seinem Losungswort »Ins Spielzimmer gehen« ansetzte, mußte er selbst, beim »Spiel ...« angekommen, lachen. Sein Sprechen war damit zugleich auch mehr als nur not-wendig geworden. Statt mit einem »Satz« über uns, kam er mit einem Satz zu uns zum gleichen Ziel. Sein Sprechen ließ nun auch Differenzierungen in der Artikulation seiner Bedürfnisse zu. So zuletzt, als er wieder einmal auf der Sitzbank stehend, unruhig hin und her trippelnd, mit einer Hand an seiner Hose kreisend, auf unsere Frage, ob er vielleicht auf die Toilette gehen müsse antwortete: »Aufs Pissen gehn, ja, ja!« Er hatte die Lacher auf seiner Seite. Diese überraschende Modifikation des Standardsatzes und die treffende Bezeichnung seines dringenden Anliegens, brachte uns zum Lachen.

An diesem Beispiel wurde auf eine nette Art und Weise deutlich, wie man nicht nur zur Sprache, sondern auch zum Sprechen kommen kann. Vor allem auch durch ein von uns, ab einer bestimmten Zeit gesetzten »Nein!«, »So nicht!«, ohne Sprechen nur über meine Leiche (Kadaver = der/das gefallene tote Objekt, Abjekt, Abfall), meinen toten Körper, über die Verleugnung meiner lebendigen Person. Du mußt dich an mich wenden, mir Aufmerksamkeit schenken. Und wenn du kannst, in anderer Form als über bloßes ein »Laut-Sein«, du sollst nicht nur bedeuten, sondern mittels Wort-Lauten mir be-stimmt bedeuten, was du willst oder auch nicht willst. Der erzwungene Aufschub des maß- und formlosen Anspruchs, der unmittelbaren Befriedigung, hat auch eine Differenzierung, einen Spielraum und Lust am Sprechen ermöglicht.[9]

VII. Exkurs über das »Zum Lachen Kommen«

> »Am Anfang war das Lachen.«
> »Das kindliche Lachen bedeutet die Wieder-
> herstellung der Einheit zwischen Welt und
> Mensch, aber auch ihre endgültige Tren-
> nung.«[10]

Lachen ist unter anderem auch eine Frage der psychischen *Disposition*. Folgt man diversen Ausführungen zur Psychogenese des Lachens, so wird ein Unterschied gemacht zwischen Lächeln und Lachen. Während das Lächeln eine Leistung der frühen oralen Stufe ist, an die Erfahrung der Sättigung wie der vollen Zuwendung der geliebten Person geknüpft, hängt das Lachen eng mit motorischen Erfahrungen zusammen, die in der analen Phase in den Vordergrund treten. Das Lachen des Kindes setzt ein mit dem Erlernen der Körper- und »Stoff«-Beherrschung. Phylo- wie Ontogenese des Lachens können auch deutlich machen, daß das Lachen seine Kehrseite in Bedrohungen hat. Wo Beherrschung das Grab früherer Ängste kennzeichnet, entsteht Lachen. Die Lust des Lachens rührt also nicht aus der Überlegenheit, sondern daher, daß wir vor einem Abgrund mit heiler Haut davongekommen sind.[11]

Das Lachen ist ebenso verwandt mit dem *Spiel* wie mit der *Lust*. Der Ausdruck »Nervenkitzel« verweist aber auf die Ambivalenz und Ambiguität des Lachens. Nicht nur Lust, auch *Angst* ist im Spiel. Die Spannung im Nervenkitzel kann lustvoll erlebt werden. Bei zu großer Spannung erzeugt er jedoch nur Unlust, Angst und Schrecken. Lachen kann nur, der sich in genügend guter Sicherheit wiegt, anders ausgedrückt: derjenige, der genügend Abstand und Distanz zum inneren wie äußeren Geschehen hat.[12]

Beim Kind erscheint das Spiel in dem Augenblick, da es sprechen lernt – beim Eintritt in die symbolische Sprachordnung. Zu denken ist hier auch an das bekannte »Guckguck-Dada-Spiel« und das »Fort-Da-Spiel«. Wenn die Person, die mit dem Kind spielt, oder auch nur ein bekanntes Objekt, plötzlich verschwindet, bedeutet dies eine Verunsicherung, ja vielleicht eine Bedrohung für das Kind. Das alsbaldige Wiederauftauchen beseitigt diese kurze vorübergehende Beunruhigung. Es kommt zu dem charakteristischen »Entspannungslachen«. Dauert es zu lang, bis das bekannte Gesicht wieder auftaucht, überwiegt der Schrecken, der in Angst übergeht, und das Kind wird anfangen zu weinen. Auch das Wiederauftauchen wird es dann nur allmählich beruhigen. Bei älteren Kindern erzielt ein wiederholtes, spielerisches Erschrecken des Kindes, indem man etwa den bösen Wolf imitiert, dieselbe Wirkung, wenn das Erschrecken sich kurz darauf in freundlicher Zuwendung auflöst und sich in spielerischem Ritual immer wieder wiederholt.

Das Kind ist in diesen Situationen angstvollen Spannungen ausgesetzt. Mit der Zeit bekommen die Situationen etwas Lustvolles. Das Lustvolle liegt vor allem im Oszillieren zwischen Spannung und Entspannung, im Wechsel-Spiel von Abwesenheit und Anwesenheit, Verschwinden und Erscheinen des Objekts. Das Kind empfindet eine Lust am Wiedererkennen und möchte diese Spiele ewig wiederholen – eine »gemischte Lust« (Lust *und* Unlust/ Angst), »Jenseits des Lustprinzips«. Im »Fort-Da-Spiel« setzt das Kind das bis dahin *passiv* erlittene Verlassenwerden, das Verschwinden des Objekts, von dem es abhängig ist, *aktiv* in Szene. Dadurch versucht es, die Situation zu meistern und zu beherrschen. Es fügt sich das Verlassenwerden selbst zu. Wenn das Kind sich selbst sein Bild im Spiegel als sein eigenes Objekt zum Verschwinden bringt, versucht es auch, derselbe zu *bleiben*, trotz des Anderen.

Während Sinn für Komik und Lachen sich mit physischer, insbesondere analer Beherrschung entwickelt, ist die Freude am Witz das Zeichen von beginnender Sprachbeherrschung. Die Fähigkeit, Unsinn *als* Unsinn zu verstehen, setzt voraus, daß auf einer Folie, einem bekannten Hintergrund und im Kontext einer sinnvollen symbolischen Sprach-Ordnung etwas als anders – different – wahrgenommen und identifiziert werden kann.

VIII. Lachen in der Supervision

Welche Bedeutung hat nun der »lachende Einfall« oder der »Einfall« des Lachens in der Supervision? Wie ist er zu deuten im Rahmen von Übertragung und Gegenübertragung? Was, wenn die reflexive Beugung eine Verbiegung im wahrsten Sinne des Wortes hervorbringt – eine körperliche – wenn man sich vor Lachen biegt und nun sich vor Lachen nicht mehr halten kann? Kann dies eine sinnvolle Haltung in der Supervision sein, vielleicht sogar vorbeugend – ist Lachen heilsam oder nur Zeichen einer Abwehr und eines Widerstandes? Oder ist sie – wie oft der Anlaß für diese schiefe Haltung – nur unsinnig?

Lachen kann unterschiedlich betrachtet werden. Einerseits kann man es einer »symptomalen Lektüre« unterziehen, d. h. die Frage zu stellen, was es bedeutet, wenn gelacht wird, daß heißt, es *als* Zeichen zu deuten und zu versuchen, es »einzuordnen« in einen Sinn-Zusammenhang. Andererseits kann das Lachen selbst deutenden Charakter haben, eine Wahrheit »sagen« oder bezeugen.

Im folgenden möchte ich noch einen Fall schildern, wo es nicht um unser Lachen ging, sondern um ein Lachen eines Jugendlichen, das – wie es sich herausstellte – sein Weinen verhüllte, seine Traurigkeit und Verzweiflung verbarg. In der Supervision stellte sich das Problem folgendermaßen dar. Jakob, ein 15jähriger autistischer Junge, der seit kurzem bei uns im Heim ist und wenig spricht, rief im Zusammenhang mit verschiedenen Aktionen bei uns sehr unterschiedliche Reaktionen und Affekte hervor. Er räumte die Gefriertruhe aus, verteilte Pommes, Fisch, Maultaschen und anderes auf dem Boden und spazierte darauf herum. Er entwischte durchs Fenster in den nahegelegenen Supermarkt, räumte Regale aus, riß Verpackungen auf und »segnete« die anderen Passanten mit Wein. Bei einem Ausflug, kurz vor dem Zurückfahren, stieg er – zwar nicht uns – dafür aber einem Auto aufs Dach.

Jakob schien dies zu amüsieren, lachte er doch scheinbar. Alle Grenzsetzungen schienen vergebens. Nachdem Jakob aber immer mehr zerstörte, alle Lampen in seinem Zimmer in kleine Teile zerlegte, seinen Sessel aufschlitzte und mit Zahnpasta einbalsamierte, mitten in der Nacht auf die Idee kam, seine Zimmermöbel alle auf einen Haufen zu stapeln, immer wieder auf gefrorenem Fisch, Pommes, Bohnen u. a. spazierenging und Teller, Gläser und Flaschen zerschmiß, hörte allmählich der Spaß auf. Wir waren einerseits wütend, anderseits ziemlich hilflos. Was am meisten ärgerte, war, daß er seine Aktionen und unsere Re-Aktionen auf sein Verhalten anscheinend »komisch« fand. Ja, er lachte und schien sich richtig zu freuen. Es hatte aber nicht den Anschein, als wenn er aus Schadenfreude lachen würde.

In der Supervision überraschte uns vor allem, wie die Affekte auseinandergingen, abgespalten waren. Derjenige, der die

Geschichten erzählt bekam oder »daneben« stand, fand dies irgendwie noch komisch. Demjenigen, der aber unmittelbar davon betroffen war und reagieren mußte, war überhaupt nicht zum Lachen zumute. Er war absolut wütend, was auch Ausdruck einer großen Hilflosigkeit war, und diejenigen, die selbst noch nicht in dieser Position des unmittelbar »Verantwortlichen« waren, erstaunte die Wucht dieses Affektes.

Wir analysierten die Situationen, in denen es zu den Ausfällen von Jakob kam. Wir kamen darauf, daß es meistens Situationen waren, in denen Jakob irgendetwas nicht aushielt, er etwas aus sich heraus loswerden mußte, sich auszuleeren versuchte – so wie er die Gefriertruhe ausräumte und die Lebensmittel überall verstreute. Das Problem war, daß sich seine Aktionen durch nichts ankündigten, er sehr lange ruhig schien und dann plötzlich explodierte und zum Beispiel irgendetwas schmiß. Hinterher war alles wie weggeblasen. Wir waren zuerst maßlos wütend und plötzlich war alles wie weg, jeder Affekt hatte sich in Luft aufgelöst, von Jakob war nichts zu spüren, wir liefen ins Leere. So wie er ohne jeden Affekt die Scherben wegfegte, verloren sich auch die Spuren der Ereignisse in ihm wie in uns. Wir vermuteten, daß es Jakob nicht zulassen konnte, sich auf eine andere Art und Weise an uns zu wenden. Wir deuteten es so, daß Jakob bemerkte, daß er Wünsche an uns hatte, dies aber nicht zulassen konnte, da es auch eine Abhängigkeit von uns bedeutete. Dies mache ihm eine große Angst. Er wolle lieber autark bleiben – in einer Position vermeintlicher Allmacht. Besonders zeigte sich dies in Situationen, wo es in der einen oder anderen Form um Übergänge und Beendigungen von etwas ging: zur Mittagspause, zur Nacht, vor dem Zurückfahren nach dem Ausflug. Durch die Wut, die er in uns auslöste, kam etwas anderes nicht zum Vorschein – seine Traurigkeit. Sein Lachen und unsere Wut verdeckten eine große Trauer. Wir versuchten, dieses Moment in Erinnerung zu behalten und mit in die nächsten Situationen zu retten.

Jakob setzte seine »Scherz-Attacken« fort. Wir versuchten nun, etwas anders damit umzugehen. Erstens versuchten wir, in diesen Situationen einen Dritten miteinzubeziehen. Dadurch wurde es uns eher möglich, nicht nur in dieser ohnmächtigen Wut aufzugehen und Jakobs Aktionen nur als vorsätzliche und »gemeine« Attacken aufzufassen. Dadurch kamen wir mehr in Kontakt mit seinen Gefühlen, seinen Ängsten. Bei Gelegenheit – wenn wir meinten, daß ein »günstiger« Zeitpunkt war – deuteten wir Jakob, daß ihm diese Art und Weise, mit gewissen Gefühlen umzugehen, vertraut war, er bisher versucht hatte, so mit ihnen fertig zu werden. Es würde sich aber damit nichts an seiner Not, die wir in seinen Zerstörungen manifestiert sahen, verändern. Was er damit bei uns erreichen würde, sei nur eine große Wut. Dabei wünsche er sich doch vielleicht eigentlich eine andere Art der Zuwendung von uns. Er könne es aber in dieser Form nicht äußern, sondern versuche es auf diese krumme Tour. Vielleicht könne er es nicht aushalten, daß etwas Schönes zu Ende geht, könne es auch so nicht stehen lassen, weil es ihm zuviel Schmerzen bereiten würde. Vielleicht könne er die Trauer nicht aushalten, und müsse »das Gute« so immer wieder zerstören. Es sei leider eine sehr »schwierige« Art, seine Zuneigung zu uns zu zeigen.

Jakob verstand und fühlte sich wohl auch erkannt. Es war – im Gegenteil zu den früheren Situationen – etwas spürbar von ihm und seiner Traurigkeit. Es fiel ihm schwer, dies anzuerkennen. Er lachte nicht mehr, wurde ernster und rieb sich die Augen, versuchte die Tränen aufzuhalten. Es gelang ihm nicht immer. Er konnte daraufhin vermehrt auch seine Traurigkeit und seine Wünsche an uns zeigen, zum Teil sogar sagen. Zunehmend wurde es möglicher, mit diesen Situationen anders umzugehen. Jakobs Aktionen ließen nach, und er konnte auch offener zeigen, wenn er etwas von uns wollte, konnte sich dann auch richtig freuen über die andere Form des für alle angenehmeren Umgangs miteinander. Zuletzt sagte er, er wolle »Eis, Eis!« zum Naschen. Wir sagten zu, er stürzte los und kam stolz, mit leuchtenden Augen und mit 4 Schachteln Eis aus der Gefriertruhe zum Eßtisch zurück. Diesmal machte er anderen Gebrauch von den Lebensmitteln. Das Eis landete – statt auf dem Boden – auf seinem Teller und dem der anderen Kinder.

Der lachende Dritte – der ex-zentrische Supervisor

Wer lacht in der Supervision? Wer ist das Subjekt des Lachens? Wer oder was das Objekt? Wer hat gut lachen, und wem ist überhaupt nicht zum Lachen zumute? Am ehesten, so sollte man meinen, lacht der Supervisor, der »von Außen« kommt, weniger »ekstatisch« außer-sich als »ex-zentrisch« außer-uns sein sollte. Liegt die Aufgabe des Supervisors in einer Zentrierung oder Dezentrierung? Steht er exzentrisch am Rand (außerhalb) des Geschehens oder in der Mitte – im »Milieu« – und Mittelpunkt des Geschehens und fungiert sogar als Ver-Mittler? Von wo aus – aus welcher Position – spricht er? Was repräsentiert er?

Die maßgebliche und maßgebende Bedeutung des Dritten in der Behandlung von »frühgestörten« Kindern und Jugendlichen ist immer wieder betont worden. Er spielt eine herausragende Rolle als »ausgeschlossener« oder »verworfener«, verwünschter Dritter. Er ist der oder das »versagende« und untersagende Dritte, derjenige, der ein trennendes »Nein« einführt. Doch ist er nicht auch jemand, der zu etwas anderem »Ja« sagt? Er anerkennt und repräsentiert das »Gesetz« und schafft damit Raum für eine Subjektwerdung. Im Lachen über sich selbst findet diese Bejahung ihren Ausdruck, denn letztendlich lache nicht »Ich« sondern »Es« in »mir«. Der Witz ist abhängig vom Lachen eines Anderen, eines Dritten. Der Zuhörer beim Witz ist eine Art »Repräsentant der Anderen« schlechthin, d. h. des Unbewußten. Der Erzähler des Witzes (Ich) braucht einen Hörer (Über-Ich), damit Es zum Lachen kommen kann.

IX. Laughing Environment – Sinn für Humor und die »gewitzte« Institution

Leben ist immer auch schon mehr als (Über-)Leben. Es ist nicht nur wichtig, *daß* man überlebt, sondern auch *wie* man über das Über-leben hinaus leben kann. Eine »nur« versorgende und das Überlebende »nur« bewahrende und sichernde Umwelt sind allein »nicht gut genug« bzw. allein genommen langweilig, d. h. ohne Lust. Leben will auch immer schon mehr als Leben und »alle Lust will Ewigkeit« (Nietzsche). Ich denke, es braucht auch eine »genügend lustvolle/lustige«, um nicht zu sagen »lachende« Umwelt und »ge-witzte« Mitarbeiter, um nicht in Erstarrung und Leblosigkeit zu verfallen. Es geht nicht nur um die Angst, sondern auch um das Lusterleben der Kinder und Jugendlichen (und der Mitarbeiter). Oft hängt beides sehr eng zusammen. Es bringt die Sexualität ins Spiel.

Es ist wohl unbestreitbar, daß es angenehmer ist und mehr Vergnügen, Freude und Lust bereitet, in einer Atmosphäre der

Heiterkeit, Leichtigkeit und Unbeschwertheit zu arbeiten, als Trübsal zu blasen und hinuntergezogen zu werden in einen depressiven Sumpf. Es berührt die Frage, ob diese Lust, die sich auch im Lachen zeigt, notwendig für die Arbeit ist, und ob sich das auch positiv/konstruktiv auf die Kinder überträgt.

In bezug auf die Supervision kann das bedeuten, daß wir aus der Supervision mit einer veränderten, anderen Einstellung und Haltung in den Alltag »zurück-«gehen – und sei es nur mit einem Stück Abstand zu den Dingen und einem Stück gewonnener Differenz zu uns und zum anderen. Vielleicht haben wir auch einen neuen Sinn geöffnet – den Sinn für Humor und Komik. Und diese Haltung überträgt sich oft auch – und sei es zunächst auch nur in Form einer offeneren Haltung, einer Stimmung und Atmosphäre auf die Kinder und Jugendlichen, die vor allem zunächst uns einen größeren Frei- und Spielraum im Umgang mit ihnen ermöglicht. Im diesem Sinne verstehe ich die Haltung einer (offen-) »haltenden«, »lachenden Umwelt« *(laughing environment)*, die uns und die Kinder und Jugendlichen trägt und ermöglicht, etwas *wahr- und aufzunehmen – mit und durch Humor.*

Wie und was ein gewisser Humor und eine Spiellust im Alltag bewirken kann, möchte ich in einer Passage aus dem Alltag des Heims beschreiben.

Wir saßen gemeinsam beim Abendessen. Schon am Nachmittag herrschte eine gewisse Spiellaune vor. Insbesondere bei Florian, einem 16jährigen Jugendlichen, der seit zweieinhalb Jahren im Heim ist. Er spielte mit meiner Kollegin »Verhaftung«, d.h. er faßte sie an den Armen und wollte sie ins »Gefängnis« bringen. Welchen Vergehens sie sich schuldig gemacht hatte, konnte er nicht sagen, es war auch egal. Er hatte jedenfalls großen Spaß daran, den »Gesetzeshüter« zu spielen. Er wollte bei Tisch weiterspielen. Einerseits wollten wir zwar ruhig essen, andererseits aber waren wir auch etwas angesteckt von der guten Stimmung. Irgendwann boxte ich dann meiner neben mir sitzenden Kollegin an den Arm. Florian fragte mich, warum ich das machen würde, das »ginge doch nicht«, das sei »verboten«. Da ich die »Untat« aber wiederholte, stand er von seinem Platz auf und sagte: »Jetzt reicht's!«

Er wollte mich des Tisches verweisen, da ich mich nicht an die Regeln hielt, die sonst wir immer den Kindern gegenüber vertreten. Fachgerecht, wie er es tatsächlich bei uns schon des öfteren gesehen hatte, nahm er meinen Teller und mein Besteck (bis auf das Messer, vor dem er Angst hatte), wollte mich mitsamt dem Stuhl vom Tisch ziehen. Ich spielte mit, denn er hatte »recht« – ich hielt mich nicht an die Regeln und hörte auch nicht auf, als er mich dazu aufforderte. Die anderem Kinder am Tisch waren sichtlich verdutzt und verwirrt. Was ging da vor sich? Sie konnten gar nicht so schnell folgen, was sich da überraschend abspielte. Jakob, der rechts neben mir saß, schien sichtlich verwirrt und die Welt nicht mehr zu verstehen, alles war auf den Kopf gestellt. Er mußte, nachdem er Teller, Tassen oder Flaschen zerschmissen hatte, ja auch schon mal vom Tisch. Jeder von den Kindern kannte diese »Versetzung« aus eigener Erfahrung. Aber bislang mußte noch nie ein Betreuer vom Tisch verwiesen werden. Jakob reichte mir noch seine Hand, während Florian mich schon rechtskräftig vom Tisch ziehen wollte, sagte sein »Ade, Ade ...!« Aber es half nichts. Ich ließ mich dann an den »Katzentisch« im Nebenraum, drei Meter vom großen Eßtisch, verfrachten. Jochen fragte irritiert »Wo ist der Olaf?« Er wollte, auf Anfrage meiner Kollegin, daß ich wieder an den Tisch kommen solle. »Ja, – gut!« Ich kam kurz darauf dann wieder an den Tisch und versprach, mich wieder zu benehmen. In diesem Augenblick löste sich die Spannung. Florian hatte seine »Genugtuung«, Jochen atmete auf und Jakob wich sichtbar die ängstliche Anspannung aus dem Gesicht und verwandelte sich in ein erleichtertes, befreites, »wirkliches« Lachen. Bis dahin hatte ich ihn noch nie »ernsthaft« lachen gesehen. Er hatte nachträglich verstanden, daß alles »nur« ein Spiel war.

X. Supervision und Subversion –
Supervision als »Fröhliche Wissenschaft«

»Der Traurigkeit steht die fröhliche Eswissenschaft gegenüber, die im Gegensatz dazu eine Tugend ist. (...) Die Tugend, die ich mit der fröhlichen Eswissenschaft bezeichne, ist das Beispiel dafür, weil sie zeigt, worin sie besteht: nicht verstehen, nicht in den Sinn stoßen, sondern ihn so nahe streifen, wie das möglich ist, ohne daß er zum Vogelleim für diese Tugend wird, und dafür die Lust des Dechiffrierens genießt (jouir) ...«[13]

»Ich weiß nicht, was soll es bedeuten ...«

... könnte als Motto über mancher unserer Supervisionen stehen.
Sätze wie »Ich verstehe etwas *noch nicht*« oder »noch nicht *ganz*«
ergänzen das Repertoire der Äußerungen über unser »Nicht-Wissen« und über unser Wissen-wollen. Der »Sinn« dessen, was die
Kinder tun oder sagen, ist uns oft nicht klar und deutlich, ist unverständlich, bedeutet zumindest uns nichts Bestimmtes, ist nicht eindeutig. Kann und soll die Supervision hier nun Licht ins Dunkel
bringen, Aufklärung leisten? Die Nachfrage nach Ordnung und
Orientierung ist oft sehr groß. Die Angst ist sicher ihr Geheimagent. Bietet die Supervision nun diese Ware »Sinn« an? Soll sie
den von den Kindern produzierten Un-Sinn oder Nicht-Sinn, der
eher einem Zuviel an Sinn und Sinnlichkeit entspringt, bemeistern
helfen? Worin besteht die Praxis und Technik der Supervision und
des Deutens. Um was geht es? Geht es um »objektive Erkenntnis«,
um das System eines geschlossenen Ganzen, in dem alles seine festgelegte Bedeutung hat – um den Preis eines Einschlusses oder Ausschlusses von etwas ganz Anderem, was in diese Totalität nicht
integrierbar, nicht einverleibbar und nicht identifizierbar, nicht
zurückführbar auf ein mir schon Bekanntes ist? Oder geht es um
»subjektive Wahrheiten«? Es geht immer auch darum, dem Subjekt einen Platz einzuräumen, Räume zu öffnen, einen Raum und
eine Zeit aufzuspannen. Florian sagte mir einmal, auf meine
Frage, warum er sich denn gerade einen Lockenwickler auf dem
Flohmarkt gekauft habe, ... »*Es soll nicht immer alles etwas bedeuten!*«[14]
Je nachdem, wie groß der »Sinn-Bedarf« ist, der Wunsch nach
Eindeutigkeit und nach gewissen tragenden Konstruktionen, vor
allem Konstruktionen in denen sich das ganze Team einigermaßen
wiederfinden kann, läuft auch die Supervision. Es gibt Supervisionen, in denen fast manisch das Spielen mit Worten geübt wird und
sich eine Bedeutungslust entfaltet. Da wird verschoben und
gedichtet. Da wird herzlich gelacht. Es kann sogar soweit gehen,
daß es eine »Inflation« der Bedeutungen gibt, wo eigentlich nichts
mehr etwas bedeutet oder alles etwas bedeuten kann. Man kann es
sich »leisten«, da die ökonomische Not, die Angst, nicht zu groß
ist. Es gibt aber auch Supervisionen, in denen Angst oder Unsicherheit vorherrscht.

In einer Supervision bemühten wir uns, das Material zu ordnen, das Gesagte zu verknüpfen, unsere bekannten Kategorien anzuwenden und einen Sinn zu konstruieren. Kurz vor Ende der Sitzung sagte einer der Supervisoren desillusionierend, es sei ja schön und gut, aber vielleicht auch ziemlich »verkopft«. Das konstruierte Gebäude stürzte so ziemlich in sich zusammen. Verwirrung machte sich breit. Zum Lachen war niemanden zumute. Sollte das zuvor Gesagte nichts mehr wert sein, entwertet sein, nichts mehr bedeuten?

Wenn die Worte fehlen ...

In den Supervisionen fallen auch immer wieder Sätze wie »Ich weiß nicht, wie ich es *sagen* soll«, »mir fehlen die Worte«. Manchmal fehlen einem jegliche Vorstellungen von dem, was in uns vorgeht, es ist »unbeschreiblich«.[15] Man steckt zu sehr in sich drin oder ist außer sich. Der Körper weigert sich, sich den Sinn- und Bedeutungssystemen der symbolischen Sprachordnung zu unterwerfen. Das, was man sagen kann, trifft die »Sache« nicht, das, was gesagt werden will, ist nicht »darstellbar«. Man stößt auf die Grenzen der Sprache, die Grenzen des Sagbaren. Es ist wie die »Auferstehung des Körpers im Text«. Es verweist auf etwas ganz Anderes, auf einen »anderen Schauplatz« des Geschehens. Hier springt zum Beispiel das Lachen in die Bresche.

Es gibt eine Subversivität des Lachens.[16] Subversion verstehe ich hier im Sinne einer Bewegung, die einen reibungsfreien Ablauf »stört«, wenn nicht sogar ver- oder zerstört. Mit dem Lachen bricht oder fällt etwas zusammen. Es kommt aber auch etwas zusammen. Das Lachen zeugt von einem Nicht-Wissen, einem Un-Sinn, es setzt »das Mangelhafte des Sinns voraus« (Widmer), konfrontiert das Subjekt mit seiner konstitutiven Gespaltenheit und der symbolischen Kastration, der Unmöglichkeit des »Ganz-Seins« und »Eins-Seins«. Es kann nicht alles gesagt werden. Es gibt nicht ein zuwenig an Sinn, sondern eher ein zuviel an Bedeutungen, wie im Traum und im Witz. Es lebt von einer Uneindeutigkeit oder Mehrdeutigkeit. Es stellt das Verhältnis von Wissen und Nicht-Wissen in Frage. Die Bedingung des Witzes ist, daß man nicht weiß, worüber man lacht – es lebt vom »versagten Objekt«.

Wie es einen »Nabel des Traums« gibt, der im Dunkeln bleibt, nicht ausgedeutet werden kann, die Deutung keinen endgültigen

Abschluß durch ein letztes Wort erfährt, stößt man in der »Pointe des Witzes« vielleicht auf etwas Analoges. Der Witz kann nicht erklärt werden, sonst zeigt er keine Wirkung. In der Pointe wird zwar etwas auf den Punkt gebracht, was zum Vorschein kommt. Es ist aber kein Wissen, sondern eine Wahrheit, die sich im Lachen kundtut. Es ist eine Sache, den Sinn »aufzuspießen« und ihn als Trophäe dem anderen auf die Nase zu binden, ein anderes, ein lebendiges Spiel zu eröffnen, von dem keiner genau weiß, wie es weitergeht und wie es ausgeht. So muß man vielleicht immer wieder den »roten Faden« verlieren, damit etwas »Neues« sich ereignen kann – in der Supervision und in der Begegnung mit den Kindern und Jugendlichen. Es beinhaltet, daß man auch über sich selbst lachen kann.[17]

»Vielleicht gibt es am Ende nur eins zu tun, wenn man die Menschen liebt: sie über die Wahrheit zum Lachen zu bringen, die Wahrheit zum Lachen bringen, denn die einzige Wahrheit heißt: lernen, sich von der krankhaften Leidenschaft für die Wahrheit zu befreien.«[18]

»Über sich selber lachen, wie man lachen müßte, um aus der ganzen Wahrheit heraus zu lachen, – dazu hatten bisher die Besten nicht genug Wahrheitssinn und auch die Begabtesten viel zu wenig Genie! Es gibt vielleicht auch für das Lachen noch eine Zukunft! Dann, wenn der Satz ›Die Art ist Alles, Einer ist Keiner‹ – sich der Menschheit einverleibt hat und Jedem jederzeit Zugang zu dieser letzten Befreiung und Unverantwortlichkeit offen steht. Vielleicht wird sich dann das Lachen mit der Weisheit verbündet haben, vielleicht gibt es dann nur noch ›fröhliche Wissenschaft‹.«[19]

Anmerkungen

1 Lévinas (1992): »In der Nähe des Anderen belagern mich – bis zur Besessenheit – auch all die Anderen, die Andere sind für den Anderen, und schon schreit die Besessenheit nach Gerechtigkeit, fordert sie Maß und Wissen, ist sie Gewissen.« In: *Jenseits des Seins oder anders als Sein geschieht*, S. 344, Freiburg/München (geringfügig anders übersetzt).

2 Die Existenz des Dritten macht es notwendig, gerecht zu sein, daß heißt, zu berechnen und zu teilen, weil es viele Andere gibt, deshalb sind Institutionen, politische Ordnung, verwaltete Gerechtigkeit notwendig.
   Lévinas, E. (1986): »Wie kommt es, daß es Gerechtigkeit gibt? Ich sage darauf, daß das in der Tatsache der Vielzähligkeit der Menschen liegt, in der Gegenwart des Dritten neben dem Anderen, wobei beide die Gesetze bedingen

und das Recht begründen. Solange ich mit dem Anderen alleine bin, schulde ich ihm alles; aber es gibt den Dritten. Weiß ich, was mein Nächster im Verhältnis zum Dritten ist? Weiß ich, ob der Dritte mit ihm in Übereinstimmung ist oder ob er sein Opfer ist? Wer ist der Nächste für mich? Man muß daher abwägen, denken, beurteilen, indem man Unvergleichbares miteinander vergleicht. Die interpersonale Beziehung, die ich mit dem Anderen herstelle, muß ich auch mit den anderen Menschen herstellen; es besteht also die Notwendigkeit, dieses Privileg des Anderen einzuschränken; daher gibt es die Gerechtigkeit. Diese muß, wird sie durch Institutionen ausgeübt, die unvermeidlich sind, immer durch die anfängliche interpersonale Beziehung kontrolliert werden.« In: *Ethik und Unendliches*, S. 68/69, Graz/Wien.

3 Freud (1970): Der Witz und seine Beziehung zum Unbewußten. In: Studienausgabe, Bd. IV, S. 43, Frankfurt a.M.

4 Pontalis, J.-B. (1991): »Die ›good enough mother‹ definiert keine Muttergestalt, sondern eine Umwelt, einen ›Rahmen‹ (Bleger), eine für das Leben günstige Bedingung, so etwas wie einen Traumaschutz.« In: *Aus dem Blick verlieren*, S. 177, München.

5 Freud, S. (1972), *Die Traumdeutung*. In: Studienausgabe Bd. II, S. 495, Ffm.

6 Freud, S. (1975): *Die psychoanalytische Technik*. In: Studienausgabe Erg.-Bd., S. 418, Frankfurt a.M.

7 Lacan, J. (1991): *Schriften I*, S. 184, Weinheim/Berlin

8 »Das Sprechen (oder Nicht-Sprechen der Betreuer ist das einzig zugängliche Signifikantenmaterial, das zur Lektüre ansteht, um die Symptome der Psychotiker (und der Institution) zu entziffern.« »Alles, was in den Supervisionen von den Betreuern an Einfällen, Gefühlen, Unverstandenem über einen Patienten berichtet wird, wird als legitime Äußerung des Patienten verstanden, mit dem man in einer Übertragungsbeziehung steht. Vereinfacht formuliert, wird mit dem Sprechen der Betreuer so verfahren, als ob es um deren Analyse ginge und nicht um die der Jugendlichen.«

Feuling, M. (1990): »Zur Psychoanalyse (in) der Institution.« In: *Fragmente 26, freud und leid – die psychoanalyse im sozialen feld*, S. 26, Kassel.

9 Levinas (1985): »Warum gibt es das Sagen? das Sagen ist der erste sichtbare Riß im seelisch-geistigen Leben der Befriedigung.« In: *Wenn Gott ins Denken einfällt*, S. 142, Freiburg a. M./München.

Vgl. dazu auch J. Lacan (1980): »Die Manifestation des Begehrens ereignet sich immer an der Fuge des Sprechens, auf dem Niveau seiner Erscheinung, seines Auftauchens, seines Auftretens. Das Begehren taucht in dem Moment auf, da es sich in einem Sprechen inkarniert, taucht auf mit dem Symbolismus.« In: *Das Ich in der Theorie Freuds und in der Technik der Psychoanalyse*, S. 298, Olten.

»Was wir Technik in der Analyse nennen, ist eigentlich die Technik mit den Sprachprozessen, d.h. die Technik der Primärprozesse bei Freud, der unbewußten Prozesse.« Ritter, M. (1993): »Über die Kontrollanalyse«. In: *Diskurier Nr. 3*, S. 59, Karlsruhe.

Die Techniken der Sprachprozesse können analog den Prozessen begriffen werden, die Freud in der »Traumarbeit« aufgefunden hat: Verdichtung (Metaphorisierung), Verschiebung (Metonymisierung), Sekundäre Bearbeitung und Rücksicht auf Darstellbarkeit.

10 Paz, O. (1984): »Die Rückseite des Lachens«. In: *Essays 1*, S. 56/57, Frankfurt a. M.

11 Vgl. zum Kinderlachen, Jacobson, E. (1983): »Über das Lachen und den Sinn des Komischen in der Kindheit«. In: *Depression*, Frankfurt a. M. und Grotjahn, M. (1974): Vom Sinn des Lachens, S. 60 ff., München.

12 Nicht umsonst konnte Gewitter erst lustvoll betrachtet werden, als der Blitzableiter erfunden wurde (vgl. die Ästhetik des »Erhabenen«). Der Unterschied liegt zwischen einem Erleben einer Drohung von Gewalttätigkeit und Überwältigung und dem überwältigendem Schauspiel einer Gewaltigkeit. Manche Übertragungen schlagen wirklich ein wie ein Blitz, werden traumatisch, schockierend erlebt, wobei die Angst maß- und formlos wird. Hier wird Supervision als »Blitzableiter« benötigt. Daß manchmal eine Dynamik zu Dynamit werden kann und den ganzen Rahmen sprengt, gehört zur Erfahrung speziell der Gruppensupervisionen. Manchmal muß es sogar zuerst »knallen«, damit die bombastische Dynamik entschärft werden kann. Hier ist die Kompetenz eines Sprengmeisters gefragt, der die Lunte riecht oder helfen kann, zumindest die Trümmer (das zersprengte Team) wieder zusammenzufügen. Es ist auch ein Verweis auf die psychische Realität und die Ängste der Kinder, die es manchmal innerlich schier zu zerreißen scheint.

13 Lacan J. (1988): *Radiophonie. Television*, S. 77, Weinheim Berlin.

14 Israël, L. (1993): »Die Deutung, die als Meisterdiskurs angesehen werden könnte, ist keinesfalls ein Diskurs der Bemeisterung. Viel eher dreht es sich um eine Einladung zum Spiel, das überrascht und befreit, indem es dazu autorisiert, die vom Überich beherrschten Gebiete des Seriösen zu verlassen«. In: *Eine Technik für die Psychoanalyse*, Hrsg: Michels, A., Widmer, P., Müller P., »Für eine poetische Analyse« S. 46, Würzburg.

15 Foucault, M. (1991): »Es gibt den Augenblick an, da die Sprache an ihre Grenzen gelangt, aus sich herausstürzt, explodiert und sich radikal aufgibt: im Lachen, in den Tränen, ...«, »Vorrede zur Überschreitung«. In: *Von der Subversion des Wissens*, S. 42, Frankfurt a. M.

Leclaire S. (1976): »... die Angst, der Zorn, der Schrecken, die Tränen oder der Lachkrampf tauchen auf aus dem Fehlen der Worte.« In: Das Reale entlarven, S. 24, Olten.

16 Benjamin, Walter: »Gelächter ist zerschlagene Artikulation«

17 Kristeva, J. (1978): »Da, wo die Praxis nicht Lachen ist, ist die Praxis nichts Neues; und da, wo nichts Neues ist, ist die Praxis nicht lustvoll, ist sie bestenfalls leerer Wiederholungsakt.« In: *Die Revolution der poetischen Sprache*, S. 219, Frankfurt a. M.

18 Eco, U. (1986): *Der Name der Rose*, S. 624, München.

19 Nietzsche, F.: *Die fröhliche Wissenschaft, KSA, Bd. 3*, S. 371 f.

Dieter Koller

»Triangulierte Supervision statt Triangulierung durch die Supervision: ein Supervisionskonzept zur stationären Behandlung früher Störungen?«

Ich will mich einem gedanklichen Modell nähern, indem ich eine Entwicklung beschreibe. Was und wie ich erfahre, wie ich denke, entspringt meiner eigenen Geschichte. Durch das Nachdenken über diese Entwicklung soll die eigene Geschichte nicht unkenntlich gemacht werden, sondern die Neugier anderer geweckt werden, die andere Erfahrungen machten: ob da etwas Gemeinsames sei?

Als damaliger Mitarbeiter des Klinischen Jugendheims der Universität Tübingen hatte ich einige Kooperationskontakte mit dem Verein für psychoanalytische Sozialarbeit und wurde vor meinem Ausscheiden dort gefragt, ob ich eine Supervision für das »Therapeutische Heim für autistische und psychotische Kinder und Jugendliche« übernehmen möchte.

Mich erstaunte diese Anfrage, war ich doch weder Psychoanalytiker noch Sozialpädagoge, sondern Kinder- und Jugendpsychiater, konnte also beiden theoretischen Ansprüchen kaum genügen, sondern nur meine persönliche und klinische Erfahrung anbieten.

War die Not an supervisionsbereiten Analytikern oder Pädagogen so groß, oder galten dort andere Kriterien als eine orthodox-fachliche Qualifikation? Ich bat mir Bedenkzeit aus (und hatte im Hinterkopf schon das Wissen, daß aus vielerlei Gründen an der Supervision des Heimes schon immer zwei SupervisorInnen beteiligt waren. Das war aus meiner bisherigen Erfahrung über den psychotherapeutischen Zugang zu frühen Störungen im stationären Setting eher ein Trost als eine Verunsicherung, und vielleicht war diese Empfindung ein erster Hinweis auf eine hilfreiche Konstruktion, die ich im folgenden näher beschreiben und verstehen möchte).

Während dieser Bedenkzeit fragte ich mich auch: Was ist dieser »Verein« für eine Institution? Dieser Frage konnte ich mich nur von außen nähern: Ich bin dort weder angestellt noch Mitglied, kannte damals die »Intima« seiner Geschichte kaum. (Inzwischen lerne ich die dort arbeitenden Menschen mehr und mehr kennen und gerate zu notwendigen Fragen zur Supervision innerhalb einer Institution: Wie »extern« muß ein Supervisor sein, bleiben oder werden? Und wie »intern« gleichzeitig, um eine minimale Ahnung davon zu bekommen, was institutionell »in Wirklichkeit« verhandelt wird?)

Um die institutionelle Situation zu charakterisieren, in der die im folgenden beschriebenen Supervisionsstrukturen eingerichtet sind, sei der Verein aus meiner Sicht kurz beschrieben: Gemeint ist damit eine Institution, die sich der stationären und ambulanten Betreuung und Begleitung extrem »schwieriger« Kinder und Jugendlicher widmet mit dem Anspruch, sowohl psychoanalytischen wie auch sozialpädagogischen Denkansätzen gerecht zu werden und gleichzeitig (oder gerade deswegen, wenn beide Ansätze ernstgenommen sein wollen) sich um eine emanzipatorisch-demokratische gemeinsame Arbeit bemüht. Diese Institution mit ihren Mitarbeitern bildet quasi eine »Kernfamilie«, in der die alten Rollenmuster einerseits repräsentiert sind, um Übertragungsfläche zu bieten, andererseits aber auch genügend Autonomie und tragende Utopiemomente bei allen Mitarbeitern vorhanden sind, um die persönliche Auseinandersetzung und den theoretischen Diskurs so zu führen, daß sowohl der Einzelne wie auch die ganze Gruppe den beherrschenden Prägungen entkommen kann in das jeweils Eigene. Daß dies ohne Realitätsverlust gelingen kann, beweist die Geschichte des Vereins, der auch in Zeiten wirtschaftlicher Repression und Sozialabbaus offensichtlich in der Lage ist, seine Bedeutung zu behaupten und sogar auszubauen.

Zur Zeit der Anfrage an mich standen äußere und innere Umstrukturierungen sowohl im Heim selbst als auch im gesamten Verein an. Die zentrale Supervisorfigur, die den Verein theoretisch und praktisch begleitend begründet hatte, hatte sich unter gegenseitigen Mühen verabschiedet, »altgediente« Mitarbeiter im Heim waren ausgeschieden, die Übriggebliebenen suchten zuerst nach Überlebens-, dann nach neuen Arbeits- und Gestaltungsformen.

Soviel also glaubte ich zu wissen und dachte mir dabei: Anscheinend ist es manchmal schwierig, Supervisoren zu finden für eine psychotherapeutisch orientierte Behandlung früher Störungen, noch dazu, wenn das Behandlungsteam nicht die üblichen Qualifikationsmerkmale orthodoxer psychotherapeutischer Ausbildung aufweist. Vielleicht entsteht hier ein Dilemma psychoanalytischer Sozialarbeit; im allgemeinen erschöpft sich doch die Betreuung von Menschen mit ausgeprägten frühen Störungen entweder im kompetenten sozialpsychiatrischen Management oder in den Fingerfertigkeiten der Psychopharmakotherapie. Jenseits dieser Pragmatismen, dieser Handhabbarkeit des anscheinend (oder scheinbar) »unheilbaren« (was immer damit gemeint sei) Defizits mündet die Frage nach dem Heilsamen im Ideenstreit der verschiedenen Denkansätze, »Schulen«, die oft genug mehr Antworten als Fragen parat haben. Aber diesseits der Theorie, entlang der enttäuschenden, zerstörerischen Erfahrung sind eher wenige bereit, den sicheren Ort der erprobten Erfahrung, der gesicherten Erkenntnis zu verlassen.

Sollte ich dieses Projekt mitsupervidieren? Ich kannte die Notwendigkeiten psychiatrischen Handelns und wußte, daß es – bezogen auf die Entwicklung frühgestörter Patienten – die klinischen Bedingungen nur selten so gestalten kann, daß Beziehungsqualitäten entstehen können, die nicht nur der Symptomminderung dienen, sondern die notwendigen Katastrophen eines Heilungsprozesses auch zulassen und aushalten. Ich hatte auch Erfahrungsansätze im Körper und Ideen im Kopf, welche anderen Wege zu gehen seien, dies Unfertige aber in der Position des Supervisors? In einigen Jahren klinischer Psychiatrie erprobt und mit den Gewißheiten gängiger psychotherapeutischer Anthropologien versorgt, war ich neugierig geworden auf eigene Bilder bzw. etwas »Anderes«, Offenes. Das mir gemachte Angebot schien mir von Rätseln umgeben und erinnerte mich an den dunklen, ängstigenden aber auch verlockenden chinesischen Sinnspruch: »Im Anfänglichen läuft keine Spur: Wer könnte da suchen?«

Ich sagte also zu.

Soweit zu meiner Vorgeschichte, einer der vielen möglichen Realitäten und Identitäten, um die es doch im Prozeß der Triangulierung geht.

Als ich mit der Arbeit begann, stellte sich zu meiner Überraschung heraus, daß – nach einer kurzen Übergangszeit, in der wir zu zweit waren – insgesamt *drei* Supervisoren am Gruppenprozeß beteiligt waren. War es ein Mangel an supervisorischer Verfügbarkeit, ein in den vielen parallelen Planungen und Entwicklungen entstandener Zufall oder handelte es sich hier um eine gezielte institutionelle Konstruktion, die diese ungewöhnliche Form der »Triangulierung« herstellte? Ich habe keine Ahnung, möchte aber davon ausgehen, daß hinter den Determinanten des Zufalls oder der Notwendigkeit ein sinnhaftes Prinzip zu erkennen sei. Die Hypothese dazu lautet: Möglicherweise setzt die frühe Störung selbst, sobald sie im teambezogenen, stationären Raum behandelt wird, so viele und so heftige Übertragungen auf der autistischen, der symbiotischen (dyadischen) und triangulierten Ebene in Gang, daß sich dieser Prozeß bis auf die supervisorische Ebene abzubilden versucht, um der gesamten Behandlung die »Gestalt« wiederzugeben. Oder, kurz und platt gesagt: Der zerstörten Familie des Kindes muß die intakte Familie der Supervisoren entgegengesetzt werden, damit das Team die heilsame Familie werden kann.

Dieser Einfall gründet auf der verbreiteten Vorstellung und Erfahrung (die auch die meine ist), daß frühe Störungen in erster Linie konkrete, sehr körperhafte Erfahrungen brauchen und nicht Deutungen auf der schon symbolisierten Ebene des deutenden Sprechens. Die Hypothese gründet weiterhin auf der ebenso verbreiteten Vorstellung und Erfahrung, daß der Patient in diesen Behandlungszusammenhängen das erlebt, was auch das Team erlebt.

(Und dieser Einfall oder Zu-Fall könnte auch Fragen stellen an die Position des Supervisors in anderen Zusammenhängen: Ist der Supervisor der »Superwisser«, wie es im hierarchischen Kontext verstanden werden könnte, oder ist er der »Gar-nichts-Wisser«, wie es die Externität der Supervision verlangt? Oder zwingt uns die frühe Störung der Patienten, uns und den Supervisor aus diesem Alles-oder-Nichts zu entlassen, entlang unserer eigenen »frühen Störung«, die nach Grenzen sucht, aber keine findet, oder immer neue, andere Grenzen sucht, um sie zu finden?)

Kurz nach Beginn meiner Tätigkeit im »Therapeutischen Heim« fand ich folgende Situation vor, die ich nun untersuchen möchte:

Drei Supervisoren waren beteiligt: Der Eine, die Andere, der Dritte. Die Andere war schon länger »vor Ort« tätig (und mir aus dem Klinischen Jugendheim gut bekannt), der Dritte (erfahrenste von uns) über theoretische Verbundenheit mit dem Verein in Kontakt, war kurz zuvor für eine Supervisionstätigkeit gewonnen worden.

Eine Gruppensupervision der Teammitglieder fand jeden Montag und jeden Freitag statt, am Ende und am Anfang der Woche.

Die drei SupervisorInnen waren regelmäßig in unterschiedlichen Konstellationen präsent. (Die idealtypische Verteilung war in Wirklichkeit häufig durch andere Verpflichtungen, Urlaub etc. verschoben, ich halte mich hier an die reguläre Terminkonstruktion.) Die Anwesenheit der drei bei den Gruppensupervisionen kann in einem zeitlichen Diagramm wie folgt dargestellt werden:

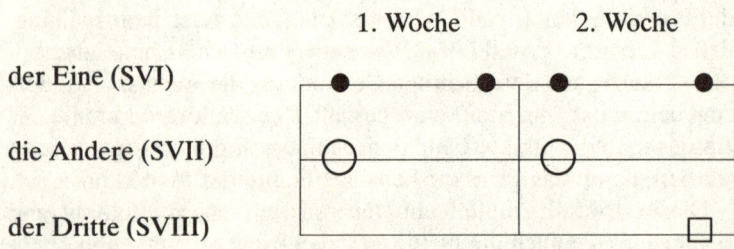

Dieses Bild erinnerte mich spontan an eine Notenschrift, ein musikalisches Geschehen mit Klängen und Rhythmen, die sich aufeinander beziehen. Auf eine Zeitlinie gesetzt ergibt sich:

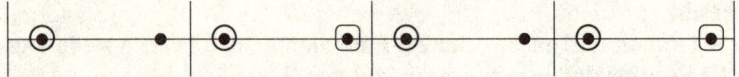

Allein diese symbolische Darstellung könnte schon Anlaß geben zu Phantasien über autistische, symbiotische oder triangulierte Positionen...

Aus welchen Notwendigkeiten oder Zufällen auch immer diese Supervisionsstruktur entstand: Sie gab mir Anlaß, über ihre Bedeutung und ihren Sinn nachzudenken. (Ich führe die Begriffe »Bedeutung« und »Sinn« absichtlich beide ein, sie scheinen mir verschieden.)

Bevor ich das obige, in der Zeit orientierte Diagramm in eine räumliche Figur überführe und daran weitersuche, sollen die speziellen Bedingungen der stationären Arbeit mit frühgestörten Menschen im Gegensatz zum Umgang mit neurotischen Problemen kurz skizziert werden.

Bei der Behandlung neurotischer Störungen kann ein internalisiertes »Drittes« vorausgesetzt werden. Patient wie Therapeut können sich über Wege der Phantasie und Symbolisierung einem inneren Problem nähern, es identifizieren und bearbeiten: Meist bleibt doch recht klar, was »innen« oder »außen« ist. Die »frühe Störung« hingegen erfordert in der Bewältigung eines gemeinsamen Alltages allzuhäufig einen realen Dritten oder ein reales »Drittes«. Die Wucht der symbiotischen Bedürftigkeit, die Heftigkeit der Spaltung und Isolierung von Erfahrungen, die alltägliche Gefahr eines mörderischen Affektes und mangelnder Impulskontrolle erlaubt kaum ein Verhandeln nur auf sprachlich-symbolischem Terrain. (Ich spreche hier von Patienten, die entweder aus ambulanten Settings »herausgefallen« sind oder die mit dem Vermerk der »Untragbarkeit« im Heimalltag gezeichnet sind.) Es geht in diesen Behandlungen wohl tatsächlich mehr um ein Be-handeln als ein Be-sprechen, die symbolische Kraft des Wortes ist noch gefangen im handelnden Klang der Stimme, im stimmigen Klang des Handelns. Psychotherapie heißt hier nicht nur »Seelenpflege« (wie es das Wort schnell suggeriert), sondern ein Handanlegen an einen monströsen Säugling, der alle Primärprozesse mobilisiert und gleichzeitig ein »Riesenbaby« ist, das kaum noch wahrhaftig und realiter »getragen« und »gehalten« werden kann. »Be-handlung« meint hier aber auch sprechendes Handeln und handelndes Sprechen, um den verschieden entwickelten Strukturniveaus im Gegenüber und auch um uns selbst gerecht zu werden.

Um ein Handeln also geht es, ein Tun-müssen, ein Reagieren auf höchst körperlicher Ebene, allerdings ohne die sprechende Ebene zu verlieren, und in dieser Anstrengung gefragt werden nach der eigenen Kraft, der eigenen Stimme, dem eigenen Wort.

Nach meiner bisherigen Erfahrung verführen die Verwicklungen in solchen Behandlungen schnell zu einem Handeln ohne Sprechen oder einem Sprechen ohne Handeln, und führen beidesmal in die lähmende Falle zwischen Allmacht und Ohnmacht. Aber es geht doch immer um beiderlei: hier das bedürftige oder panische Baby, das nach Handlung verlangt, dort das Gegenüber, dem die Sprache zugemutet werden muß. Hier ich selbst in meinem Körper, dem ich unterworfen bin, dort ich selbst als Sprechender, der ich geworden bin. Beides wird aktualisiert im anderen und in mir selbst.

Kleiner Exkurs über die »eigene Stimme«:

Ist mit diesen Kindern nie gesprochen worden im Sinne eines emotional versorgenden, präverbalen Sprechens, dessen semantischer Sinn unwichtig wird gegenüber der Stimme, die Anderes ins Ohr transportiert? Haben sie die »gute« Sprache verweigert, weil sie durch ein »falsches« Sprechen »vergiftet« worden sind? Wird durch die Stimme nicht neben der Sprache auch die Person formuliert? (per-sonare: hindurch-tönen der Stimme des Schauspielers durch die Maske im Theater, so entstand der Begriff der Person. »Person« ist also das, was an Eigenem mit der Stimme durch die Maske dringt.)

Ist die Stimme eine Brücke zwischen Körper und Sprache, zwischen Handeln und Sprechen? Mit welcher Stimme spreche ich? Ist es die eigene »innere Stimme« oder eine andere, fremde, die mir angeeignet wurde? Oder anders: Welche Wörter benutze ich? Ist es meine eigene Sprache oder spreche ich ein Kauderwelsch der Assimilierung?

Mir tun sich viele Fragen auf, die hier nicht weiterverfolgt werden sollen, aber eines klarmachen können: Die Auseinandersetzung mit frühgestörten Patienten zwingt die Behandler, ob ausgebildet oder erfahren oder nicht, zu Fragen an sich selbst und fordert uns immer neu heraus, »ganz« zu werden.

Nun sei die Supervisionsstruktur für das Behandlungsteam wieder ins Spiel gebracht. Ich erinnere mich, wie gut mir selbst der Supervisor bei diesen Behandlungen tat, und wie sehr mein »Ich« zusätzlich gefordert und gefördert wurde, als eine zweite Supervisorin in diesen Kontext trat (was damals übrigens vom Team einhellig gewünscht wurde, ohne daß über die Bedeutung dieses Geschehens mehr als über die Kaffeetasse hinweg nachgedacht wurde.) Anscheinend waren die »männlichen« und »weiblichen« Supervisionsprinzipien (was immer das sei) unterschiedlich. Beide schienen nötig zu sein, um mir selbst zu einer eigenen Gestalt in den Behandlungen zu verhelfen. Auf der Supervisionsebene wurde also das verhandelt, was strukturell das Problem der Patienten war: Einer nicht oder nur fragmentarisch gelungenen Triangulierung wurde die konkrete Triangulierung zwischen Behandlungsteam und den beiden Supervisoren entgegengesetzt.

Wie schon angekündigt, sei jetzt die »Dreier«-Supervision im

Therapeutischen Heim nochmals betrachtet in einer anderen graphischen Darstellung, die die zeitliche in eine räumliche Distanz wandelt, um nach Bedeutung und Sinn zu suchen. (Jetzt wird mir auch ein Unterschied dieser Begriffe deutlich: Die »Bedeutung« bewegt sich im Rahmen herkömmlicher begrifflicher Einordnung, ist kommunizierbar, diskutierbar und »zwischen« den Menschen. Der »Sinn« dagegen erschließt sich sprachlos nur dem Handelnden und Erlebenden selbst, um sich ihm auch wieder zu entziehen. Zwischen »Bedeutung« und »Sinn« klafft vielleicht eine ähnliche Kluft wie zwischen »später« und »früher« Störung.)

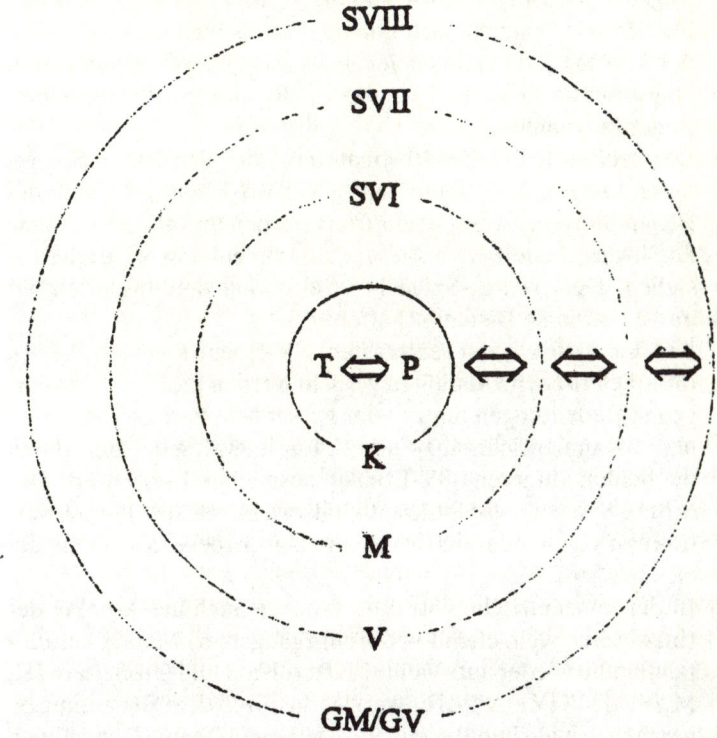

In dieser Darstellung wird der unterschiedliche zeitliche Abstand der drei SupervisorInnen zum therapeutischen Geschehen im Zentrum [Dyade zwischen Patient (P) und Therapeut (T)] in einen räumlichen umgeformt, so daß eine konzentrische Struktur entsteht. Ich bin deswegen geneigt, dieses Setting auch »konzentrische«, triangulierte Supervision zu nennen. Die Kreise könnten

dabei verschiedene Entfernungen entlang polarer Begriffe andeuten, wie z. B. Raum – Zeit, Praxis – Theorie oder Ernst – Spiel.
Entlang der bisherigen Überlegungen will ich in dieses Bild zwei Interpretationen hineinlesen:

a) Die Supervisionsebenen können als ein gestaffelter Spiegel bzw. Filter für die Übertragungsdynamik verstanden werden (Pfeilsymbole). Wegen der oben beschriebenen Wucht der Prozesse kann auf der SVI-Ebene nur ein Teil des Erfahrungsmaterials wahrgenommen, verstanden und im Gesamtteam integriert werden. Der Rest geht im Handlungsdruck unter, muß wegen notwendiger Entscheidungen als Prozeß unreflektiert bleiben oder entzieht sich unaufgelöst als bleibender Konflikt der Klärung. Der erste »Spiegel« ist also alltagsbezogen, handlungsorientiert und wird wegen des »Restes« ein Teil der Übertragungsdynamik.

Der größte Teil dieses Restmaterials, das den ersten Spiegel durchdrungen hat, kann auf der SVII-Ebene als Teil des Behandlungsprozesses dechiffriert werden und als gemeinsame Erfahrung helfen, den Gesamtzusammenhang wiederherzustellen. Der zweite »Spiegel« ist also eher deutungsorientiert und emotionale Distanz schaffend.

Auf der dritten, quasi »externsten« SV-Ebene kann am ehesten mit spielerischen Qualitäten gesucht werden nach noch verborgenen Bedeutungen hinter oder neben dem bereits Verstandenen; »Rahmensicherung« und Alltagsbewältigung sind durch die beiden »inneren« SV-Ebenen ausreichend garantiert. Der dritte »Spiegel« also ist kreativitätsorientiert, fast bin ich verführt zu sagen »jenseits des Realitätsprinzipes«, als Quelle der eigenen Lust.

b) In der konzentrischen Struktur tauchen auch die Aspekte der (inzwischen weitgehend verlorengegangenen) Mehrgenerationenfamilie wieder auf: Vater, Mutter, Kind und Großeltern (K, M, V, GM/GV). Dabei entspricht das Kind dem Behandlungsgeschehen zwischen Patient und Therapeut/Team (P und T): im Zentrum also die »Dyade« der Behandlung, das »Kind«. Die SVI-Ebene bekäme in dieser Sichtweise eher die mütterliche Funktion (handlungsbezogen und alltagsorientiert, empathisch Bedürftigkeiten wahrnehmend), die SVII-Ebene stünde in eher väterlichen Funktionen (Bedeutung und Triangulierung, d. h. Distanz schaffend zwischen Mutter und Kind, diesem

»anders« begegnend) und die SVIII-Ebene schließlich entspräche den Großeltern (unterstützend und entlastend für die Gesamtentwicklung und für alle Familienangehörigen).

Mit diesen Bildern könnte deutlich werden, daß es bei der Supervision der stationären Behandlung früher Störungen auch um die »Seelenpflege« der Behandler geht, die oft bis zur Grenze des persönlich Erträglichen belastet werden durch die Phänomene der Unendlichkeit und Unaushaltbarkeit, durch Erfahrungen von partieller Verschmelzung und Auflösung, durch eine in anderen Zusammenhängen kaum erfahrbare Heftigkeit von Affekten wie Gier, Hunger, Panik, Mordgelüste, Haß und Ekel, lauter Attacken auf die seelische, geistige und körperliche Integrität der Betreuer, die ja erlebt und erlitten werden müssen, wenn die therapeutische Beziehung in Kontakt zum Kern der Strukturstörung kommt.

Es mag ein kleiner Trost sein, daß diese Erfahrungsqualitäten ja zu begrüßen sind als Zeichen dafür, daß das Kind in der Behandlung wirklich »angenommen« ist. Wenn es aber nicht gelingt, diese Erfahrungen zu »bändigen«, können sie die Behandlung gefährden. Sie können so distanzvernichtend sein, so sehr das Denken lähmen, Verwirrung erzeugen und Schrecken über die Heftigkeit des eigenen Affektes, daß der dichte und triangulierte supervisorische Raum für die Behandler zum Ort der Restitution und Rekonstruktion der eigenen Integrität werden kann, wo das als vernichtend Erfahrene umgewandelt werden kann in Impulse für die eigene Entwicklung. Mag sein, daß auf der Matrix der »konzentrischen, triangulierten Supervision« diese notwendige persönliche Entwicklung der Behandler (wie ja auch jedes Kind für jede Mutter einen Entwicklungsimpuls bedeutet) leichter in Gang kommt, als wenn ein einzelner Supervisor, quasi als »Alleinerziehende(r)«, um in den familiären Bildern zu bleiben, die zentrale begleitende und tragende Rolle übernimmt.

Mit diesem Bild der »Mehrgenerationenfamilie« im supervisorischen Setting wird der weiter oben hypothetisch formulierte Satz vielleicht mit Erfahrung und Anschaulichkeit gefüllt: Daß es nämlich darum gehen könnte, der zerstörten Familie des Patienten eine intakte Familie der SupervisorInnen entgegenzusetzen, damit das Behandlungsteam eine »heilsame Familie« werden kann.

Zum Schluß seien noch zwei Bemerkungen zitiert, die im Behandlungsteam in der letzten Zeit gefallen sind und die Hin-

weise enthalten auf die hier beschriebenen Erfahrungen und Sicht-
weisen.

Zum einen hieß es während eines gemeinsamen Nachdenkens über
diese »Dreier-Konstellation«, daß es eine gemeinsame Erfahrung
im Team gibt, wie schwer es sei, den »Druck« des Alltags in der
Supervisionssituation »rüberzubringen«. Und vielleicht bräuchte
man einen Supervisor, der diesen Druck auch »annimmt« (ohne
groß zu hinterfragen), damit der andere vielleicht diesen Prozeß
beleuchten kann…

Zum anderen wurde dem Team vor kurzem angekündigt, daß es
wegen sich überschneidender anderer Verpflichtungen der SupervisorInnen eine Woche geben werde, in der gar keine Teamsupervision stattfinden könne. Obwohl der »Druck« des Alltags zu diesem Zeitpunkt keineswegs irgendwie milder war als sonst, kam
spontan als erste, witzelnde Reaktion aus dem Team: »Au ja!
Sturmfreie Bude!«

Peter Müller

Über-Blick?

Warum Supervision im therapeutischen Heim in Rottenburg? Der Titel dieses Beitrags ist eine nicht ganz seriöse Übersetzung des Fremdworts Supervision. Er rückt diese in die Nähe jenes Begriffs, mit dem Freud eine der drei Instanzen des psychischen Apparats bezeichnete: Überich.

Die Psychotiker sind, wo nicht verstummt, Eindringlinge in eine Welt, in der man es geschafft hat, Störendes einigermaßen zu vertreiben. Wagen wir es, mit ihnen umzugehen, so stoßen wir auf etwas in uns, das wir ausgeschlossen hatten. Das ist weder angenehm, noch entspricht es den Regeln des professionellen Umgangs. Schon aus diesem Grund möchte ich den Beziehungen der Supervision zur Psychoanalyse eher als Amateur in einigen Gedanken nachgehen. Denn man kann sich doch fragen, ob die regelmäßige Einrichtung der Supervision hier eine psychische Funktion ersetzt, die im Umgang mit Psychotikern beruhigt. Wäre dies der Fall, so müßte diese Einrichtung eine Art »stummer Diener« sein.

Vielleicht weiß der eine oder andere Leser, was ein stummer Diener ist. Es handelt sich um eine Art Stuhl, dessen Rückenlehne wie ein Kleiderbügel aussieht und der mit dem Aussterben eines Berufszweigs aufkam. Er dient dazu, die Kleider des Herrn oder der Dame aufzunehmen und am Morgen wieder bereitzuhalten.

Ich weiß nicht genau, wann dieses Gerät in Mode kam. Auch nicht, ob Magritte mit seinen Gemälden vom Therapeuten darauf hinweisen wollte. Aber diese Anspielung läßt an andere denken: »Und die Mutter blicket stumm, auf dem ganzen Tisch herum«. Wie kann im Duell zwischen einer gehemmten Mutter und einem Zappelphilipp ein drittes Element zur Sprache kommen? Und wenn sich der »Supervisor« nicht darauf beschränkt, der etablierten Ordnung ein stummer Diener zu sein, wie kann er dazu beitragen, stumm blickende Sozialarbeiter und Therapeuten zum Sprechen zu bringen?

Welche Funktion übernimmt der Blick, wenn das Subjekt

stumm bleibt? Geht es in der Supervision darum, mehr zu sehen? Ist sie eine Verlängerung des Blicks? Müßte sie sich dann auf die Rolle einer stummen Trägerin der Institution beschränken? Wie läßt sich die verläßliche, tragende Funktion mit der Aufgabe verbinden, zugleich ein Ort der Begegnung zu sein?

Weder geht es um eine Schulung im Umgang mit Psychotikern, noch darum, regelmäßig über die eigenen Motive zu dieser Arbeit zu grübeln. Auch nicht darum, zu lernen, wie man den psychotischen Kindern einen Raum, eine Containerfunktion zur Verfügung stellt oder wie man sich etwas von ihrem Erleben aneignet. Warum nicht?

Weil eine solche Sicht der Dinge ein Wissen über die Wirkungen eines Tuns voraussetzen würde, das man, dank der Sprache, erst nachträglich erwerben kann.

Was geschieht in den Gesprächen, die man Supervision nennt? Man kann das von zwei Seiten her betrachten:

Einmal geben diejenigen, die über einen »Fall« berichten, eine Erfahrung weiter. Die Berichte geschehen in Worten. So banal das klingt, so oft wird diese einfache Tatsache vergessen. Dies weniger im deskriptiven Sinne. Jeder weiß, daß in der Supervision gesprochen wird. Und weil jeder glaubt, das sei selbstverständlich, erscheint auch die Antwort banal: in der Supervision kann eine Strategie entworfen werden, ohne daß man gleich mit Konsequenzen zu rechnen hat. Man probiert das zuerst einmal als Gedankenspiel aus.

Ich will nicht behaupten, daß die Erprobung einer Strategie nicht gelegentlich vorkommt. Aber dies trifft überhaupt nicht das Wesentliche am Beitrag der Psychoanalyse zur Supervision. Denn warum sollte man sich dann nicht aller erdenklichen Hilfsmittel bedienen, um ein möglichst vollständiges Bild von einer Situation zu erhalten? Warum dann keine Filme oder Diapositive zeigen? Weshalb keine Fernsehkameras in den Zimmern der Heimbewohner? Damit sie sich nicht beobachtet fühlen, natürlich. Und weil es um eine innere Realität geht, die man nicht im Film sehen kann. Sicher. Aber versuchen wir nicht oft – besonders, wenn wir uns beunruhigt fühlen – etwas mit Bildern, mit Szenen auszufüllen, wo uns eine Lücke zu einer neuen Entdeckung hätte führen können? So habe ich die Supervisionsgespräche eher als gemeinsame Anstrengung erlebt, in diesem Sinne Platz für das Aufnehmen von etwas Neuem zu schaffen. Nur dann ist es möglich, daß es zumindest hypothetisch einen Dritten gibt, ja, daß überhaupt so etwas wie eine »Hypothese« gebildet werden kann. Oft haben wir in der Supervision einen Großteil der Zeit mit der Bildung von Hypothesen zugebracht. Ein Sprechen auf dem Grund von Abwesenheit. Ja von mehreren Abwesenheiten, die man als imaginäre bezeichnen kann. Der Abwesenheit eines Bildes, die erlaubt, sich eine eigene Position zu erarbeiten. Das Wort bekommt in der »Supervision« eine verknüpfende »Potenz«. Erst dadurch kann dem Ort nachgespürt werden, woher das Sprechen kommt. Aber ist ein Sprechen überhaupt möglich, wenn die Abwesenheit »fehlt«? Selten wird die Anwesenheit derjenigen vermißt, über die gesprochen wird. Eher sind sie nicht abwesend genug. Sind sie nicht eher zur Anwesenheit verurteilt? Z. B. zur Fixierung an einen mütterlichen Blick? Einem Blick, dem nichts entgeht. Der aber auch nichts weitergibt.

Was ermöglicht die Abwesenheit?

In einem kürzlich vom Autor selbst verfilmten Roman Peter Handkes, der den Titel »Die Abwesenheit« trägt, finden sich drei Männer und eine Frau wie durch Zufall zusammen, um ein Stück des Lebenswegs gemeinsam zu durchlaufen. Vom Inhalt sei nur folgendes wiedergegeben: Sie scheinen den Anweisungen eines Poeten, eines »Weisen« zu folgen, der sie (vielleicht in ein gelobtes Land?) führt: Aber immer, wenn sie an einem annehmbaren Ort angelangt sind, treibt er sie zum Weitergehen. Nicht auf dem Weg innehalten. Die Geschichte ist geradezu eine Philosophie der Wanderung. Ausgerechnet der Anführer, der eine »Lebensphilosophie« von sich gibt, ja, der sich mit der Gewißheit von seiner Frau verabschiedet, daß sich beide zweifellos wiederbegegnen werden, egal, wohin ihn die Reise führt, ausgerechnet dieser wandelnde Wegweiser geht am Ende, bevor seine Frau am Ort des Geschehens wieder mit ihm zusammentreffen soll, ganz verloren. Er ist quasi vom Erdboden verschluckt. In dem einzigartigen Monolog, den seine Frau am Ende über ihn führt, klärt sie den Zuschauer in der Vergangenheitsform über ihren verschwundenen Mann auf. Mit seiner leidenschaftlich erarbeiteten Lebensphilosophie hat er sich nur etwas vorgemacht. Nun enthüllt sie seine »Wahrheit« im Nekrolog. In ihm wird er anwesend. Jetzt versteht der Zuschauer etwas von seiner Wanderschaft.

Um welche Abwesenheit handelt es sich?

Abwesenheit eines Wissens über seine Bestimmung? So sehr

sich der Wanderer verirrt haben mochte, hoffte er nicht insgeheim darauf, daß seine Frau wußte, ohne es ihm je gesagt zu haben? Hatte sie über all die Jahre seinen Irrwegen, auf denen er sich nicht zu verlieren glaubte, stumm zugesehen?

Ich führe diese Geschichte an, um verschiedene Aspekte der Zeugenschaft zu betrachten. Sie erschien mir für die verkennende Funktion des Imaginären beispielhaft. Muß in der Supervision nicht die Allmacht des Imaginären verlorengehen, damit eine Anwesenheit des sprechenden Subjekts möglich wird?

Öfter sind Bedenken gegen die Supervision in ähnlichen therapeutischen Einrichtungen geäußert worden. Es würde dort ein Wissen in Umlauf gebracht, mit dem man Barrikaden gegen die Angst in der Erfahrung mit den Psychotikern errichte. Gerade dem möchte ich hier widersprechen.

Die Mitglieder des therapeutischen Teams stellen diese oder jene Auseinandersetzung mit den ihnen Anvertrauten vor, und die Gründe für diese Auswahl sind Vorwände, über die man sich als analytischer Zuhörer am besten nicht übermäßig den Kopf zerbricht. Denn erstens werden, wie jeder Analytiker weiß, Beispiele nicht ausgewählt. Ein Thema wird nicht gewählt, es wählt seinen Sprecher. Zweitens erinnert dieses »nicht darum kümmern« an die analytische Grundregel: Ausreden! Kümmern Sie sich nicht um das Manifeste. Die Begründungen, die vorgegeben werden, sind Erklärungen, die man Ihnen zu schulden glaubt. Aber eigentlich geht es um etwas anderes.

Was korrespondiert auf der Seite des Zuhörers diesem assoziativen Lauf der »Berichte«?

Ich komme zur zweiten Seite der Supervision. Hier besteht die Aufgabe des Zuhörers darin, die Nachträglichkeit einzuführen. Bedeutung kann in der Supervision insofern entstehen, als es mindestens einen Zuhörer gibt, der noch nicht weiß. Dieses Nicht-wissen hat nichts mit den theoretischen Kenntnissen zu tun, sondern mit den Wirkungen der Sprache. Denn jede Reflexion, die psychoanalytisch genannt werden kann, setzt sich deren unberechenbaren Wirkungen aus.

Ich will in erster Linie versuchen, die Bedingungen für den Umgang mit der Unberechenbarkeit der Sprachwirkung in der Supervision darzustellen. Jemandem in einer Analyse oder einer Supervision die Funktion des Analytikers anzubieten, bedeutet vor allem, einen Platz herzustellen, den die Kleinsche Schule treffend mit dem Begriff des Containers bezeichnet hat, und der insbesondere in der Arbeit mit Psychotikern von Bedeutung ist. Es ist ein leerer, nur ein geliehener Platz, den man nicht be-sitzt. Den der Analytiker von der Sprache leiht. Und nur in dem Maße, als er ihn entliehen hat, kann er ihn weitergeben. Ein Kredit. Die Containerfunktion ist nichts psychologisch Beschreibbares, sondern wesentlich durch die Beziehung des Analytikers zur Sprache bedingt. Sie erlaubt eine Art des Zuhörens, die weniger darin besteht, der »Person« des anderen eine besondere Aufmerksamkeit entgegenzubringen, als vielmehr dem Sprechen. Die wesentliche Beziehung der Sprache zur Zeit hat Freud im Begriff der Nachträglichkeit entdeckt. Die Unvorhersehbarkeit der Sprachwirkung und die damit zusammenhängende Zeitlichkeit sind strukturelle Bedingungen des Symbolischen. Legt man dies der psychoanalytischen Supervision zugrunde, so besteht ihre entscheidende Aufgabe darin, gerade in der Arbeit mit Psychotikern mit dem Unvorhersehbaren umzugehen. Auch hier handelt es sich um eine Beziehung zur Zeit, die sich oft hinter einem Wissen oder eher einem vermeintlichen Wissen versteckt. Welche Bedeutung hat diese Nachträglichkeit nun gerade für die Supervision im therapeutischen Heim?

Die Sprachfunktion der Nachträglichkeit kann, zumindest nach meiner Erfahrung, in der Arbeit mit Psychotikern für längere Zeit nicht von einer Person allein übernommen werden. In einer Zweiersituation wird der Betreuer oft zum tödlichen Rivalen, der, wenn er Erlaubnisse oder Verbote ausspricht, die Autorität für seine Position nicht vom Psychotiker erhalten kann. Die Frage ist, wie es ihm gelingt, seine Autorität von der Sprache herzuleiten. Zwar kann das Team, indem es sich eine Regel gibt, auch ohne Supervisor ein Referenzpunkt sein. Dieser wird aber dann als Wissen behandelt. Die analytische Supervision hat eher die Aufgabe, dieses Wissen als letzten Bezugspunkt zu durchlöchern, anstatt es wie einen Schirm zu affirmieren.

Autorinnen und Autoren

Hiltrud Amuser-Burger, Studium der Psychologie und Philosophie in Barcelona. Gruppenanalytische Ausbildung am Institut für Gruppenanalyse in Heidelberg. Psychoanalytikerin in freier Praxis; vielfältige Lehr- und Supervisionsfunktionen in sozialen Einrichtungen.
Anschrift: Ciudad de Balaguer, 65, E-08022 Barcelona, Spanien.

Stephan Becker, Dr. rer. soc., Psychoanalytiker der Deutschen Psychoanalytischen Vereinigung (DPV/IPV); Fachpsychologe für analytische Psychotherapie der Deutschen Gesellschaft für Psychotherapie, Psychosomatik und Tiefenpsychologie (DGPT). Von 1978 bis 1992 Initiator, Mitbegründer und 1. Vorstandssprecher des Vereins für Psychoanalytische Sozialarbeit e. V. Rottenburg. Seit 1993 1. Vorsitzender des Vereins für Psychoanalytische Sozialarbeit Berlin und Brandenburg e. V. Psychoanalytische Supervision, Konsultationen auf dem Gebiet der Psychoanalyse und Psychotherapie, insbesondere der psychoanalytischen Sozialarbeit. Seit 1990 Gastprofessor für Psychoanalyse, Psychotherapie und klinische Sozialarbeit an der Humboldt-Universität Berlin.
Anschrift: Hermsdorfer Damm 211, D-13467 Berlin.

Rolf Denker, Prof. Dr., als Therapeut im »Kollegium der praktizierenden Mitglieder« in der »Gesellschaft für Philosophische Praxis« (GPP); studierte nach einer Ausbildung zum Verlagsbuchhändler in Bielefeld, Bonn und Tübingen zunächst Philosophie, Germanistik und Kunstgeschichte, dann Soziologie und Psychoanalyse, begleitet von einer Adlerschen Lehranalyse in der Individualpsychologie. Von 1964 bis 1992 lehrte er Philosophie, Politische Ideengeschichte und Psychoanalytische Theorie an der Universität Tübingen. Jetzt leitet er ein privates Anna-Freud-Institut. – International bekannt wurde er, außer durch etliche Publikationen zur Philosophiegeschichte der Neuzeit, durch zahlreiche Buchveröffentlichungen zur Aggressions-, Konflikt- und Friedensforschung und zur Geschichte der Psychoanalyse.
Anschrift: Österbergstraße 11, D-72074 Tübingen.

Ernst Federn, M.S.W., Professor, Studium der Sozial- und Geschichtswissenschaften. Ausbildung zum Psychoanalytischen Sozialarbeiter, Psychoanalytischer Sozialarbeiter der ersten Stunde. Herausgeber der vollständigen Protokolle der Wiener Psychoanalytischen Vereinigung, 1906–1918. Sozialpsychologischer Konsulent im österreichischen Strafvollzug, Dozent und Supervisor in der psychoanalytischen Erwachsenenbildung weltweit. Zahlreiche Publikationen zur Geschichte der Psychoanalyse und zur psychoanalytischen Sozialarbeit.
Anschrift: Kolingasse 20/11, A-1090 Wien.

Martin Feuling, Dr. phil., Dipl.-Päd., Psychoanalytischer Sozialarbeiter. Seit 1988 Vorstandsmitglied des Vereins für Psychoanalytische Sozialarbeit e. V. Rottenburg und Tübingen. Mitarbeiter der Ambulanten Dienste des Vereins für Psychoanalytische Sozialarbeit.
Anschrift: Neckargasse 9, D-72070 Tübingen.

Karin Fuchs, Dipl.-Päd., Psychoanalytische Sozialarbeiterin, Mitarbeiterin der Wohngruppe für junge Erwachsene des Vereins für Psychoanalytische Sozialarbeit e. V. Rottenburg.
Anschrift: Hagenwörtstraße 65, D-72108 Rottenburg a. N.

Frank Grohmann, Dipl.-Soz.-Päd., Psychoanalytischer Sozialarbeiter. Mitarbeiter im Therapeutischen Heim für Kinder und Jugendliche des Vereins für Psychoanalytische Sozialarbeit e. V. Rottenburg.
Anschrift: Niedernauer Straße 11, D-72108 Rottenburg a. N.

Michael Günter, Dr. med., Kinder- und Jugendpsychiater, Psychoanalytiker, Oberarzt der Abteilung für Kinder- und Jugendpsychiatrie der Universität Tübingen.
Anschrift: Osianderstraße 14, D-72076 Tübingen.

Hartmut Kleefeld, Krankenpfleger. Leiter des Pflegedienstes der Abteilung für Kinder- und Jugendpsychiatrie Tübingen, Freier Mitarbeiter im Verein für Psychoanalytische Sozialarbeit e. V. Rottenburg und Tübingen.
Anschrift: Osianderstraße 14, D-72076 Tübingen.

Dieter Koller, Arzt für Psychiatrie, Kinder- und Jugendpsychiatrie, Psychotherapie. Seit 1992 als Supervisor im Verein für Psychoanalytische Sozialarbeit e. V. Rottenburg und Tübingen tätig.
Anschrift: Kirchgasse 9, D-72070 Tübingen.

Ross A. Lazar, BA, MA, analytischer Psychotherapeut für Kinder, Jugendliche und Erwachsene. Studium der Kunstgeschichte an den Universitäten Michigan in Ann Arbor, USA und München. Studium der Kunstpädagogik und der Früh- und Sonderpädagogik an der Harvard Universität, Cambridge, Massachusetts. 1972–78 klinische Ausbildung zum Analytischen Psychotherapeuten für Kinder und Jugendliche an der Tavistock Clinic/Tavistock Institute of Human Relations-School of Family Psychiatry and Community Mental Health, London. 1978–82 als Mitarbeiter an der Poliklinik für Kinder- und Jugendpsychotherapie der Technischen Universität München. Seit 1982 als Therapeut, Supervisor und Berater in privater Praxis. Mitgründer von MundO, dem Arbeitskreis zur Förderung des Lernens von Menschen und Organisationen, und des Wilfred R. Bion Forums für die Förderung der Psychoanalyse.
Anschrift: Lisbergstraße 1, D-81249 München.

Reinhart Lempp, em. Prof., Dr. med., Kinder- und Jugendpsychiater. Langjähriger Direktor der Abteilung Kinder- und Jugendpsychiatrie der Universitätsklinik Tübingen. Umfangreiche Lehr- und Forschungstätigkeiten, zahlreiche Publikationen.
Anschrift: Hauptmannsreuthe 65, D-70193 Stuttgart.

Michael Maas, Dipl.-Päd., Psychoanalytischer Sozialarbeiter, Mitarbeiter der Wohngruppe für junge Erwachsene des Vereins für Psychoanalytische Sozialarbeit e. V. Rottenburg.
Anschrift: Hagenwörtstraße 65, D-72108 Rottenburg a. N.

Peter Müller, Dr. med., Psychoanalytiker in eigener Praxis seit 1979. Supervisor beim Verein für Psychoanalytische Sozialarbeit e. V. in Rottenburg und Tübingen und in anderen Einrichtungen.
Anschrift: Moltkestraße 29A, D-76133 Karlsruhe

Friedel Nielebock, Sonderschullehrerin. Lehrerin an der Außenstelle der Klinikumsschule der Universität Tübingen im Therapeutischen Heim für Kinder und Jugendliche in Rottenburg.
Anschrift: Niedernauer Straße 11, D-72108 Rottenburg a. N.

Horst Nonnenmann, Dipl.-Päd., Psychoanalytischer Sozialarbeiter, Mitarbeiter der Wohngruppe für junge Erwachsene des Vereins für Psychoanalytische Sozialarbeit e. V. Rottenburg. Vorstandsmitglied des Vereins für Psychoanalytische Sozialarbeit.
Anschrift: Hagenwörtstraße 65, D-72108 Rottenburg a. N.

Edith Ramminger, Sonderschullehrerin. Lehrerin an der Außenstelle der Klinikumsschule der Universität Tübingen im Therapeutischen Heim für Kinder und Jugendliche in Rottenburg.
Anschrift: Niedernauer Straße 11, D-72108 Rottenburg a. N.

Olaf Schmidt, Psychoanalytischer Sozialarbeiter. Mitarbeiter im Therapeutischen Heim für Kinder und Jugendliche des Vereins für Psychoanalytische Sozialarbeit e. V. Rottenburg.
Anschrift: Niedernauer Straße 11, D-72108 Rottenburg a. N.

Joachim Staigle, Dipl.-Päd., Psychoanalytischer Sozialarbeiter. Mitarbeiter der Ambulanten Dienste und Geschäftsführer des Vereins für Psychoanalytische Sozialarbeit e. V. Rottenburg und Tübingen.
Anschrift: Neckargasse 9, D-72070 Tübingen.